中国的历史之路

社会经济史译丛

中国的历史之路

基于社会和经济的阐释

[英]伊懋可 著

王湘云 李伯重 张天虹 陈怡行 译

ZHEJIANG UNIVERSITY PRESS
浙江大学出版社
·杭州·

图书在版编目（CIP）数据

中国的历史之路：基于社会和经济的阐释 /（英）
伊懋可著；王湘云等译 . —杭州：浙江大学出版社，
2023.2
书名原文：The Pattern of the Chinese Past：A
Social and Economic Interpretation
ISBN 978-7-308-23312-5

Ⅰ.①中… Ⅱ.①伊… ②王… Ⅲ.①中国经济－经
济发展－研究 Ⅳ.① F124

中国版本图书馆 CIP 数据核字（2022）第 227310 号

中国的历史之路：基于社会和经济的阐释

［英］伊懋可 著 王湘云 等译

责任编辑	伏健强
文字编辑	王 军
责任校对	张培洁
装帧设计	王小阳
出版发行	浙江大学出版社
	（杭州市天目山路 148 号 邮政编码 310007）
	（网址：http://www.zjupress.com）
排 版	北京楠竹文化发展有限公司
印 刷	北京天宇万达印刷有限公司
开 本	635mm×965mm 1/16
印 张	24
字 数	290 千
版 印 次	2023 年 2 月第 1 版 2024 年 11 月第 3 次印刷
书 号	ISBN 978-7-308-23312-5
定 价	98.00 元

版权所有 翻印必究 印装差错 负责调换
浙江大学出版社市场运营中心联系方式：(0571) 88925591；http://zjdxcbs.tmall.com

总　序

　　就中国社会经济史的研究而言，中文与外文（主要为英文）学术圈各自相对独立，尽管现在信息交流与人员往来已经较为频繁，两个学术圈有所交叉，但主体部分仍是明显分离的。相互之间对彼此的学术动态可能有所了解，但知之不详，如蜻蜓点水，缺乏实质性的深度交流，中外学者在这方面都颇有感触。而西方世界的社会经济史研究，相对于中国社会经济史研究，在中国学术界的影响更为有限。关于海外中国研究、外国人视野下的中国历史、制度经济学等，由于相关译丛的努力，越来越多地被引入中国学术界。由于欧美、日本及其他地区的经济史、社会史等研究日趋成熟，其前沿性成果更需要我们及时获知，以把握当前社会经济史的学术动态和未来可能的发展方向。与此同时，越来越多的西方学者对研究中国产生了兴趣，一则因为中国经济的崛起，一则因为如果不了解占人类五分之一人口的国度的历史，就不可能真正了解人类发展，他们希望与中国学术界有更多的交流。

　　就有关中国的史料与数据而言，中国学者对英文的原始史料涉猎有所局限，遑论荷兰文、西班牙文、葡萄牙文、法文等，这些语种中有关华人与中国的记载，是在中文正史与野史中几乎看不到的世界。

而这些史料，在中西方的比较研究、中国与外部世界的关系等领域，都具有不可替代的作用。有待开发的史料还有域外汉文文献资料，包括朝鲜半岛、越南、日本等地的汉文古籍，以及东南亚、美国等地华人的文献与文物。仅从这个角度而言，引介和翻译海外学者的研究成果也日益显得重要。

就学科而言，由于专门化人才培养与学术研究的日益深入，各学科形成自身的特定概念、范畴、话语体系、研究工具与方法、思维方式及研究领域，对此但凡缺乏深入而全面的把握，相关研究就很难进入该学科体系，而其成果也难以获得该学科研究人员的认可。而专业人才培养、评审与机构设置等制度更强化了这种趋势。专门研究是如此精深，以致许多学者无暇顾及其他学科与研究领域，见树木而不见森林，学术视野因此受到局限，甚至出现学科歧视与偏见，人类追求知识的整体感与宏观认识的需求亦得不到满足。

同时，不同学科的一些特定话语和方法，其实许多是可以相通的，学术壁垒并非如想象中的不可逾越的鸿沟。一旦打通障碍，架起沟通的桥梁，游走于不同学科之间，其收获有时是令人惊喜的，原创性的成果也常在跨学科的交叉中产生。如从历史源头与资料中原创出经济学理论，或以经济学方法与工具研究历史问题获得新思维，诺贝尔经济学奖得主希克斯、弗里德曼、哈耶克、库兹涅茨及为人熟知的诺斯、福格尔等，都取得了令人瞩目的成果。

因此，"社会经济史译丛"的宗旨与取向为：第一，在学科上并不画地为牢局限于经济史和社会史，也将选择与之相关的思想史、文化史，或以历史为取向的经济学与社会学研究成果，更欢迎跨学科的探索性成果。第二，在研究地域和领域的选择上，将不局限于译者、读者、编者和市场自然倾斜的中国社会经济史，本丛书将力推西方社会经济史的前沿成果。第三，译丛除一般性论述的著作外，也接受史料编著，还精选纯理论与方法的成果。在成果形式方面，既选择学术专著，也接受作者编辑的论文集，甚至以作者自己的外文论著为蓝本加工创作而后翻译的中文成果。在著作语种的选择上，除英文作品外，还特别扶持其他语言论著的中译工作。我们希望本译丛成为跨越和沟通不同语种成果、不同文化、不同地域、不同学科与中外学术圈的桥梁。

龙登高

2009 年 5 月于清华园

中文版序

20世纪50年代初，我大约15岁，还是一个在伦敦求学的学生。那时，我读了爱德华·吉本（Edward Gibbon）的《罗马帝国衰亡史》（*The History of the Decline and Fall of the Roman Empire*）。这部书以六卷本的形式初版于1776—1789年间，此时中国正处于清代中叶。在讲英文的历史学家所写的著作中，人们通常认为它是最伟大的一部。我从我的学校附近的公共图书馆依次借了各卷，经常在乘坐火车、公共汽车的途中将它们带在身边阅读。我花了几乎一年，利用闲暇时间将它们全部读完。这套书按年记录了罗马帝国在一千多年间日渐衰亡的过程。

用中国的历史时期来表示，上述这一千年相当于西汉晚期至明朝中叶。以欧洲的历史分期来看，吉本的著作开始于古典时代的晚期和基督教创立早期，贯穿了中世纪，直至其晚期，即1453年。这一年，东罗马帝国（即拜占庭帝国）最后一块领土陷落于土耳其军队之手，并且是被中国发明的火药征服的。同一时刻还见证了我们通常称为西欧"近代"的最早萌芽。该书所铺陈的故事，仿佛在人们眼前展开了一幅宏伟的史诗般的历史全景画卷。

吉本所谈到的几乎每一个事实，都有其掌握的大量原始资料的支持。这些史料大部分是拉丁文的，但也有一些希腊文的。（他没有读古代和中世纪的其他语言文献。这些文献可能对他有帮助，但对于他要论述的目标则并非不可或缺。）在他撰写这部书的年代，人们认为，该书涵盖了一个如此之长的历史时期，吉本的阅读范围异常之广。因此，就一个学者独立写作的具有综合（inegrated）[1]分析的著作而言，这部书是一个空前的成就。今日的诸多专家也普遍达成共识：吉本几乎读遍了他在撰写该书那一时期能够见到的所有拉丁文史料。在我上大学（17 岁）前的岁月里，这部书构成了我对于如何撰写历史的基本概念。从宽泛的意义来说，这本书在今天仍然有这样的作用。尤其是，如果没有吉本开创性地提供了准确和密集的史实，任何一个读者都不会清楚，一个作者是如何得出其结论的。

读者眼前这本《中国的历史之路：基于经济和社会的阐释》（*The Pattern of the Chinese Past: A Social and Economic Interpretation*）[2]，是我三十多岁时写的一本粗浅的史学著作。那时我还比较年轻，因此，我写的是我所想象的中华帝国历史的轮廓，明显地模仿了吉本的风格，但使用的概念则更加入时。尽管我核对了那些译成英文并加以引用的中文史料，但这部书主要是以我精选的一批欧洲学者、中国学者和日本学者的二手著作为基础撰写而成。只有在年龄更大的时候，我才拥有足够的速度阅读中文，而不必借助某些二手著作提供的初步的线索来获取新材料。

与吉本的研究相比，《模式》始于一个更早的时期，并延至一个更晚的时代——清末。从一个典型的欧洲人的观点来看，这可能很有趣。

〔1〕译者注："inegrated"似应作"integrated"。

〔2〕译者注：直译应作《中国历史的模式》，伊懋可先生用"The Pattern"的省称，故在序文中，以下都简称《模式》。

本书还进一步地作出一些预言。某些预言已经过时，因为成为历史的诸多事件已经取而代之。在这些预言中，最有名的一条是 1973 年本书第一版在页 319 上的一段评论，一旦中国进入国际市场，"它有能力有效地做到这一点[1]，并将令人震惊"。今天，此论看起来似乎是老生常谈。在那些距今尚远的过去，这个看法却引起了极大的争论。但是此论的精准却并非出于偶然。因为我分析了在中国前近代的几个世纪里中国人民真实的经济生活能力，尤其是他们的创造力。而上述预言正是以这种分析为基础的。

作为一部历史学的学术著作，《模式》根本无法与吉本的鸿篇巨制相比。《模式》意在激起新的讨论，而非提供任何可以称为定论的答案。读者正应该在思维拓展的精神层面去阅读它，与之商榷。我希望，读者能从中找到兴趣。

这两部书还有另外一个差别。吉本撰写其著作是为了证明他已信以为真的某些内容。这就是，罗马帝国的衰落，归根结底就是基督教传播导致尚武精神削弱所带来的结果。而我动手写作则要检验那些尚未有满意答案的问题。第一个问题是，从长期来看，中华帝国为何能长期维持统一·而·没·有像罗马帝国那样最终分裂？毕竟，中华帝国在三国时首次分裂，此后经过了不完全的统一，在 5 至 6 世纪的魏晋南北朝时期，则经历了更加严重的分裂。隋唐的再度统一之后，五代十国时期，又分裂了，而随着北宋的灭亡，帝国再度陷入分裂。12 世纪早期，中国北方半壁江山落入非汉族的金人之手。不到两个半世纪以后，经历了元朝的统治，中国再度统一于汉人建立的明朝。17 世纪中叶以后，帝国一度在地理空间和人口数量方面极度扩张，但这一次是在清朝的统治之下。尽管经历过分裂，中华帝国在大多数时候作为一个整

---

[1] 译者注：指工业的发展，突破原来的高水平平衡陷阱。详见第十八章。

体，仍然保持着统一。

相比之下，罗马帝国的统一维持到了 5 世纪早期。此后，它丧失了大面积领土。首先是在西部，大量土地落入各种蛮族入侵者之手；紧接着是东部和南部，土地大多沦陷于伊斯兰军队。最后，在一千多年以后，它只能控制着以君士坦丁堡（近代土耳其的伊斯坦布尔）为基础的日渐缩小的中央部分，然后也陷落了。前面讲述的中华帝国的教科书式的简单故事，人们可能在每个中学课堂上都再熟悉不过了，只有将其与罗马帝国进行比较，从这样的视野来看，它才会突然呈现为一个悬而未决的重要历史问题。中国即使分裂，仍能再度统一；而罗马（中国最大的西方参照对象），尽管进行了长期且有时还十分果决的斗争来维护统一，但最终未能成功。为什么会有这样的差异？

第二个问题是，中国（包括处于元朝统治的马可·波罗时代）如何执中世纪各国经济之牛耳，并成为当时人口最多的国家？上述情况从唐代开始可能就是事实，至迟从北宋开始则肯定如此。然而，在 1800 年前后，与西欧相比，在大多数方面，中国已经丧失了这种领先地位，而在 19 世纪及 20 世纪前半叶，中国则已经完全失去了对欧洲、美国以及最先进入近代化的后发国家——日本的领先地位。近代经济工业化，尽管在其早期吸收了某些有价值的中国技术，但就总体而言，是欧洲的产物（稍后是北美的产物）传播到世界其他地方。即便如此，早在 1300 年，华北的一些地方拥有了水力驱动的多锭纺纱机。在专业纺织工程师的帮助下，我对这些机器进行了复原。这种复原已经表明，它们可能确实发挥过作用。这看起来似乎是迈向机械工业革命的最初一步，然而稍后却不见了踪迹。[1] 为什么会这样？

第三个问题是，在古代世界，中国在科学和技术方面落后于东地

---

〔1〕 更多细节，参见 Mark Elvin, *Another History: Essays on China from a European Perspective* (Sydney: Wild Peony, 1996), chapter 2。

中海地区，[1]到了北宋时代，在上述活动中，中国如何转变为双双处于世界领先地位，但是在1600—1700年间（牛顿时代），在大多数方面远远落后于欧洲大多数地方？

今日回过头来看，上述问题看起来过于简单了。但是它们足以提供一个框架，便于进行有益的初步探讨。四十年后的今天，重新思考这些问题，在大多数情况下，它们仍然提示我，有趣的历史著作，最好围绕着以下内容来写：提出带有框架性的问题，并进行种种尝试来清晰地做出回答，而这些问题的答案不是预设的。今天，大多数学者都认为，吉本尽管取得了辉煌的成就，却错误地将罗马帝国的衰亡仅仅归咎于基督教的削弱作用。当然，关于罗马帝国的衰亡的正确答案，尚未有一致意见。但是，吉本似乎已经预先立意。而《模式》却并非如此。不管对错与否（在我写作或重写这部书时，它在不断完善），在具体的问题上我的结论更加开放，可能这是唯一我敢经常宣称比我的良师益友吉本做得稍好的一点。

《模式》还表明，指出特定文化长期相对存在的优点或劣势所带来的决定性作用，来论证某一种文化，几乎不能成为由此提出的问题的满意答案。至少在文明程度最低的那些文化中，情况是如此。正如所有比较历史研究所揭示的那样，在诸如战争、经济产能、科学技术等具体方面的领先地位常常从一种文化转移到另一种文化。就这一点而言，此时可能正确的论断，几个世纪后却几乎不可能再适用了。

人类常常自我改变。文化塑造着人们，人们又反过来重塑文化，并与文化一起发生改变。这种现象在当下普遍发生，长期来看可能每

---

〔1〕例如，古代或中世纪中国没有一个可以和名为"安提基特拉机械"（Antikythera mechanism）的希腊机械天体计算机相匹敌的机械，该机械构造之复杂，令人惊异，其制造和销售于公元前2世纪左右。关于该机械的新近论述，参见 Tony Freeth and Alexander Jones, "The Cosmos in the Antikythera Mechanism" (2012), in http://www.michaelsheiser.com/PaleoBabble/isaw-papers-4%20 antikythera%20report.pdf。

个世纪都有发生，尽管它们可能实际上或长或短（很大程度上取决于对于"变化"的定义）。尽管如此，从本质上来说，正是由于持续不断竞相适应不断变化的军事、社会经济和自然环境，人类和文化才得以幸存下来并获得成功。上述现象中有很多都在《模式》一书中明显提及。但是，该书最严重的缺欠则是它并未充分强调如下问题的重要性：人类日益增长的生产力造成了对自然的攫取，自然环境破坏性地退化，这两者频繁地一起出现。后来我试图在我的著作《大象的退却》（*The Retreat of the Elephants: An Environmental History of China*）中弥补这一缺陷。现在，这第二本书已经有了中文版，[1]我想特别建议读者把《大象的退却》作为眼前这部书的有益补充。

许多年前，我的朋友、著名经济史学家李伯重教授问我是不是一个马克思主义者。我回应说，我只能分两个层次来回答这个问题。在第一个层次，即简单的层次上，答案是"否"。我更愿意自己思考。在第二个层次上是这样：在研究人类经济活动的长期本质及其与社会制度的深度联系的历史学家中，尽管伊本·赫勒敦（Ibn Khaldun，1332—1406）在马克思之前，是这一领域的创造者，也非常值得人们尊敬，但马克思可能是在这些历史学家中最杰出的一位。因此，任何一位想要理解人类社会是如何运行的经济史学家，都不得不研究马克思。应该补充一点，马克思在所有历史学家中是独一无二的。每一位经济史学家都必须努力回答马克思的提问，并试图给出答案。我们应该记住，马克思在不同时期对同一问题的回答有异。值得注意的是，《资本论》第三卷和此前两卷有差别。我要说，还有许多关键问题，马克思没有解答。在这些问题里，前面已经提及的是人类与其周边环境的相互影响。但是，最引人注目的是，某种近代型的科学在不同地方

---

〔1〕清华大学梅雪芹教授主译，增加了标题和其他细节。译者补注：参见伊懋可：《大象的退却：一部中国环境史》，梅雪芹、毛利霞、王玉山译，南京：江苏人民出版社，2014年。

不同时间出现、存续以及未能存续的原因，很令人不可捉摸。在人类的活动中，科学非同寻常。其原因在于，从某种意义上来说，几乎仅仅是观念上的成功（人们可［简单地］称之为"心"）就能获得对人们可称之"物"的一种有限但却有效的掌控。举个我能想到的最初级的例子：如果你知道基本概率的规律，而你的对手并不知晓。如果时间够长，你将通过掷骰子赌赢他的钱，而他则会输。在某种程度上，几乎像是你的"心"而不是随机机会"控制着"骰子。当然，从字面上来看，这就不正确。[1]

任何一个研究长时期科学史的历史学家都意识到，广泛意义上的"近代"科学，在过去几近于不存在。这可以从卢西奥·拉索（Lucio Russo）的《被人忘却的革命：科学如何在公元前 300 年诞生以及为何不得不重获新生》（*The Forgotten Revolution: How Science Was Born in 300 BC and Why It Had to Be Reborn*，1996 年版，2004 年修订版）中可见一斑。这部重要的著作错误地忽略了中国，是其严重缺陷。尽管如此，它确实成功地得出了其基本结论：科学太过脆弱，不能认为其理所当然能够存续，对于科学在那些可以产生有效的新观念的充足条件中的存续，尤其如此。从长期来看，正是以技术为基础的近代科学才有能力推进人类的劳动生产率，从而成为近代经济持续进步的关键。

马克思主义的社会经济分析对于理解那些促进或阻碍科学的因素有重要的提示。这样看来，查尔斯·达尔文（Charles Darwin，1809—1882）尽管也有私人收入，但英国皇家海军提供的运输服务，极大地帮助了他研究分散于世界各地的动物、鸟类和植物，并发展为进化论。我认为，这一论点最早是由英国的马克思主义者贝尔纳（J.D. Bernal，他是我早年一个最亲密的朋友的父亲）提出来的。这是一个合乎情理

---

　　[1] 例如，掷一对六面骰子的时候，你会对掷出"6""6"和"5""6"两种不同结果下同样的赌注吗？为什么不呢？

的论点。但它也具有误导性。与达尔文同时发现进化论的阿尔弗雷德·拉塞尔·华莱士（Alfred Russel Wallace，1823—1913），作为一个珍稀动植物的采集者和作家，没有获得这样的政府支持，而是靠自己的努力。因此，正如贝尔纳的评论所暗示的那样，这样一种分析尽管并非不具有重要性，但是也正如华莱士之例所展示的那样，它不能充分解释这样的科学为何以及在何时何地间或出现，而有时又不出现，或者有时甚至步履蹒跚，并最终消失。战略上的毁灭性损失之例如下：（1）前文已经在注释中提到的公元前 2 世纪欧洲的"安提基特拉机械"天体计算机，只是通过水下考古作业者的努力以及随后一百多年的艰苦的分析和 X 射线检测，才在最近唤起人们对它的记忆。（2）14 世纪早期中国的水力纺纱机。正如本书所描述的那样，只是由于近代技术史学家通过近代的文本考证和想象中的重构，它才得以复原。

那么，为何一个西方的历史学家要写中国的过去？为何中国读者要对西方历史学家所写的内容感兴趣？

对上述问题中的第一个问题，作笼统回答并不难。中国历史是世界历史的一部分，而且是世界历史中非常广大、重要且有趣的一个部分。中国以外的许多历史学家研究不止一个国家、一种文化和一个地区，尤其是要进行理论研究。从上述这个角度来看，中国历史对于他们具有意义。对于我们当中进行这种工作且来自中国以外的那些人来说，如果不想对全人类的历史的理解有严重的缺失，我们就需要能够将中国历史的模式与我们所了解的人类其他部分的历史整合在一起。同理，这也适用于研究中国历史的学者：研究中国历史也要将中国历史置于经过仔细研究过的更广泛的世界史语境中。

在几乎整个前近代的中国都存在着文化和技术的输入和输出。让我们暂且搁置那些影响巨大并且为人熟知的文化传播事件，例如佛教从南亚传入中国、伊斯兰教在某些特定地区本地化；也暂且不论众所周知的中国技术的外传，例如雕版印刷（后来，主要在［但又不局限于］欧洲，进一步发展成为按字母顺序排列的金属活字和印刷机）或中国指南针（它使欧洲船员能够实现环球航行）。我们可以拿一个很小又有趣的东西为例：多米诺骨牌的历史即是双向交流进程。古代在西亚和南亚，它作为一个有六个面的骰子，呈立方体形状，可能在唐朝建立前不久传入中国。在宋朝，它被拉平成片状，在每个相邻的一对平面上标着数字。然后，这种扁平的骰子似乎又再次出口到欧洲，名为我们所知道的"多米诺骨牌"，在牌上，除了在各面上写有数字1……6，现在又增加了"0"，面可能也增加了。结果使得半个平面上的单值总数可能达到7。尽管可能只是一个游戏，我们却可以说，它以缩影的方式证明了"西方"和"东方"共同进行的创作。[1]

第二个问题不应该由我来回答，而是一个应该由本书的中国读者们以及读过其他欧洲学者撰写过的类似著作的读者们发表看法的问题。然而，如果一定要我猜的话，可能是"旁观者清，当局者迷"，有时（当然不是"总是"，只是"有时"）的确如此。可能检验一个新观点，会让人受益：既能激起读者质疑人们可能太过容易就接受的假设，又有助于读者想象新的答案。换言之，在一个人的头脑中具有一些观察问题的视角，不同于他最初形成的那个角度。或者不同于他头脑中挥之不去的观点。我自己在各种各样的地方生活和工作过，这是我自己的经历。纵观中国各历史时期，复杂而细致，变化万千且富于创造性，对其进行总体研究，则特别使得我对自己的思维方式和我生活时间最长的欧洲文化的思维方式有了许许多多的洞察。随着我的中文读者看到我对他们共同的非凡过去的评论和回应，他们或许可以通过书中的

<hr>

［1］参见伊懋可：《个人的运气：为什么前近代中国可能没有发展概率思想》，收于刘纯、王扬宗编：《中国科学与科学革命：李约瑟难题及其相关问题研究论著选》，沈阳：辽宁教育出版社，2002年，页428、432，注释18（页488）、35（页489，郭双林：《中华赌博史》，页135-138）。

点点滴滴发现我所体会的有趣心得。

最后，我要说，我是多么深深地感谢李伯重教授和他的团队，不辞辛劳地组织本书的翻译。我十分清楚，我的英文写作风格相对来说复杂且含有隐喻，因此将本书译成中文并非易事。我希望他们努力进行的翻译能够以一种虽有所修订，不过仍不失活灵活现的方式，为阅读这本书的中文读者打开通向了解很久以前的中国的有趣之窗。

衷心祝愿作为读者的你们踏上理想的心路旅程！

伊懋可

于英格兰牛津长翰博尔街

2014 年 12 月 30 日

（张天虹译、王湘云校）

原版序

　　就人口规模而言，中国是世界上最大的国家，有着三千年文字记载的历史，因此，若要写出一部令人满意的关于"前近代"（pre-modern）中国社会与经济发展的全史，仍然不大可能。摆脱那些似乎与我们对今日中国的理解有关的主题，本书仅仅是一个尝试。其中我特别研究了以下三个问题。（1）为什么中华帝国持续了大一统的局面，而罗马帝国以及上古和中世纪任何其他帝国最终都瓦解了呢？（2）中世纪的革命使得中国经济在约1100年之后执世界之牛耳，这场中世纪革命的原因究竟何在？（3）约1350年之后，中国在技术进步方面未能保持以往的速度，但是却在很多方面仍然取得了经济的进展，这又是为什么呢？本书分为三部分，依次探讨以上问题；我以课题分类，在某种程度上来说仅仅是为了方便。这些论题都是彼此相互联系着的，做最后分析的时候，其中任何一个都不可能抛开其他的论题而孤立地来考察。

　　这个研究项目主要的促成者是格拉斯哥大学经济史系。1968年初，我离开了剑桥东方学研究所（Institute of Oriental Studies）而加入该系，从此不再避世绝俗。我发现自己面临这样一种需要，即将中国社会和经济的发展（或不发展）与欧洲及世界其他各个地方进行有系统的比较。这里所提出的观点，无论是否总是那么明显，其实在很大程度上来说都是那个比较的结果。所以，我将此书恭恭敬敬地献给我的同事们，似乎是颇为恰当的。

伊懋可

鸣　谢

　　本书曾受到朋友们和同事们的启发，其数量非常之多，我就不一一道谢了。我很清楚自己受益有多深，在此谨表永久的深深谢意。尽管如此，还是应该特别提到以下几位：龙彼得（Piet van der Loon）首先让我认识到了中国内部的区域性和民间传统的重要；蒲立本（Ted Pulleyblank[1]）则使我理解到需要在科学和经济领域对中国人早期成就的活力以及后来相对停滞的问题进行分析；而李约瑟 (Joseph Needham) 对科学史和技术史的见解使人大受启迪；与拉达·辛哈（Radha Sinha）交谈让我产生了"高水平平衡陷阱"的概念；同时又从施坚雅 (Bill Skinner[2]) 那里受到启发，了解到对地方等级体系进行分析可以反映出晚期传统中国的结构变化；在本书第二部分，我大量地依靠了斯波义信的著作；从罗兹·墨菲（Rhoads Murphey）那里洞悉了传统晚期经济巨大规模的效应并获得了其他很多的帮助；墨子刻（Tom Metzger）则对中国官僚制度以及清代商人的地位有着极深的理解。上述各位学者对我都有极大的帮助，当然他们对我的观点并不负

---

〔1〕　译者注：蒲立本（1922—2013），其名字的正式拼写是 Edwin George Pulleyblank。
〔2〕　译者注：施坚雅（1925—2008），其名字的正式拼写是 G. William Skinner。

有任何的责任。

我还要感谢斯坦福大学出版社和美国社会科学研究委员会，他们允许我利用大量关于上海县的市镇和水利控制、前近代中国棉花工业方面的会议论文；感谢《近代亚洲研究》（*Modern Asian Studies*）的编辑，允许我利用首先刊登在该刊物 1970 年 4 月号上关于土地租种的那篇文章中的材料；感谢密歇根大学中国研究中心，允许我使用我翻译的星斌夫和斯波义信两书的英译本中的材料，因为英译本是由他们资助出版的。我还要感谢哈佛东亚研究中心费正清 (John K. Fairbank) 主任，因为当我应该进行另一个项目的研究的时候，他有雅量地允许我在他们的东亚研究中心完成了本书手稿的最后一稿。

此外，我也要感谢迈克尔·哈维（Michael Harvey）关于农业方面给我的建议，感谢贺大卫（David Holm）、约翰·格兰特（John Grant）和道格拉斯·斯蒂恩（Douglas Steen）以及邓迪大学的搭档关于纺织机械方面的建议。斯特拉斯克莱德大学的艾德·诺斯（Ed North）提供的两条意见对我研究中国水力驱动机械很有启发性；第四章因得到利兹大学比尔·詹纳（Bill Jenner）的批评而得到很大的改进。与贺凯（Charles Hucker）、汤姆·史密斯（Tom Smith）和乔治·莫斯利（Goerge Moseley）的谈话使得我能够在论证的几个重要地方做得更加紧凑；同时我也要感谢密歇根大学中国研究中心、斯坦福大学的东亚地方体系研究项目组（Program on East Asian Local System）以及塔夫茨大学历史系，正是他们延长了对我讲演的邀请，使得上述的对话成为可能。

就出版方而言，理查德·纽汉姆（Richard Newnham）对促成本书的付梓起到了关键的作用，是他果断的决定打破了长期的惯例，功不可没。他的帮助是不可或缺的。最后，我要由衷地感谢菲利普·惠廷（Philip Whitting）。他是我在伦敦圣保罗学校（St. Paul's School）的老师，我关于历史的性质和研究的大多数知识是从他那里学到的，他所给予我的是最最根本的、永远也报答不了的。

译校者的话

四位译者互相审阅了译文，因此，四位译者也同时是校者，以下统称为"译校者"。这篇短文也就姑且称为"译校者的话"。我们认为，"既要遵从原著，又要对中文读者负责"应该成为汉学（以及中国研究）著作校译的基本原则。根据这样的原则，这个中译本有以下几个方面需要说明。

（一）关于本书翻译时所选用的底本和参考译本

本书原名 *The Pattern of the Chinese Past*, 由英国伦敦的艾尔·梅休因出版社有限责任公司（Eyre Methuen Ltd）于 1973 年出版，同年，在美国斯坦福大学出版社（Stanford University Press）印行。此后该书并未再版，但 1976 年的重印本值得注意。经过执笔人反复比对，1976年斯坦福大学出版社的重印本与原版本最重要的差别在扉页上，内文则没有变化。重印本加上了副标题"A Social and Economic Interpretation"（基于社会和经济的阐释），但是这个副标题更加准确地揭示了这本书的主题。此外，1976 年重印本从马若孟（Ramon H.Myers）、费维恺

（Albert Feuerwerker）等经济史名家撰写的书评中摘录了一些精彩语句，置于封底。1978 年，虹桥书店（台北）以"中国历史的模式"为封面标题，影印了该书 1973 年的原始版本，因之也没有副标题。所以，我们这个中文本是以 1976 年斯坦福大学出版社的重印英文本为底本进行翻译的。该书还有多种译本（由此可见其广泛的国际学术影响），仅执笔人知道的就有日文本、韩文本和匈牙利文本。我们在进行翻译时参考了小西高弘先生的题为《中国历史的教训：社会和经济的解释》（《中国の歷史教訓：社會和經濟的解釈》）[1]的日文本（日文本情况详见李伯重教授的"译后记"）。

（二）关于两个专有名词的翻译

1. 文中出现较多的一个词是"modern"，用来和"pre-modern"做一个对比，而并无意在近现代中做出进一步的区分。我们统一用"近代"来对译"modern"。

2. "barbarians"这个词，伊懋可先生自己的英文解释是"non-Han peoples"，即非汉族，但"非汉族"这个词在很多句子中会显得比较别扭或拗口，不一定非常符合汉语的一般表达习惯。我们在正文中统一用了"少数民族"来表示"非汉族"这个含义。

（三）关于本书中文史料的还原、页下注及参考文献

1. 英文版原作中引用的中文史料，原则上都应该还原为中文。伊懋可先生自己在《中文版序》中表示，书中的中文史料绝大部分转引

---

[1]《福冈大学经济学论丛》第 30 卷第 3·4 号，第 31 卷 1-4 号，第 32 卷 1 号，1986—1988 年。

自中文、日文和西方语言的二手著作。这些史料都应该经核对之后还原为史籍原文。同时，原书的创作过程也应该受到尊重并得以展示。这两种处理方式都将体现在中译本的注释中。译校者已对其绝大部分中文史料进行了还原。极少数因为没有注释，又找不到其他线索的引文，则只好据英文直译，并以"译者注"的形式提示。这些二手著作大多没有注明所引中文古籍的版本（少数古籍如《天下郡国利病书》《阅世编》等虽然提供了版本信息，但不是中文读者现在所使用的通行版本）。进行译校时，译校者基本上根据通行的版本做出了订正，其中有标点本的古籍，则文中标点、断句，亦照其所录，只是在有明显不合适的地方加以订正，并出译者注说明。同时，在与伊懋可先生所征引的那些二手文献中的引文有明显不合的地方做了一些必要的解释和说明。总之，我们基本的处理方式，首先是将原书独立的"注释"部分，还原到各章，并采用学界现在较为通行的页下注的形式。注释的前半部分是伊懋可先生引用的二手资料出处，而【 】中则是引文的原始出处。例如第十章第一条注释即作"青山定雄：《唐宋时代の交通と地誌地図の研究》（东京：1963），页9。【张九龄：《曲江集》卷17《开凿大庾岭路序》。译者补注：此据张九龄著、熊飞校注：《张九龄集校注》卷17】"。

（1）翻译自原著的注释部分（通常为那些二手文献），一部文献第一次出现时注明著者、题名、出版地、出版年等信息，再次出现时只注明著者、出版年和页数（若有易引起混淆的地方，则注明了题名），与英文原著保持一致，并作统一（因为原著中有极少数注释未统一遵照这样的体例）。完整的版本信息一般可在"译校参考文献"中找到（个别未能找到并实际加以利用者除外）。

（2）英文和日文的论著涉及"卷"（"册"等）的时候，伊懋可先生往往在注释中用了大写的罗马数字，而对于"期"（"号"）则用了阿拉伯数字。对于日文期刊，大写的罗马数字若还原回去，有的称"卷"，有的称"编"，有的称"辑"；而西文期刊往往用"Vol.××, No.××"表示，考虑到中文读者的阅读习惯以及表达的明确性和简洁性，在注释中，我们对于各种期刊的卷册、期标注方式，统一用了阿拉伯数字，并以"××:××"这样的格式来表示。":"之前的数字表示"卷"（或"编"），之后的数字表示"期"（或"号"等），例如：31:2 表示第 31 卷第 2 号。卷数、号数等沿袭伊懋可先生原著格式，但一律改为阿拉伯数字；对于多卷本的西文著作，则用"v."与阿拉伯数字的组合来表示卷数。例如：原文第一章第 18 页注释 2：C. Oman, *A History of the Art of War in the Middle Ages,* rev.ed.(London:1924), v.1, p.12。"译校参考文献"中则全部按照这些书刊本来的面目写出全名全称。

（3）对于日文文献，全书并没有使用日文的标点符号，而是都用了中文的标点符号，相信这样处理应该不会影响读者对其进行回检。

（4）伊懋可先生引用的一部分中、英、日文著作，有原始版本的，我们尽量核以原版本，但因为有些书刊出版时间较早，受制于各种条件，原始版本无法找到，有时不得不以后出的版本（也有极少部分英文文献是伊懋可先生引用了后出的英国影印本，而我们能够找到的却是在美国出版的较早版本）来代替，好在后出的版本因大多为影印，页码也基本没有改变，我们核校时实际使用的版本，皆一一如实注明。

（5）明清时期的地方志一律不再标示其作者，只标明年代。

2. 书末增加了"译校参考文献"，不但提供了译校者在还原中文史料时所使用的版本（即古代文献和地方志部分），而且还列出了原书直接征引和并未直接征引而属于译校者在译校过程中参考的一些文献（前有"*"）。例如，书中引用的英文或日文文献有相应的中译本，我们尽可能地做了参考；如果引用了这些中译本的译文，也会相应地标出；若没有直接引用，也在"译校参考文献"中做了提示。这样既便于读者对此书的论证进行更好的判断，又等于将翻译的过程透明化，便于读者发现译校中可能存在的问题。根据实事求是的原则，伊懋可先生引用的英、日文的著作，有一小部分，实在无法找到核对的，还有译校者未能识读或利用的英文和日文之外的其他语种文献，就只能据引文直接翻译，但一般不将它们列入"译校参考文献"。

3. 本书征引的中文史料中，往往有伊懋可先生的诠释或补充说明（原文中"〔 〕"的部分）。其中对中文读者属于常识的部分，都予以删去，保留的部分在文中统一以"【 】"来表示；在史料的征引中，为了使意思完整，有时需要补字，亦以"【 】"来表示，并在注释中予以说明；"（ ）"则表示其前面一字本该作什么字，同时出校者或译者注说明；如果是译校者的增补和解释，则以"译者注""译者补注"的字样以示区别。

（1）原著正文的纪年都采用了公元纪年，有些地方引用史料中出现中国古代的帝王或年号时，也都用了（或夹注）公元纪年。有些地方加了"公元"，有些则直接以数字表示。中译本正文基本遵从了原著，且作如下统一：在"公元前"以及 1000 年以前的纪年前分别加上"公元前"和"公元"，以避免歧义；而公元 1000 年以后，不会引起歧义的，则直接以 ×××× 年来表示；引文中除非特殊的需要夹注公元纪年以外，如五代十国中吴国的"顺义"等读者不太熟悉的年号，其余部分则删除了引文中的公元纪年，以尽可能保留中文史料的原貌。

（2）原著中作者表示中国各朝代、各皇帝在位的起讫年份与我们通行的年代划分有误差，为避免频繁出校说明，多数情况下按通行的中国历代纪元表径改。

（3）原著中表示强调的斜体字句，在中文中通过加着重号来表示。

（4）正文中出现的"页 ××"均指英文原著页码。

（5）正文中的"本世纪"均改作"20世纪"。

译文虽经多次修订，但各种错误恐怕仍然在所难免，恳请读者批评指正。

执笔人：张天虹

2019年1月15日撰于首都师范大学良乡校区

2022年7月15日补记于首都师范大学北一区

献给格拉斯哥大学经济史系曾经和现在的同事！

目　录

图 表 目 录

上编

世界上最大最持久的国家的形成

政治单位的幅员问题，似乎从来没有引起历史学家和社会学家应有的注意。[1]究竟是什么因素决定一个国家或者帝国的版图会扩大到其历史极限？在什么条件下它才能维持其边疆？为什么一个较大的政治单位经过一定时期大多会解体？如此种种，作为一个普遍性的问题而非分析某些国家瓦解的具体原因，是一个在很大程度上还没有人探索的领域。

至少对于研究中国的历史学家来说，这个问题的意义尤为重大。从最广泛的视野来看，中华帝国在"前近代"（pre-modern）的世界里是一个例外，其他一些领土和人口与中国相仿的政治单位都没有像中国这样长时期的稳定。弄清其原因显然很有意义。中华帝国的兴和亡总是连接得很紧密，尤其值得玩味。中国于公元前3世纪中叶就已经形成，一直持续到4世纪初方因少数民族征服而暂时分裂。换言之，

---

[1] 奇波拉（Carlo Cipolia）等编《帝国的经济衰败》（*The Economic Decline of Empires*, London:1970）页5-15 对此做了一些评论。在对一些具体国家研究的著作中，艾克（A. Eck）的《俄罗斯的中世纪》（*Le moyen âge russe*, Paris:1933）值得一提。他谈到由于莫斯科的国家领土扩张与人口密度不均衡而产生的财政问题是俄国15世纪之后农奴制和土地使用权制度的根源（页320-321）。

此时它还没有罗马帝国那样的持久力：西罗马帝国崩溃之后，罗马帝国仍在东部坚持下来。然而从另一方面来看，中国却能够在 6 世纪下半叶重新统一；并且自此以后，除了 10 世纪上半叶以外，中原地区（即除今东北、内蒙古、新疆和西藏之外的中国领土）同时并立的政权从未超过两个。1275 年以后，长期统治中原地区的政权，只有一个。而与此相反，东罗马（亦即拜占庭）帝国却走向衰败，最终崩溃。我们是否能够从中分辨出是哪些变量造成两者命运的不同？

我相信可以就三个主要因素及其关系找出初步的答案。这三个因素是：（1）一个政治单位的幅员大小（下面会做更准确的定义）；（2）该政治单位的经济生产力；（3）用于国防和行政的开支在总产出中所占比例。与此三项紧密相关的还有技术状况（这里指的是最广泛意义上的技术，包括组织、经济、军事各方面的状况）。一个政治单位最初的扩张，通常至少要上述三个因素中有一个比其邻国优越，方可实现。这有可能是该政治单位将其人民组织得更有效，而其原因可能在于普遍的识字率或者是某种独特的观念；也有可能是单一劳动力能生产出更为庞大的剩余，因此能维持较大的非生产性的军事和行政建制。或者是其士兵有更精良的武器、更严格的纪律或更灵活的战术，能够打败比他们人数更多的敌人。显然，在很大程度上，其中哪个因素的优势都会弥补其他方面的不足。一个国家若有素质较高的士兵，就可以减少士兵的人数，并由此减轻对生产资料的压力。例如，在军事后勤能力方面的组织才能，也可以在一定程度上顶替军事上的专门技术。其余均可依此类推。

如果政治单位的幅员在很大程度上由以上各因素决定，那么这种幅员显然是不稳定的。如果帝国周边地区取得任何一项技术进步，无论是政治上的联合（如成吉思汗将原先互不统属的蒙古部落统一起来）、生产力提高还是武器装备改良，都会影响到领土的完整。而且从长远看，防止技术传播跨越边界是根本不可能的。奥曼爵士（Sir Charles Oman）在此问题上颇有见解，他认为在君士坦丁大帝时期日耳曼人在军事技术方面有很大改进，乃是由于三百年来与罗马帝国的紧密接触，使他们学会了很多东西，结果罗马步兵的优势也就辉煌不再了。[1] 下文我们还会谈到，13 世纪蒙古帝国得以戏剧性扩张的原因之一，是蒙古人获得了中国的铁匠及冶铁技术。近代各欧洲帝国也发现：想要在亚非殖民地阻止当地臣民提高政治和组织才能，是根本不可能的。虽然如果是一对一的情况下，统治者仍旧占有明显的经济和军事优势。那么，单纯为了保持现状，一个帝国就必须不断改进技术，起码其改进速度不能低于邻国，也不能低于那些受其统治却心怀异志的人民。

总而言之，一个帝国扩张到这样的限度，其幅员带来的负担应当与其在技术上对邻国的优势大致相抵。在前近代，所说的"幅员"不只是距离的长短，而主要应依据长途交通所消耗的时间和费用。当然，就这一点来说，中华帝国和罗马帝国的幅员在当时远比任何其他政治单位都要大得多。这种幅员的负担主要在于：需要维持一个更庞大和更多层级的官僚机构；随着领土的扩大，有效的统筹越发困难；在更长的边境线供给驻军，因进一步远离了可靠的人力和物力的主要供给源，由此带来越发高昂的成本。但是较大的幅员显然也有其好处，例如可以占有更丰富和更多样化的资源。占有某些领土（如罗马占有了埃及）能给帝国增加大量财富。然而，大体来说，政治单位幅员越大，它就越需要在更多方面比邻国优越，方能长期生存。

假若承认上述假设（即帝国往往会扩张到它刚好能维持其充分幅员的均衡点），那么随之而来的是内部社会制度可能处于持续的紧张状

---

[1] C. Oman, *A History of the Art of War in the Middle Ages*, rev.ed. (London:1924), v.1, p.12.

态之中。相对于食品与货物的总产量来说，关键的因素是用于维持行政机构以及保卫国家安全所需的士兵和军事物资等方面的开支通常十分高昂。这个问题在罗马和中华早期帝国都很明显。因此，苛税不可避免地存在，而这转而又易于导致社会及政治的变动，进而破坏国家稳固的财政基础。典型之例是，小农穷困潦倒，被迫出卖土地。寻找避难所，躲避税官，这种需要使得农民常以牺牲个人的自由为代价，寻求有力者的帮助或保护，规避国家的种种苛捐杂税。至于财富，特别是土地财产集中到了少数人手中，政府收入随之下降。为了杜绝上述现象的发生，政治家们采取没收富人财富，强制限制土地产权（包括土地的取得与贩售），将公有土地分配给小农、士兵和退伍军人等政 20
策。相较而言，上述这些政策推行的成败，不仅经常关系到帝国政治内聚力能否维系，甚至经常关系到其存亡。7世纪出现的"拜占庭特玛制"（Byzantine Themes）以及唐帝国的"均田制""府兵制"等政策的施行，都是最好的例证。

由上述社会变化造成自由民人数的减少，也给帝国军队征兵造成困难。罗马帝国和中华帝国最初都是依靠"兵民合一"的义务兵打下天下，后来又都因为帝国的扩大，这种军人不再胜任，从而被职业军人所取代。两国都经历了这一过程，虽然方式不尽相同。在两种情况下，均因军队开支而导致其采用危险的、最终乃至致命的措施，即越来越依靠外族武装作为辅助力量，甚至将其当作作战主力。同时，虽有积极的防御政策，却往往由于经费问题而无法采用；为了抗衡敌对的外族，只好依赖外交手腕、输遗财货，或者容许外族居住在帝国领土上。其结果是削弱了帝国内部结构，从内部开始异化，最终全部或者部分崩溃。

* * * * *

至此，让我们来回顾一下本章开始提出的问题。为什么中华帝国在公元 6 世纪重新统一之后可以在本质上不受这些破坏性因素的影响？为什么它没有在历史某一时刻像欧洲那样分裂为诸多小国并永久分裂下去，而仍然保持为一个拥有诸多省份的国家（其一省即相当于一个欧洲国家的面积）呢？刚才提出的分析框架可以告诉我们答案的要点：在总体上，中国人必定在相关的专门技艺，即军事、经济和组织的技艺方面设法做到了比其周边地区领先一步；更准确一些说，是因为在这些因素中，某一个因素的优势有可能至少部分弥补另一因素的弱势。所以，应从上述这些因素的综合状况来考虑。本书上编和中编着重说明：从总体来看，这一简明论断能够经得起实证的检验。

　　当然，这并不是说中国能够免遭外族征服。中国并没有做到。但她是最后一个胜地，免遭政治分裂。在此，我必须明确地提出一种隐含于已有论点中的假设，即最佳军事技术的费用，往往随着时间延续而递增。一个国家若税收没有增加，或收入比战争费用的增长更慢，那么它就有可能走向分裂。[1] 出于某些原因，如前面列出的制度变化 21 等，国家税收下降但战争费用仍持续不下，类似的现象也可能会出现。为什么会有这些后果呢？原因在于：若其他因素相同，政治单位的幅员缩小必然减轻庞大的地理范围所导致的财政负担，节约下来的资源可以投入武器装备。[2]

　　可以看出，如果将这个论断不加区别地运用于所有的历史时期，

---

　　〔1〕一个大家都熟悉的例子是16世纪晚期以后的奥斯曼帝国（Ottoman Empire）。为了赶上欧洲人，它必须增加火器和大炮的使用。这意味着习惯于战时出征和授予封地的骑兵，不得不大量地由雇佣的职业军人所替代。与此同时，新世界白银的流入引起了财政危机，因此，上述变化所产生的压力是灾难性的。

　　〔2〕一个与此相关的问题是，相对于帝国士兵，在帝国臣民中先进军事技术传播的效果。在第八章描写了一个例子，即约在 1700 年之后，火枪在中国民间的散布。这种散布降低了兵相对于民的战斗力，导致社会压力加剧，或者表现为内部控制的减弱，或者表现为因多雇士兵而加重税收。

涉及所有的技术，那就会变得有些荒谬。从当代来看，可能有人会说，若依此论断，那瑞士或毛里塔尼亚比美国或苏联还能支付得起原子弹和导弹。但这一不当的结论不能成立，因为我们的论点在运用时有一个十分重要的衡量标准，即局限在如下的时期或地区：财政规模相对于最佳军备费用仍旧非常巨大。近代世界的情况已经不再是这样了；事实上，这正是"近代性"（Modernity）定义的一部分。

如上所述，在传统中国，分裂因素在总体上并未持久地起到重大作用，因此没有造成长期的分裂。究其原因，另外还有两个。其一，可以笼统地称作是中国的"地理统一性"，即中国与欧亚大陆其他地区相对隔离。其二，同样也可笼统地说是中国的"文化统一性"。然而这两点都是在帝国历史的进程中才建立起来的，并非在诞生时就已现成。"地理统一性"是政治和经济的现实，而非后来的制图学上的臆想（关于此点，可参看本书第十章描写的运输交通中首先发生的革命）。"文化统一性"也是形势造成的。其始可追溯到公元前213年秦始皇的焚书措施。他采取这个政策完全是有意识的，旨在铲除人们系于一地的忠诚（local loyalty）。这个过程持续了一千多年，其间伴随着汉人南迁，并包括北方的两次再汉化（re-sinification）：第一次发生在公元4世纪北方少数民族入侵之后，第二次则是公元12和13世纪女真、蒙古征服之后。无论如何，到了大约1400年或1500年，地理及文化的统一明显发挥其重要性，然而起根本性作用的还是技术因素，因为正是技术因素才使得地理与文化的统一成为可能。此外，尽管中华帝国大一统的神话的确存在且刻意被助长，但若忍不住将确保帝国长存的一小部分原因归结于此，那么只要反思一下罗马帝国永不灭的诱人神话终成泡影的事实，任何人都会看到这一观点的适用性非常有限：在西方不能实现经久不衰的帝国复兴。

显然，中国历史的整体性具有巨大的影响。国家保持了对军队几近垄断的控制权，因此真正的封建制（相对于庄园式农业组织而言）绝不可能站住脚。中国的大城市虽然比欧洲的大城市要大得多，但从没有发展自己独特的制度与自主性，因为那只有在松散的封建主义的母体中才有可能出现。文化多元性以及在众多仍然共享一种共同的价值和观念的国家之间存在的竞争，这是对后来的欧洲进步如此重要的一种力量，在中国是缺乏的。探索中西差别的根本原因，对于我们认识过去和现在的中国，都是一个关键。

第二章　早期中华帝国

　　为了能切实地进行分析，中华帝国的历史必须从公元前 3 世纪的秦朝开始谈起。但在一定意义上，其历史更早一些，可从西周算起。习惯上把西周的年代定为公元前 1046 年至公元前 771 年。在帝国时代以前，中国疆域最广之时，可能控制了黄河流域中下游一带，亦即今天的山西、河南、陕西、山东、河北地区。到公元前 9 世纪，周天子的权力日渐式微，名为天下共主，实则越来越被架空；公元前 256 年以前，其子孙仍保持了"天子"的虚名。关于周王朝的经济、组织、军事基础，我们已经知道了很多；然而，周的崛起及其后来分裂与一些技术（这里所说的技术是最广义上的技术）有关，对于这些技术的分布变化，要得出令人确信的结论，则我们的所知尚不充分。所以我们开始谈这个问题时，要把时段后移至史实更清晰的时代，即公元前 7 世纪。

　　早先在被称作中华文明摇篮的黄河流域，农民（peasant）采用原始的烧荒游耕制度。在耕作中，村落共同体集体行动，在一个地方开荒耕作几年，然后放弃这些耕地，转移他处，既不实行轮种，也不施行休耕。这些村落共同体由当地领主统治，村落把收获物的一部分交给领主作为赋税。这些领主是众多诸侯国的主要臣民，而诸侯在名义上效忠于周天子。这些领主的土地由奴隶或处于其他某种依附关系的人们耕种，而非由独立的农民团体耕种。

公元前 7 世纪之后，固定耕作制开始取代烧荒游耕制。公元前594 年，鲁国首次征收地税（"初税亩"），并留下记载。公元前 500 年以后，休耕及施肥已经相当普及。有时被称为"农之生死所系"[1]的铁制农具也已经相当普及，因此土地可以由较少的农夫有效地耕种，同时也可能造成了旧有村社结构的解体。公元前 1 世纪后期的《氾胜之书》比较系统地记载了农学的进步，这与罗马人瓦洛（Marcus Terentius Varro, 116B.C.—27B.C.） 和 科 鲁 梅 拉（Lucius Junius Moderatus Columella，4A.D.—70A.D.）的著作大致出现于同一时代。长久耕作的结果是地产的确立，到公元前 4 世纪有大量的土地经过买卖。地处中国西北部的魏国和秦国都鼓励这一现象的发展；后来的理想主义者，时而批评它们破坏了上古时代的"大同"或者说是"村社-封建制"（communal-feudal system）。

罗斯托夫采夫（Rostovtzeff）在评价罗马时说："那些可能曾经是贵族统治下的农奴是如何及何时转变为自耕农、小土地所有者或平民阶级成员的，我们对此尚不清楚。"[2]早期中华帝国也有类似的问题。公元前 221 年正式宣告建立的第一个帝国，以拥有大量自耕农为特征。很明显，这些自耕农的存在与帝国的统一进程有着很大关系：秦国有步骤地征服了其他诸侯国。为吸引敌国的人口，秦国统治者给移民提供土地、房屋，不强迫他们当兵；为奖励本国臣民英勇杀敌，授予他

------

〔1〕 译者注：原文这里加了引号，可能是史料原文，但伊懋可先生未注明出处，我们也未能查到。故选了与英文原意最接近的一句古文对译之。

〔2〕 M. Rostovtzeff, *The Social and Economic History of the Roman Empire*, rev.ed. Oxford：1957, p.11.

们军功爵位、土地与奴婢。在新征服的地区，秦国统治者有意识地破坏当地贵族势力，将农民从其原来的村社迁出，使其成为个体农户，直接向国家交税当兵。那些受封者不再以旧有方式住在封地，而仅享有从其封地的一部分指定人口中征纳赋税的权利。上述这些过程，与罗马在公元前4世纪征服意大利半岛以及其后来的情况有着隐约相像之处，罗马由于共和国面临军事危机而引起社会结构的解放。稍后，秦向新征服的领土移民（特别是徙民西北），也有助于中国产生一个自由的小土地所有者阶级。

当然，帝国的创立统一还有其他原因。此前几个世纪，运输和交通在不断改进。例如，在公元前8世纪晚期，鲁国派出的外交使节每次出使的距离平均是112英里[1]，而到公元前6世纪晚期增加到454英里。另外，还有大规模修路的证据。战国时期，尽管官僚制度的结构还比较简单，但各国政府都逐渐建立了官僚体制。其权力也越来越有效地集中。同时军事技术得到改进，特别是铁制武器开始取代青铜武器，从而使得军事制度变得更加有效。齐国于公元前7世纪中叶在今河北和山东地区取得的暂时优势，一般都归功于其新式军事制度，但这种制度的精髓很快就为其竞争对手所掌握。随着时间的逝去，中国北方的诸侯国的数目越来越少，爱国情操已经扩伸到不断增大的较大政治单位，由此国家凝聚力更为加强。即便如此，在公元前3世纪之前，那些超过一定面积的国家有时也会分裂，这是缺乏经济和技术能力进行维持所致。晋国即一个明显的例子：公元前403年韩、魏、赵三家分晋。[2]可以看出，我们在上一章进行的理论分析中所强调的那些因素的重要性，在前帝国时代就已经很突出了。

这个时代的战争有一个鲜明的分界线。公元前4世纪出现的两项

〔1〕译者注：1 英里约等于 1.6 公里。

〔2〕R. L. Walker, *The Multi-State System of Ancient China* (Hamden, Connecticut: 1953), pp.27-28, 52.

创新——弩与骑射，后来影响了中国两千年军事史。弩是中国的发明，骑射则是由西北边裔各族传入的（很可能是从近东地区传来的）。此前的战斗都是步战，马的唯一用途是给将领拉车。中原人与少数民族军事上的差别主要不在于武器，而是在于组织和纪律，当然中原人在这两方面要略胜一筹。骑射带来一个新问题，即虽然中原人很快利用起骑射技术，但他们永远也赶不上草原部落。当时骑马已成为草原生活的一种方式，而且游牧人还有几乎漫无边际的牧马草场。中原人民不得不依赖城墙和弩来进行防御。弩的射程比骑马的弓箭手所带的轻型弓要远。战争随之越发复杂，成本越发高昂。弩机是一个很复杂的青铜器械，需要很高的技艺才能制造。这时期中国的北部和西部开始出 现绵延的防御工事，亦即秦长城的前身，这必须征派大批人口充当劳力才能完成。而设法获得充足的战马则成了一个频繁出现且耗资巨大的问题。

我们不难想象维持一个新帝国所带来的严重财政压力。北征匈奴、南伐百越的费用在《汉书》中有明确记载，甚至《汉书》对其所持的批评态度亦跃然纸上：

> 秦皇帝……然后发天下丁男以守北河。暴兵露师十有余年，死者不可胜数……又使天下飞刍挽粟，起于黄、腄、琅邪负海之郡，转输北河，率三十钟而致一石【192:1】。男子疾耕不足于粮饷，女子纺绩不足于帷幕。百姓靡敝……盖天下始叛也。[1]

接下来是连续数年的农民起义与内战。汉朝取代秦朝之后，为什么对少数民族采取妥协态度以防范产生新的社会危机？这个问题其实

---

〔1〕 贺昌群：《汉唐间封建土地所有制形式研究》（上海：1964），页68。【《汉书》卷64上《主父偃传》。】

很容易理解。当匈奴毁约再次入侵之时，汉文帝（公元前180—前157年在位）拒绝了将领们征讨匈奴的请求。而是告诫他们："兵凶器，虽克所愿，动亦耗病，谓百姓远方何？"[1]他倾向于采取处于守势的防卫与外交。

秦汉的主要兵制是更役制，农民轮番被征去训练和服兵役。这种制度不能很好地适应庞大帝国的边疆防御，除非把一些被征召入伍者的服役期限大大延长（这有违公平）。因此还需要军事屯田，并利用少数民族武装作为辅助力量。然而这种制度的优点之一，是创造出一支实质上由国内成年男性人口组成、训练有素的后备军。

28　　　更役制和帝国行政财源，均有赖于高效率的征兵和征税。但是由于大庄园发展，征兵和征税二者都逐渐陷于困境。这些庄园属于官员和商人，为他们干活的是雇工或奴隶，所以能够对当地政府的绝大多数要求置之不理。他们势力扩大的根本原因，在于独立小农所受的沉重赋税的压力。晁错于公元前2世纪初所上的著名的《论贵粟疏》即谈及此问题：

> 今农夫五口之家，其服役者不下二人，其能耕者不过百亩，百亩之收不过百石[2]。春耕夏耘，秋获冬藏，伐薪樵，治官府，给徭役；春不得避风尘，夏不得避暑热，秋不得避阴雨，冬不得避寒冻，四时之间亡日休息；又私自送往迎来，吊死问疾，养孤长幼在其中。勤苦如此，尚复被水旱之灾，急政暴虐，赋敛不时，朝令而暮改。当具有者半贾而卖，亡者取倍称之息，于是有卖田

---

〔1〕 贺昌群（1964），页83。【《史记》卷25《律书三》。】

〔2〕 汉代1亩约为0.1236英亩（根据鲁惟一［Michael Loewe］的说法，是0.1139英亩），1石约为16.7公升（鲁惟一说，"几乎是20公升"）。这两种度量单位因时因地而异。就"石"来说，还因测度的商品不同而有差别。

宅鬻子孙以偿责者矣。[1]

***** *

因此，为了保证国家财力与人力资源，需要采取行动保护自耕农，同时也必须削弱地方上的贵族和商人。很多商人获取土地的方式，与公元前 2 世纪及以后的意大利商人极为类似。而一些地方贵族也曾反叛。于是汉武帝采取了一系列严厉措施：197 个诸侯王中，约有 127 个被宣布有罪或没有合法继承人，于是其土地被大规模地没收；对商业以及商人持有的货币都增收了新税；违法者被投入监狱，其财产被没收。政府"得民财物以亿计，奴婢以千万数。田大县数百顷，小县百余顷【1 顷为 100 亩，相当于 12.36 英亩】，宅亦如之。于是商贾中家以上大氐破"[2]。到公元前 2 世纪末，国家本身成为最大的土地拥有者；而在罗马，直到公元 1 世纪中叶，朱里奥-格劳迪（Julio-Claudian）王朝诸帝之后，才发生这种情形。

同时，屠杀政治疑犯的家族及其依附者的传统也从此开始了。当时，官员常常选自社会底层，目的是保证对皇帝的绝对忠诚。国家实行盐铁酒专卖，为的是堵塞商人致富的一些主要渠道。[3]

---

〔1〕《汉书》卷24上《食货志四上》；还可参见 N. L. Swann, *Food and Money in Ancient China*（Princeton: 1950），pp.162 及以下。

〔2〕《汉书》卷24下《食货志四下》；Swann（1950），pp.295-296。

〔3〕盐铁专利是指政府控制盐铁的销售，但并不控制生产。特别是考虑到，如果政府管理全国范围的制铁业，将极其困难。考古发现证实，日常生活使用的铁制品，如锯、刨、斧等农具的制作水平非常高。并且，过半数属自由身份的工匠们，非常小心地保护着他们制铁的专业机密。参见藤井宏：《漢代塩鉄専売の実態（一）：史記平準書の記載をめぐる諸問題》，《史學雜誌》（東京：1970）79:2，頁 1-63；藤井宏：《漢代塩鉄専売の実態（二）：史記平準書の記載をめぐる諸問題》，《史學雜誌》79:3（1970），頁 33-58。

像马可·奥勒留（Marcus Aurelius）面对夸迪（Quadi）和马科曼尼（Marcomanni）时那样，汉武帝也迫切感受到必须对匈奴采取积极的对策，尽管他（再次像马可·奥勒留那样）意识到了这样做的经济风险。据说在公元前91年，他对曾数次征战匈奴的大将卫青说：

汉家庶事草创，加四夷侵陵中国，朕不变更制度，后世无法；不出师征伐，天下不安；为此者不得不劳民。若后世又如朕所为，是袭亡秦之迹也。[1] 30

汉武帝的担忧并非毫无根据。即使在他统治时期，因为军事需求而产生征收赋税的压力，也已经迫使农民寻求靠山保护。成书于汉武帝之子统治时期【即汉昭帝时期（公元前87—前74）】的《盐铁论》谈道：

往者【指汉武帝时】，军阵数起，用度不足，以訾征赋，常取给见民，田家又被其劳，故不齐出于南亩也。大抵逋流，皆在大家，吏正畏惮，不敢笃责，刻急细民，细民不堪，流亡远去；中家为之绝出，后亡者为先亡者服事；录民数创于恶吏，故相仿效，去尤甚而就少愈者多。[2]

汉武帝对待少数民族的政策，耗资巨大，刺激了一些发展，而这些发展正是他过去制定国内政策要加以阻止的。

大量的国有土地给当时的形势带来一个新因素。《汉书》中有"民

---

〔1〕 贺昌群（1964），页85。【《资治通鉴》卷22，"汉武帝征和二年闰四月"条。】

〔2〕 贺昌群（1964），页35。盖尔（E. M. Gale）翻译的《盐铁论》（Leiden:1931，p.96）有些不同。【译者注：此据王利器校注：《盐铁论校注》卷3《未通》。】

年二十受田，六十归田"[1]之语。我们不应将此看作是土地分配的正常制度，但是给穷人分地的做法，的确使政府抑制了大地主的增长。国有土地也是用于奖励官员的有用资源。公元前 7 年汉哀帝即位时，对私人占有土地和奴婢的数量做出限制，但是没多久他自己就带头破坏规定，将数量可观的土地赏赐给他的宠臣董贤。

早期中华帝国政府为防止土地兼并所做的努力，至公元 9 年篡位的王莽时期到达高峰。王莽崇拜《周礼》，对上古制度理想化，竭力恢复"井田制"。之所以称"井田"，是因为《周礼》描写"村社–封建"时期田地被划为 3 乘 3 的九宫格，像汉字"井"写在方块中。王莽试图禁止买卖土地和奴隶。他的政策有复古意味，在逻辑上实际是一个世纪前汉武帝所采取的政策之延伸，其实并不比汉朝其他几个有名望的官员所提倡的政策更为激烈。《汉书》对王莽的改革计划叙述如下：

31

> 【王】莽曰："……秦为无道，厚赋税以自供奉，罢民力以极欲，坏圣制，废井田，是以兼并起，贪鄙生，强者规田以千数，弱者曾无立锥之居。……汉氏减轻田租，三十而税一，常有更赋，罢癃咸出，而豪民侵陵，分田劫假。厥名三十税一，实什税五也。父子夫妇终年耕芸，所得不足以自存。故富者犬马余菽粟，骄而为邪；贫者不厌糟糠，穷而为奸。……今更名天下田曰'王田'，奴婢曰'私属'，皆不得卖买。其男口不盈八，而田过一井者，分余田予九族邻里乡党。故无田，今当受田者，如制度。敢有非井田圣制，无法惑众者，投诸四裔，以御魑魅。"[2]

---

[1]《汉书》卷 24《食货志四上》。

[2]《汉书》卷 99《王莽传中》。还可参见 C. M. Wilbur, *Slavery in China during the Former Han Dynasty* (Chicago:1943), pp.452-453；Swann（1950），pp.208-211。

事实证明这些措施无法推行；仅仅两年之后，这些尝试大多废止了。

关于早期帝国时期奴隶制可能达到的程度，这里要插上一句。这₃₂个制度决非农村经济的基础，比罗马帝国绝大部分地区不会更甚；[1] 但其奴隶在人口中所占比重很难确定。估计前汉时期（公元前206—公元8年）可能是1%—10%；公元前2世纪的木牍显示，蓄奴阶级包括那些占地不过五六十亩的非身份地主。[2] 由于奴隶价钱昂贵，可能他们多半充当私人的僮仆、扈从或管事，偶尔也从事制造业。《汉书》对公元前2世纪末致富的张安世这样写道：

> 安世尊为公侯，食邑万户，然身衣弋绨，夫人自纺绩，家童七百人，皆有手技作事，内治产业，累积纤微，是以能殖其货。[3]

因此一个看来比较合理的结论应为：奴隶在社会中有重要作用，但这并不是一个奴隶社会。

再回过头来看看王莽。如同汉武帝，他也对匈奴采取主动出击的策略，据说他派了30万人的军队去打匈奴。王莽统治末期爆发饥荒，部分原因就是他把劳力从生产中抽调走了。一个相对来说仍旧比较原始的经济，因这位积极有为的统治者强加给它的各种需求而不堪重负；于是，起义在平民和地主阶级中同时爆发。与此同时，黄河发生的改道带来灾难，迫使农民背井离乡，而起义亦因流民的参加而声势浩大。公元25年，汉朝皇族的一个旁支成员刘秀重建了汉朝，他自己从前就

〔1〕 A. H. M. Jones, "Slavery in the Ancient World", in M. I. Finley, *Slavery in Classical Antiquity* (Cambridge:1960).

〔2〕 宇都宫清吉：《漢代社會經濟史研究》（東京：1955），頁73；贺昌群（1964），页102。

〔3〕《汉书》卷59《张安世传》；C. M. Wilbur(1943), pp.170, 218, 365；佐藤武敏：《中國古代工業史の研究》（東京：1962），頁103。

是一个地主。

大庄园主对汉朝中兴大有功劳，这就使得国家不能对这些豪富的财产强加削减。从前的自由小农大多逐渐落入依附者的地位；一些地方豪富牢牢掌握了军事和经济权力，半封建制从而产生。关于这一新的社会秩序，公元3世纪初仲长统有一经典描述：

> 豪人之室，连栋数百，膏田满野，奴婢千群，徒附万计。船车贾贩，周于四方；废居积贮，满于都城。琦赂宝货，巨室不能容；马牛羊豕，山谷不能受。妖童美妾，填乎绮室，倡讴妓乐，列乎深堂。[1]

这与大致同时期罗马出现的依附农（coloni）有着明显并重要的相似之处。

可以预料，这些社会发展使得中央政府丧失了对财力和人力的控制，从而给国防带来十分严重的后果。公元46年前后，更役制瓦解了。约一个世纪之后，史家应劭作如下生动的描写：

> 自郡国罢材官骑士之后，官无警备，实启寇心。一方有难，三面救之，发兴雷震，烟蒸电激，一切取辨，黔首嚣然。不及讲其射御，用其戒誓，一旦驱之以即强敌，犹鸠鹊捕鹰鹯，豚羊弋豺虎，是以每战常负，王旅不振。[2]

国家对内控制削弱的必然结果，是坞堡在内地日益普遍，而以往

---

〔1〕 贺昌群（1964），页195。还可参见 E. Balazs（白乐日），*Chinese Civilization and Bureaucracy*（New Haven: 1964），p.219.【《后汉书》卷49《仲长统传》。】

〔2〕 贺昌群（1964），页248-249。【《后汉书》卷118《百官志五·州郡条》引《汉官仪》。】

只有在边界才见得到。动乱是王莽统治末期的特征，今河北地区豪富赵纲的例子就很典型。史称："【光武】时赵、魏豪右往往屯聚，清河大姓赵纲遂于县界起坞壁，缮甲兵，为在所害。"[1]公元 2 世纪不断讨伐羌人，导致坞堡修建的第二次高潮，其中很多坞堡都是由政府下令建置的。这使我们不禁又回想起罗马统治非洲和色雷斯时期的城堡（castella）及中心（emporia）。在公元 184 年黄巾起义之后的动乱年代，这类坞堡就更多了。其中一些很宏伟，如曾一时执掌军国大权的董卓的郿坞。

　　随着更役制的瓦解，后汉不得不依靠那些或多或少自愿应募的士兵，或者那些地方豪强运用个人影响力（而非通过政府权力）在地方上征召的士兵，或者那些被赦免的犯人充当的士兵，更主要的是少数民族武装。他们极类似于那些有自己的"联盟"首领，3 世纪以后成为罗马帝国支柱的蛮族人。汉朝甚至还引进少数民族骑兵来镇压叛乱（例如在公元 27 年周建和苏茂叛乱时）。当然，一般是用他们来作边疆防卫。窦宪率领的抗击北匈奴的决定性战役，依靠的几乎全部是非汉人骑兵。据 5 世纪范晔编纂的《后汉书》所言：

　　【公元 88 年】以执金吾耿秉为副，发北军五校、黎阳、雍营、缘边十二郡骑士，及羌胡兵出塞。明年，【窦】宪与【耿】秉各将四千骑及南匈奴左谷蠡王师子万骑出朔方鸡鹿塞，南单于屯屠河，将万余骑出满夷谷，度辽将军邓鸿及缘边义从羌胡八千骑，与左贤王安国万骑出稒阳塞，皆会涿邪山。宪分遣副校尉阎盘、司马耿夔、耿谭将左谷蠡王师子、右呼衍王须訾等，精骑万余，

〔1〕 贺昌群（1964），页 189。《后汉书》卷 77《李章传》。

与北单于战于稽落山，大破之。[1]

这样，后汉帝国的安全必须取决于那些以前的敌人是否与它友好。这是一个不祥的征兆，预示它很快就会落到与罗马帝国相仿的状态：依赖少数民族武力。

---

[1] 贺昌群（1964），页233。【《后汉书》卷23《窦融附曾孙宪传》。】

第三章　公元 3 世纪的危机

公元 2 世纪中，农民阶级的不满与西北边境地区羌人骚扰造成的混乱同经济压力相互交织在一起，导致了严重的社会危机。羌人似乎在构成汉朝主要威胁的同时，也开始定居下来从事农业。在邻近中国边疆地带的少数民族部落的历史当中，定居农耕是一个反复出现的主题。农民起义越来越频繁，在公元 184 年的黄巾起义中达到高潮。黄巾军以宗教组织起来，希冀"天下大吉"的出现。汉帝国因反叛者和许多彼此争斗的军阀间的战争而四分五裂。实际上汉朝国家的权力从此仅徒有其名而已，尔后到公元 220 年正式垮台。这种动荡不定的"历史出口"则是三国鼎立的最终出现：北方的魏、长江以南的吴和四川内陆的蜀。这很容易又使人联想到罗马帝国，此时也是一分为三，在高卢（Gaul）和帕尔米亚（Palmyra）都出现了独立的国家。在重建秩序的过程中，后汉时代的土地占有和军事组织的结构已变得几乎面目全非。

这一时期最伟大的改革家是曹操。他是军旅诗人，同时还是魏国的实际创建者，尽管至死他仍坚持说自己是汉朝的臣子。他的主要创新是官屯制和士家制（即兵户世袭制）。官屯的土地由政府募人耕种，征收赋税，政府因此得以巩固。士家是由曹操原来的部曲转变而来，成了魏国军队的核心。政府的佃农和兵户加起来，几近魏国人口之半，其户籍跟普通百姓分开。

36　　上述这些创新，一定要置于无政府混乱状态的语境中来分析。那时，独立的地方权力中心已随处可见。豪族许褚即是一例。3 世纪下半叶，陈寿编纂的《三国志》对许褚这样记述：

　　　　汉末，聚少年及宗族数千家，共坚壁以御寇【指黄巾军】。[1]

　　只要有可能，魏国官员们就设法瓦解地方豪族势力。例如公元227 年，仓慈赴敦煌任太守：

　　　　旧大族田地有余，而小民无立锥之土，慈皆随口割赋。[2]

　　对那些拥有大量部曲的地方军事首领也如此办理。这些武装跟罗马帝国后期大领主的携带武器的"护卫"（bucellarii）没有什么两样。济南郡主簿刘节有"宾客千余家，出为盗贼，入乱吏治"，当刘节拒绝其宾客被征为士家时，曹操任命的太守强令将刘节本人列入士家，以示众人此类行为决不可容忍。[3]

　　从某种意义上讲，最好将官屯制理解成为豪族所用的私人制度的一种公有形式。屯田农民被称为"客"。在一些事例中，魏国官员将他

---

〔1〕　贺昌群（1964），页 188。【《三国志》卷 18《魏书·许褚传》。】

〔2〕　贺昌群（1964），页 291。【《三国志》卷 16《魏书·仓慈传》。译者补注：贺昌群引文作"立锥之地"。此史料言仓慈"太和中（227—232），迁敦煌太守"。伊懋可先生记以 227 年，亦似未妥。】

〔3〕　金发根：《永嘉乱后北方的豪族》（台北：1964），页 27。【译者补注：参见《三国志》卷 12《司马芝传》。】

们自己以前的随从转为官屯客。相反，也有司农官在一定程度上将官屯客变为属于他们私人的依附者，向中央政府隐瞒他们所管屯田客的数目，尽力增加他们个人的收入。从另一个意义上讲，官屯制和士家制可以看作是国家采取的一个措施，将世袭身份及其义务强加给大多数人民，以此保证他们对国家提供最基本的服务。这跟罗斯托夫采夫所说罗马帝国在3世纪后期创立的"等级社会"（caste society）也极为类似。特别是当我们注意到罗马为保证税收，限制许多佃农迁徙，以及由于塞普提乌斯·赛维鲁斯（Septimius Severus）决定承认士兵婚姻合法性，并且强迫退役军人的儿子服兵役所产生的结果时，那么这两个帝国的情形就更相像了。

公元196年（或者可能更早几年），曹操，建立了第一个官屯。《三国志》记载：

> 自遭荒乱，率乏粮谷。诸军并起，无终岁之计，饥则寇略，饱则弃余，瓦解流离，无敌自破者不可胜数。……民人相食，州里萧条。公曰："夫定国之术，在于强兵足食，秦人以急农兼天下，孝武以屯田定西域，此先代之良式也。"是岁乃募民屯田许下，得谷百万斛。于是州郡例置田官，所在积谷。征伐四方，无运粮之劳，遂兼灭群贼，克平天下。[1]

边疆地带通常是亦耕亦战的军屯。这些军屯如何运作？《三国志》记述得很清楚：

> 时【公元243年】欲广田畜谷，为灭贼资……艾以为"田良

〔1〕越智重明：《魏晋南朝の政治と社会》（東京：1963），頁4。【《三国志》卷1《魏书·武帝纪第一》引《魏书》。】

水少，不足以尽地利，宜开河渠，可以引水浇溉，大积军粮，又通运漕之道"。【又以为】"……今三隅已定，事在淮南，每大军争举，运兵过半，功费巨亿，以为大役。……令淮北屯二万人，淮南三万人，十二分休，常有四万人，且田且守。……六七年间，可积三千万斛于淮上，此则十万之众五年食也。以此乘吴，无往而不克矣。"宣王善之。[1]

这些记载非常清楚地揭示了国家的军需对新的土地所有制具有决定性的影响。

现存材料中几乎没有关于魏国士家制如何运作的详细记录；但是继魏之后的晋朝，于公元279年发布的一道诏令颇具代表性，当时正是晋准备进一步统一南方而作最后征战的前夕。今将诏令抄录如下：

> ……今调诸士家，有二丁三丁取一人，四丁取二人，六丁以上三人。限年十七以上至五十以还。先取有妻息者，其武勇散将家，亦取如此。比随才署武勇掾史，乐市马为骑者，署都尉司马。[2]

据我们所知，几次征战，例如公元263年的魏蜀之战，都使用了相当数量的非职业军人。

曹操的制度没有持续长久。屯田客常常在司农官的默许下逃避义务，他们或者经商，或者逃避户口登记。魏大司农司马芝坚持说，他们应该"专以农桑为务，于国计为便"，[3]但他的措施收效甚微。公元280年，司马氏篡夺皇位，建立晋朝并统一全国。此后，便不再实行

---

〔1〕 越智重明（1963），页28。【《三国志》卷28《魏书·邓艾传》。】

〔2〕 越智重明（1963），页50。【许敬宗编：《文馆词林》卷662《西晋武帝伐吴诏》。】

〔3〕 越智重明（1963），页12。【《三国志》卷12《魏书·司马芝传》。】

屯田，然而屯田的影响却仍未绝迹。以前官屯之田，"课"给原屯田客。一般而言，每个成年男子受田 50 亩，跟屯田时期一样。而且成年女子、青少年及老年男子也都被授田。至于百姓原有的私地，法律明文规定一家可以"占"的限度。家长若是男性可占 70 亩；若是女性则为 30 亩，所交税为男的半数。课田与占田，交税规定分别不一。前者一年为田 50 亩赋粟 4 斛，后者为 70 亩赋 2.8 斛。大土地所有者并没有完全的土地所有权，性质只相当于在任期间的"职田"。按规定，一品至九品官占有的土地应该与他们的地位相当，即一品 50 顷，渐次递减，九品为 10 顷。

仅有的一点点证据表明，西晋的土地制度并未发挥作用。唐太宗时期官修《晋书》（成书于公元 646—648 年间，）收录了束皙的上疏，时间约在公元 296—305 年间：

> 伏见诏书，以仓廪不实，关右饥穷，欲大兴田农，以蕃嘉谷。……今天下千城，人多游食，废业占空，无田课之实。……可申严此防，令监司精察，一人失课，负及郡县……又州司十郡，土狭人繁，三魏尤甚，而猪羊马牧，布其境内，宜悉破废，以供无业。……可悉徙诸牧，以充其地，使牛马猪羊龁草于空虚之田，[1] 游食之人受业于赋给之赐……又如汲郡之吴泽，良田数千顷，汙水停涝，人不垦植。闻其国人，皆谓通泄之功不足为难，舄卤成原，其利甚重。而豪强大族，惜其鱼捕之饶，构说官长，终于不破。[2]

---

〔1〕 此时中国东北部牲畜在农业经济中的重要性，跟后来传统时期及现代由于巨大的人口压力所造成的农作物生产的绝对优势，形成了十分明显的对照。

〔2〕 越智重明（1963），页 168。【《晋书》卷 51《束皙传》。】

豪强们的反对，总会使课田令成为一纸空文。随着时间的推移，公元279年傅咸所描述的情形很可能只会更趋严重：

> 军国未丰，百姓不赡，一岁不登便有菜色者，诚由官众事殷，复除猥滥，蚕食者多而亲农者少也。……以为当今之急，先并官省事，静事息役，上下用心，惟农是务也。[1]

约在一个世纪之后，因享有特权的大庄园数量的增长，罗马帝国也衰相尽显。大庄园在帝国西部的数量比东部多得多，结果西部解体，东部则没有。[2]

大量少数民族不断移居中国北部，情形正如哥特人在狄奥多修斯一世（Theodosius I）时期进入罗马境内那样，拒绝他们进入通常是失策的。而更值得注意的是，在帝国境外，汉化也在加速。3世纪无政府混乱时期，很多汉人逃往北方寻求少数民族首领保护。他们到那里以后，向少数民族传授中国的军事技术、组织以及文字。4世纪初，少数民族首领不但欢迎汉族文人供职于其朝廷，而且也对中国的哲学、文学和天文发生兴趣。如短命的匈奴人王朝的建立者刘渊即能背诵《诗经》《易经》及中国史书。人们都知道他喜欢说："道由人弘，一物之不知者，固君子之所耻也。"[3] 如果我们相信少数民族威胁仅是由于他们的强悍，那就大错特错了。当他们变得文明起来，对组织、生产和战争都熟练到一定程度，那才更加危险。公元311年，刘渊之子洗劫晋朝首都洛阳，从而结束了早期中华帝国时代。

41

〔1〕越智重明（1963），页191。【《晋书》卷47《傅玄附子咸传》。】

〔2〕A. H. M. Jones, *The Later Roman Empire, 214—602: A Social Economic and Administrative Survey*(Oxford:1964), v.2, p.781.

〔3〕金发根（1964），页147。【《晋书》卷101《刘元海载记》。】

第四章 中国北方的民族融合

西晋政权在北方崩溃后，朝廷南迁至长江以南，建立东晋，继续统治中国南部。而中国北方则处于多支相互争斗的少数民族军队的蹂躏之下。其中有一些是外来者，也有一些是在中国居住多年或者土生土长的少数民族。未迁走的汉人大族也召集随从，建立坞堡自卫。结果形成和5世纪高卢人有些类似的割据封建制。《晋书》记载了当时诸多流民帅中的一个，他生活在晋的北部边界：

> 永嘉之乱，百姓流亡，所在屯聚，【苏】峻纠合得数千家，结
> 垒于本县。于时豪杰所在屯聚，而峻最强。遣长史徐玮宣檄诸
> 屯，示以王化，又收枯骨而葬之，远近感其恩义，推峻为主。[1]

就这样，苏峻在其位于华北平原东南部的家乡，保持了一个相对安全的地带有年，同时也屏藩了偏安南方的东晋。

这类坞堡有的组织得非常好。他们有自己的临时性法规，差强人

---

[1] 金发根（1964），页88。【《晋书》卷100《苏峻传》。】

意的礼仪和教育。庾衮建在禹山上的要塞，便是很好的一例：

> 是时百姓安宁，未知战守之事，衮曰："孔子云：'不教而 43
> 战，是为弃之。'"乃集诸群士而谋曰："二三君子相与处于险，
> 将以安保亲尊，全妻孥也。古人有言：'千人聚而不以一人为主，
> 不散则乱矣。'将若之何？"众曰："善。今日之主，非君而
> 谁！"衮默然有间，乃言曰："古人急病让夷，不敢逃难，然人
> 之立主，贵从其命也。"乃誓之曰："无恃险，无怙乱，无暴邻，
> 无抽屋，无樵采人所植，无谋非德，无犯非义，勠力一心，同恤
> 危难。"众咸从之。于是峻险陒，杜蹊径，修壁坞，树藩障，考
> 功庸，计丈尺，均劳逸，通有无，缮完器备，量力任能，物应其
> 宜，使邑推其长，里推其贤，而身率之。分数既明，号令不二，
> 上下有礼，少长有仪，将顺其美，匡救其恶。[1]

这段记载很有趣，因为它不但描写了当时的场面，而且向我们展
示了汉人处于压力之下的反应，以及他们心目中的正常有序的社会。
这种社会可概括如下：要有一个出众的人来统筹领导，而这种领导要
以他被耆老们所接纳为基础，同样，这些耆老要被他们的村社所接受；
要有分明的等级体系，到处充满了遵循共同的道德、公平分配资源和
履行义务的观念。当然，从历史事实来看，这只是一个理想化的"肖
像"。很多坞堡，实际上只不过是巨盗惯匪的巢穴。他们之间相互争
斗，为寻求安全，他们常将自己置于少数民族武装的保护之下。而令 44
人讶异的是，少数民族政权愿意接受他们自己所冠称的贵族头衔。从
某种程度来说，这是后来的北魏帝国大多基于出身来任命官职的滥觞。

---

〔1〕 金发根（1964），页95。【《晋书》卷88《庾衮传》。】

在 4 世纪的绝大部分时间里，华北平原是一个舞台，羌、胡、氐、匈奴、鲜卑部族联盟走马灯式地轮流上台。其中鲜卑族从人种上来说和蒙古有关。4 世纪末，鲜卑以及那些和鲜卑联盟的匈奴赢得了胜利。鲜卑慕容部占据东北，鲜卑拓跋部占据中部，鲜卑秃发部占据西北。这些游牧民胜利者们起初对其征服区所采取的态度，可能类似于中国史家笔下的鲜卑将领鍮勿仑的立场。据说，鍮勿仑向鲜卑秃发部首领利鹿孤提出了如下建议：

> 昔我先君……无冠冕之仪，迁徙不常，无城邑之制，用能中分天下，威振殊境。今建大号，诚顺天心。然宁居乐土，非贻厥之规；仓府粟帛，生敌人之志。……宜置晋人于诸城，劝课农桑，以供军国之用，我则习战法以诛未宾。若东西有变，长算以縻之；如其敌强于我，徙而以避其锋，不亦善乎！[1]

随着拓跋首领从部落酋长变为管理复杂的国家的皇帝，他强令实行定居农耕的政策。此时，鲜卑拓跋部已城居，但是拓跋首领推行上述政策时，将军鍮勿仑（属于较为落后的一支）却有这样态度粗鲁的回应。道武帝（公元 386—409 年在位）建都于今山西、内蒙古交界农耕地区的平城，解散鲜卑部落组织，对相邻部落进行了一系列劫掠，从中获得大量人口以及马牛羊等战利品。他把大多数牲畜分给部下，对那些不情愿迁徙的人，则按人头分配土地、耕牛，有时还提供农具。被迫迁移的人口，有时一次达十万人以上。道武帝的继承者继续进行这些强制的人口迁徙，直到公元 469 年方才结束，那时拓跋部统一中国北方的漫长过程已基本完成。此后，没有必要再用这样的方法来破

45

---

[1] 金发根（1964），页 137。【《晋书》卷 126《秃发利鹿孤载记》。】

坏敌对的地方割据势力的财政基础；从气候和土壤条件来看，也可能是由于在拓跋部都城附近推广农业不是一件容易的事。

效力于北魏政权的汉人官员，一再强调要发展农业，以支付行政和军事费用。北魏太武帝时期（424—452），政府采取大力推行耕种官田的政策。《魏书》[1]记载说：

> 其制有司课畿内之民，使无牛家以人牛力相贸，垦殖锄耨。其有牛家与无牛家一人种田二十二亩，偿以私锄功七亩，如是为差，至与小、老无牛家种田七亩，小、老者偿以锄功二亩。皆以五口下贫家为率。各列家别口数，所劝种顷亩，明立簿目。所种者于地首标题姓名，以辨播殖之功。又禁饮酒、杂戏、弃本沽贩者。[2]

这一政策后来从京畿推广到其他地区，结果是耕地数量大幅增长。　46

随着北魏帝国越来越依靠农业，更多的皇族及鲜卑贵族也被吸引到了大规模耕作以及手工业中，这些产业经常以市场交换为目的。他们统治下的汉人豪族当然更是如此。其较早的证据是以儒家严正的立场对此进行的斥责。据说，这一斥责是由汉臣高允给太武帝的继承者恭宗的上疏：

> 恭宗季年……营立田园，以取其利。允谏曰："天地无私，故能覆载；王者无私，故能包养。昔之明王，以至公宰物，故藏

----

〔1〕公元6世纪魏收编纂。拓跋政权在历史上常以"（北）魏"而名，这里不用"魏"，以避免与其他同名的政权相混淆。译者补注：国内学者不会误会，故仍称《魏书》。

〔2〕堀敏一：《均田制の成立（上）》，《東洋史研究》24：1（1965），頁48。【《魏书》卷4下《恭宗景穆帝纪》。】

金于山，藏珠于渊，示天下以无私，训天下以至俭。故美声盈溢，千载不衰。今殿下国之储贰，四海属心，言行举动，万方所则，而营立私田，畜养鸡犬，乃至贩酤市廛，与民争利，议声流布，不可追掩。夫天下者，殿下之天下，富有四海，何求而不获，何欲而弗从，而与贩夫贩妇竞此尺寸。……所在田园，分给贫下，畜产贩卖……”恭宗不纳。[1]

据说这位法定继承人，还以拥有奴隶从事丝织和酿酒用以出售而为人所熟知。

各地地方豪族势力强大，其中很多不仅是大土地拥有者，而且是世袭官员。泉企便是其中之一。稍晚的一部史书这样说他：

> 泉企字思道，上洛丰阳人也。世雄商洛。曾祖景言，魏建节将军，假宜阳郡守，世袭本县令，封丹水侯。父安志，复为建节将军、宜阳郡守，领本县令，降爵为伯。企九岁丧父，哀毁类于成人。服阕袭爵。年十二，乡人皇平、陈合等三百余人诣州请企为县令。州为申上，时吏部尚书郭祚以企年少，未堪宰民，请别选遣，终此一限，令企代之。魏宣武帝……遂依所请。……孝昌初，又加龙骧将军、假节、防洛州别将，寻除上洛郡守。及萧宝夤反，遣其党郭子恢袭据潼关。企率乡兵三千人拒之……[2]

后来泉企之子[3]被任命为洛州世袭刺史，但不幸死于战场，继承

47

〔1〕谷川道雄：《均田制の理念と大土地所有》，《東洋史研究》25：4（1967），頁444。【《魏书》卷48《高允传》。】

〔2〕谷川道雄：《北朝末期の郷兵について》，《東洋史研究》20：4（1962），頁415–416。【《周书》卷44《泉企传》。】

〔3〕译者注：指元礼。

其位的是其弟[1]而非其子。中央政府对地方贵族的控制通常很有限，在公元484年之前情况更是如此，因为北魏政权的官员均无俸禄。他们若是本地居民，需拥有土地才能应付其开支；若非本地居民，则要经商，或者强征百姓赋税而后贷给商人取息，以此支付开销。

* * * * *

在北魏政权即将从征服王朝向官僚化帝国转变的这一具有挑战性的时刻，上述这样的局势变得不可容忍了。最主要的问题是，怎样对地方豪强采取措施。他们不但在当地有权有势，而且越来越多的人在他们的荫庇之下不交纳赋税。公元458年，文成帝曾抱怨说：“比年已来，杂调减省，而所在州郡，咸有逋悬。”[2]如果财政制度不改善，不放弃诸如军事掠夺和灭佛毁庙之类的权宜之计，皇权要想得到加强，希望渺茫；相反，如果没有更加强大的皇权，财政状况的改善也是几乎不可能的，因为它首先依赖于更加均平的税负分配。以精明强干的文明太后为后盾，一批汉族士大夫于公元484—486年间，规划了一系列措施，争取同时解决上述两个问题。这些措施在很大程度上都是来自中国传统的实践与理想。

这些革新开启了中期帝国某些重要制度的先河。而这些重要制度在约一个世纪后出现。这些制度有：新的户籍、赋税制度；国家对百姓的限额授田制度；大地主的私有土地依其官职转为“职田”的制度；以及给政府官员颁发俸禄的制度。其根本意图，就是要有助于强化中央集权。当时一位重要官员高闾曾作了两条评论，颇能说明问题：

48

---

〔1〕译者注：指仲遵。

〔2〕兼子秀利：《北魏前期の政治》，《東洋史研究》19：1（1960），页32。【《魏书》卷5《高宗纪》。】

庶民均其赋，以展奉上之心；君主聚其材，以供事业之用。
君班其俸，垂惠则厚；臣受其禄，感恩则深。

他还说：

惧蒸民之奸宄，置邻党以穆之；究庶官之勤剧，班俸禄以优
之；知劳逸之难均，分民土以齐之。[1]

户籍制度建立在一种精心设计的人为单位的基础之上，即五户为
"邻"，若干邻为一里（或一党）。此举的目的，在于结束普遍存在的如
下局面：在一豪族荫护之下，三五十户作为一户来上税。为此，纳税
的单位由户改为夫妇，委婉地称为"床"。
　　一旦人口规模可以准确把握，就有可能立即转向下一步，即较公
平地分配土地。大臣李安世上疏道：

盖欲使土不旷功，民罔游力。雄擅之家，不独膏腴之美；单
陋之夫，亦有顷亩之分。所以恤彼贫微，抑兹贪欲，同富约之不
均，一齐民于编户。[2]

孝文帝奏准李氏之建议，并重申其目的为：

今遣使者，循行州郡，与牧守均给天下之田，还受以生死为　49

---

〔1〕 堀敏一：《均田制の成立（上）》（1965），頁52。【《魏书》卷54《高闾传》。】
〔2〕 谷川道雄（1967），頁440（译者补注：应作"頁439"，以下类似的页码错误不再注，径
改）。【《魏书》卷53《李安世传》。】

断，劝课农桑，兴富民之本。[1]

更确切地说，百姓可获得20亩可以继承的田地[2]，另有40亩终身使用的田地[3]。此外，每头牛可受露田30亩，最多按四头牛计算，奴婢也可给按口授予露田，但这些田地是授予其主人的。此外，对新垦田地的权利、可继承土地的买卖以及人口密集地区需要解决的特殊问题等，都各有详文规定，目的是使土地实际占有数量和规定大体相仿。

可证明系统的大规模授田的第一份现存文书，仅能追溯到西魏统治时期的公元547年。西魏统治区域在今陕、甘、宁一带，这份文书涉及的是敦煌地区，它地处西魏边陲，不算太典型。[4]但不应怀疑这些规定至少在一定程度上得到了切实推行。因此，就这些不发达的地区而言，这种授田只是曹操所建立的屯田传统的继续。很明显，所分土地的品质是一个争论不休的问题。例如一位北魏官员奏请：

> 景明以来，北蕃连年灾旱，高原陆野，不任营殖，唯有水田，少可畜亩。然主将参僚，专擅腴美，瘠土荒畴给百姓，因此困弊，日月滋甚。诸镇水田，请依地令分给细民，先贫后富。[5]

据说，皇帝准奏了。东魏统治今晋、冀、豫、鲁一带，《北齐书》描写了公元534年（即东魏建立之初）的情况，那里执行的政策大致

---

〔1〕谷川道雄（1967），頁440。还可参见 Wan Kuo-ting（万国鼎），"The System of Equal Land Allotments in Medieval Times", in E.T.Zen Sun and J.De Francis,ed.,*Chinese Social History* (Washington:1956),p.159.【《魏书》卷7上《高祖纪》。】

〔2〕译者注：即"桑田"。

〔3〕译者注：即"露田"。

〔4〕堀敏一：《均田制の成立（下）》（1965），頁186,192注13。

〔5〕谷川道雄（1967），頁455。【《魏书》卷41《源怀传》。】

相同，但也有特殊情况。新都邺城附近的人口都被移走，以便腾出地方给那些被迫从故都洛阳迁来的移民：

> 时初给民田，贵势皆占良美，贫弱咸受瘠薄。隆之启高祖，　50
> 悉更反易，乃得均平。[1]

减少大地产是新法规要实现的目标之一，而实际从大地主那里究竟没收了多少土地呢？若要回答这个问题，必须仔细考虑所谓均田制针对"高官"的规定。经李安世请求，诏令明确指出：

> 诸宰民之官，各随地给公田，刺史十五顷，太守十顷，治中别驾各八顷，县令、郡丞六顷。更代相付。卖者坐如律。[2]

至于此时的官员（例如前述的泉企，参见页46），大多以地方为根基，并且是世袭的。对他们来说，这些规定不过是一纸空文。北魏授予当地豪族官职，以奖励或诱惑他们对政府的忠心。新统治者最初的目的，是想使国家能够控制这些大批半独立的世袭豪族；如果故意和国内最有权势的阶级过不去，那自然是愚蠢的，甚至可能是致命错误。结果便是行政单位的增加。北齐（其实它仅统治了北魏的部分版图）于公元556年精简行政建置达3州、153郡、589县。新增行政建制的数目之多，由此可见一斑。

在给奴婢授田的规定中，小土地所有者可能会为其财产找到合法的庇护。或许萧大圜在这类人中具有一定代表性。萧大圜是南朝宗室，逃

---

〔1〕 堀敏一：《均田制の成立（下）》（1965），页186。【《北齐书》卷18《高隆之传》。】

〔2〕 贺昌群（1964），页321。【《魏书》卷110《食货志》。】

到北方，在西魏谋得一职。他这样描述自己的状况："二顷以供饘粥，十亩以给丝麻。侍儿五三，可充纴织；家僮数四，足代耕耘。"[1]这里值得注意的是，这两顷田地相当于四个奴婢和一个主人所受的露田。[2]

上文说明，虽然某些豪族占地，或有的刺史分到的土地可达185英亩以上，而没收田地的情况却极少发生。但无论如何，新法的意义十分深远，因为这是国家重申对全体农民的控制权，并试图将农民大量占有土地的权利与其对国家的义务联结起来。因此，其意义远远超过当时在中国南方的汉人王朝将国有土地分给穷人的做法。

* * * * *

北魏政权日益汉化，这是以文明太后及其汉人谋士们进行的体制革新为代表的一个进程。其标志是，公元494年北魏将都城从农牧交界处的平城，迁到位于古代中国心脏地的洛阳。北魏的军事力量以北方部落为基础，迁都之举严重打击了驻守北方边境的军队的士气，导致了公元524年的兵变。这次兵变虽然很快被荡平，但是军阀相争接踵而至，内战持续长达十年之久，以北魏在公元534年分裂为东魏和西魏而告终。

接下来是长达五十年的断断续续的战争。在此期间，后来成为中期中华帝国特征之一的军事制度最先在西北成形。在这一时代之初，中国北方的军队大多为世袭兵，或是部落兵，或是被强制征发的汉人。他们常常被称作"城民"，地位略低于普通百姓。也有一些受当地首领指挥的志愿兵，被称为"乡兵"。这种军人要予以军饷，否则就要予以别的赏赐。首领如果和他们关系不好，地位就不会稳。公元542年，

〔1〕谷霁光：《府兵制度考释》（上海：1962），页43。【《周书》卷42《萧大圜传》。】

〔2〕他当然还可以再加10亩遗产田（种桑麻用）达到许可的最高值。

西魏军事领袖、后来成为西魏统治者的宇文泰被东魏打败，他的旧式军队绝大多数也丧失了。之后他以"乡兵"为主力，从此产生了一种新式的军事组织。

宇文泰面临的主要问题，是怎样对这种非正统的半封建军事力量实行集中控制，使他们能够专一地效忠其政权；怎样用中央有限的财力资源供应和武装他们；以及怎样适当地训练他们。一直等到"府兵制"出现，这些问题才逐步得以解决。府兵制的特点，是将农业劳动和军事服役相结合，既有强有力的中央控制，在地理和组织上又有分散性，仅间断或定期进行大规模集合训练和演习。

公元 543 年，宇文泰从"关陇（陕西）地区招募来一些豪族"。[1]这些人都以其私人军队而著称，以后这种实践继续了几十年。例如，公元 574 年，继承西魏的北周武帝下诏："荆、襄、安、延、夏（即北周的边界地区：位于今湖北北部和陕西部分地区【恰好在今鄂尔多斯以南】）五州总管内，有能率其从军者，授官各有差。"[2]公元 550 年，西魏首次采取措施，建立起一个相互协调的系统。据成书于 9 世纪的《邺侯家传》，我们可知：

> 初置府兵，皆于六户中等以上家有三丁者选材力一人，免其身租庸调，郡守农隙教试阅，兵仗、衣驮、牛驴及糗粮旨蓄，六家[3]共备，抚养训导，有如子弟，故能【以】寡克众。[4]

---

〔1〕译者注：原文使用了引号，但未出注，应是引自《周书》卷2《文帝纪下》。原文为："广募关陇豪右。"

〔2〕谷霁光（1962），页30。【《周书》卷5《武帝纪》。】

〔3〕"六家"的另一种译法可能是"六柱国家"，即居于军队之首的将军们，换言之，就是指这个国家。

〔4〕谷霁光（1962），页37-38，45-46。【《玉海》卷138《兵制三·唐关内置府 十道置府》引《邺侯家传》。】

据说，总计有 100 个府兵单位，各有一校尉统领。可以设想，大多数"乡兵"都已经被吸纳进去。有趣的是，晚期罗马帝国在一段时间里也有过类似的制度，由一些交税人组合起来，从财力上对服兵役的人予以支持，如狄奥克提安（Diocletian）的特莫内斯（temones）和卡皮图拉（capitula）。

府兵在一定程度上也带有早期拓跋传统的胎记。在北魏帝国初期，从其他部落招募来的军队，曾在他们自己的首领的带领下自带口粮征战。后来也采用过上番制来补充正规军，规定每 15 户平民有义务每年提供一个士兵及 12 匹绢帛来供给他。还曾有过征马，规定每 60 户（有时户数还要少些）必须为政府提供一匹马。从另外一面来说，早期拓跋传统的战士，并不从事耕种，也不喂养牲畜，而是由其家奴为他做这些工作。后来，则是以平民的税收为收入，用以从事这些工作。从北魏制度上讲，农战结合是一个新起点，但这同时也是对曹操所用方法的一种恢复。

在军队中，对个人的效忠十分强烈地持续了一段时间，将领死后，其遗缺通常由其子嗣或亲戚来继承。但后来这种对个人的效忠，由于指挥系统的分化以及上层人物的流动而逐渐消失。北周武帝时期（560—578），府兵扩充到 20 万人。公元 581 年，北周丞相杨坚篡位称帝时，他已掌控了一支可以进行征服战争、完成帝国统一的军队。

这样，在隋统治下中华帝国之所以重新获得统一，主要是组织改进的结果。从整体上来看，一个新的北方的土地制度，加上一个新的西北的军事制度，二者结合，使得西魏或北周统治者更集中地把资源和权力掌握在手中。中国的统一，实际上是由一个西北军人小集团完成的，北周、隋和后来的唐朝（618—907）都是发祥于西北军人集团。虽然他们相当熟悉汉文化，但在血统和精神方面，他们并不完全是汉人，鲜卑的影响仍很强烈，甚至和中国北方的东北部相比亦如此，因

53

为 6 世纪的中国北方的东北部是山东贵族占优势。这种影响在个人身上的表现，可从西魏一名主要将领独孤信的三个女儿的婚姻上看出来。其长女是北周明帝的皇后，四女是唐高祖李渊的母亲，七女是隋文帝杨坚的妻子。从其制度和统治阶级的成分来看，中期中华帝国在其早期是民族融合的。

第五章　中期中华帝国

中期中华帝国始于公元 589 年。经历了两个半世纪的分裂之后，隋朝的开国之君再次将中国置于单一政权的统治之下。长期的民族融合带来了均田制和府兵制。政权分裂局面结束、贵族得以控制、自由小农的村社取代了大地产，从这个意义而言，这两个制度设计得很好，使社会完成了去封建化。这些做法都颇像赫拉克利安（Heraclian）王朝统治下的拜占庭，在那里实施这些政策，目的就是要使"兵农"（soldier-farmer）以及独立自主的农民成为帝国的骨干。在后勤能力和战略战术方面，中期中华帝国大大超过以前的王朝。正是由于主要有这个优势，它能够几经沉浮而一直延续到 10 世纪初。

在少数民族统治北方之时，汉人建立的诸王朝在长江流域发展了农业生产。长江流域资源丰富，但此前几乎未得到开发。后来这个地区逐渐成为中华帝国的粮仓，其重要性相当于这一时期的埃及之于罗马-拜占庭帝国。对比中华帝国和罗马-拜占庭帝国所占领地区随后的历史发展时，有必要记住：如果这样比较，长江流域取得上述经济成就，与穆斯林在公元 642 年征服埃及，使之永久脱离拜占庭的控制，大约在同一时间。大运河是一个主要的技术创新，其作用，如同地中海之于埃及和君士坦丁堡那样，把南方的富源置于政府和军队易于控制的范围之内，而政府和军队都以北方为基地，以便符合传统又适应边防需要。[1] 为军需运输而修建运河，至迟从秦代就已开始，但将其整合为全国的运河体系，则是隋朝的创新。大运河干线宽 40 步，长达 1200 英里，在 7 世纪初由国家征派巨量的民伕（包括很多妇女）以惊人的速度完成。工程规模之大，在当时的世界无与伦比。 55

隋文帝（公元 581—604 年在位）[2] 将府兵的身份与民等同，并将他们列入均田制。公元 590 年，他颁布诏书宣布：

> 凡是军人，可悉属州县，垦田籍帐，一同编户。[3]

由于隋炀帝（公元 604—618 年在位）强征暴敛，导致起义风起云涌，从而推翻了隋王朝；在这个过程中，虽然府兵制部分崩坏，但靠分配土地来安置军队的做法被代之而起的唐朝沿用。11 世纪欧阳修和宋祁编纂的《新唐书》说：

> 初，高祖以义兵【实为他统领下的府兵的地方团】起太原，已定天下，悉罢遣归，其愿留宿卫者三万人。高祖以渭北白渠旁民弃腴田分给之，号"元从禁军"。后老不任事，以其子弟代，谓之"父子军"。[4]

---

〔1〕 如页 65 指出，新的远距离运输系统逐渐使军队自给制度作废。

〔2〕 此处取他篡位成功的日期。隋朝通常被认为始于公元 589 年。译者补注：589 年为隋统一的年份。

〔3〕 谷霁光（1962），页 102。【《北史》卷 11《隋本纪上·高祖文帝纪》。】

〔4〕 贺昌群（1964），页 355。【《新唐书》卷 50《禁军》。译者补注：原注作"同上（即谷霁光《府兵制度考释》），页 355"，误。】

府兵制出现几十年之后，达到完全成熟。9世纪文人杜牧对此作了带有几分理想化的描述：

始自贞观中，既武遂文，内以十六卫畜养戎臣，外开折冲果毅府五百七十四以储兵伍。或有不幸，方二三千里为寇土，数十百万人为寇兵，蛮夷戎狄，践踏四作，此时戎臣当提兵居外。至如天下平一，暴勃消削，单车一符，将命四走，莫不信顺，此时戎臣当提兵居内。当其居内也，官为将军，【省略——兵民合一制】……所部之兵，散舍诸府，上府不越一千二百人，三时耕稼，被褥秣耒；一时治武，骑剑兵矢。裨卫以课，父兄相言，不得业他。籍藏将府，伍散田亩，力解势破，人人自爱，虽有蚩尤为师，雅亦不可使为乱耳。[1]

唐代府兵制与拜占庭特玛（thema）军制之间的相似之处多得惊人。在组织上，二者均建立在兵农合一的基础之上，服军役的自耕农被免去绝大部分赋税，但有义务自备部分装备。奥斯特洛戈尔斯基（Ostrogorsky）叙述拜占庭历史的时候谈到7世纪军事制的形成，认为"拥有土地的'农兵'（Stratiotes）地位的上升和自由小农力量的加强，两者之间有着紧密的联系"[2]。同样，唐朝府兵制也是靠均田制来维持一个庞大而富裕的农民阶级作为兵源。

从军事的角度来看，二者均为受过严格训练的精锐部队，数量相对有限，而且常常被用作还含有其他成分的军队的核心力量。而且，二者对步兵和骑兵均强调箭术。唐代的弩是令人生畏的武器。其中最

〔1〕 谷霁光（1962），页212。【杜牧：《樊川文集》卷5《原十六卫》。】

〔2〕 G. Orstrogorsky, *History of the Byzantine State* (New Brunswick: 1957), p.119.

强有力的一种，主要用于围攻，射程能达 700 步（每步五尺）；一般 由步兵使用的弩[1]较轻，射程为 300 步；骑兵携带的弩[2]则为 200 步。训练时，使用擘张弩，在 230 步远的距离，以"四发而二中"为合格。[3]护身甲胄在唐代中国和在拜占庭的使用都有显著的增加。唐朝与拜占庭军队的训练和演习时间都比较长，这样指挥官就可以使用复杂、灵活的作战方案，而不致有造成混乱的风险。在府兵的冬训中，着重点放在人们对号角、战鼓、旗帜信号的准确反应；他们以在战斗中能够完全听从命令前进或后退而著称。在唐朝统治的前一百年中，不断有打败数量众多的敌人的非凡战绩。据说，府兵制下的骑兵，有时可将十倍于己的敌方骑兵驱散。布莱希尔（Bréhier）也曾评论道：拜占庭的霸业首先得益于系统的战争观念，他们将战争看作是一种艺术。[4]而这样的精神在唐代前期也很普及。唐太宗（公元 626—649 年在位）坚持亲自训练士兵，使他们精通箭术。最重要的是，在这两个帝国中，新军制的目标都是结束对少数民族兵和雇佣兵的依赖，以帝国自己的臣民作为军事结构的基础（这种做法开支较少），同时以强化的职业军人训练，弥补数量的相对不足。

隋朝和唐初中国最危险的敌人是突厥。突厥在公元 5 世纪时受柔

---

〔1〕译者注：指伏远弩。

〔2〕译者注：指角弓弩。

〔3〕译者注：伊懋可先生此处的引述可能不完整，理解未必全面。现将《新唐书》卷50《兵志》的相关内容赘引如下："(开元)十三年，始以彍骑分隶十二卫，总十二万，为六番，每卫万人。京兆彍骑六万六千，华州六千，同州九千，蒲州万二千三百，绛州三千六百，晋州千五百，岐州六千，河南府三千，陕、虢、汝、郑、怀、汴六州各六百，内弩手六千。其制：皆择下户白丁、宗丁、品子强壮五尺七寸以上，不足则兼以户八等五尺以上，皆免征镇、赋役。为四籍，兵部及州、县、卫分掌之。十人为火，五火为团，皆有首长。又择材勇者为番头，颇习弩射。又有羽林军飞骑，亦习弩。凡伏远弩自能施张，纵矢三百步，四发而二中。擘张弩二百三十步，四发而二中。角弓弩二百步，四发而三中。单弓弩百六十步，四发而二中：皆为及第。"可见，这已不能简单称之为府兵（而应是彍骑）的训练标准。

〔4〕L. Bréhier, *Les Institutions de l'Empire Byzantine* (Paris:1949), p.334.

然统治。当时的柔然帝国横跨今天的蒙古，突厥人则充当柔然人的铁匠。在 6 世纪中叶，突厥推翻了柔然，创建了一个组织松散的帝国，统治范围直达地中海世界的边缘。他们之所以成功，一个重要原因是他们掌握了铁。但他们缺少政治才干，不能充分利用自己的军事潜能。他们曾在 7 世纪初给中国带来一定威胁，但不久他们的帝国就瓦解了，主要原因是内部不稳定，而中国的外交又巧妙地加剧了这种不稳定。高丽也是中国的劲敌，尽管它是一种非常不同的类型：突厥人长于骑射，而高丽人善于修建防御工事。首都位于平壤、曾控制了今天东北南部的大部分地区的高丽，受到过隋炀帝和唐太宗的攻伐。中国人征伐的结果说明，帝国扩张会受技术的限制。中国人用车运送粮食到永 58 济渠的东北终点，每车要两名车夫来搬运大约 5 蒲式耳粮食，而海运离明初的水平还相差很远。高丽的城墙，尽管难以真正对付中国的攻城战术，但却能迟滞入侵的军队，直至他们断粮，不得不撤退。因此，后勤问题成为决定最终胜负的关键因素。 59

* * * * *

隋唐王朝决心要强力推行均田制。当时的中国官员确实也曾依法 60
没收富人的财产。例如，公元 654 年，贾敦颐任洛州刺史时，

> 洛多豪右，占田类逾制，敦颐举没者三千余顷，以赋贫民。[1]

国家也会重新徙置居民来使土地占有状况更均衡些。据说，公元

---

〔1〕 贺昌群（1964），页306。还可参见 D. C. Twichett, *Financial Administration under the T'ang Dynasty*(Cambridge:1963), p.216.【《新唐书》卷 197《贾敦颐传》。译者补注：此段引文中只言"永徽中"，据郁贤皓《唐刺史考全编》卷 49 考证，贾敦颐任洛州刺史时间为永徽五年（654）。】

644 年，唐太宗在都城长安附近的零口巡幸：

> 村落逼侧，问其受田，丁三十亩，遂夜分而寝，忧其不给，诏雍州，录尤少田者给复，移之宽乡。[1]

若收成不好，赋税也可能根据实际占有土地的数量免除。例如，公元 734 年唐玄宗下诏：

> 如闻京畿及关辅有损田百姓等属……其今年租八等已下，特宜放免地税。受田一顷已下者，亦宜放免。[2]

由于中国北部边疆地区干燥的气候条件，这类与土地登记同时记录下来的材料得以保存，向我们展示了，在隋朝及唐朝初期，土地分配制度在下层社会或多或少地按照要求来施行了，尽管份地的数量常常比法定的要少。

同时，均田制中针对品官勋贵的授田，也取得了最完备的形式。唐朝政府对授田有非常具体的规定，专门说明各品级文武官员应分土地的数量。按照标准，亲王有权得到 100 顷，而最低一级骑都尉仅得 60 亩。这个制度旨在使"预于仕伍"成为富人的普遍追求，并使通过 61 服务国家而获得的晋升，成为人们认可的一条提高社会和经济地位的渠道。只有为国家服役，才是取得大量土地财产的唯一合法方式。后来，当均田制瓦解的时候，为了仍能对精英阶层施加类似的控制，国家不得不转而发展由中央掌握的科举制度。然而，起初以分配土地来

---

〔1〕 贺昌群（1964），页 309。【《册府元龟》卷 42《帝王部·仁慈门》。译者补注：此据《宋本册府元龟》。】

〔2〕 贺昌群（1964），页 309。【《册府元龟》卷 490《邦计部·蠲复二》。】

换取百姓服役，效果十分显著。公元 631 年，戴胄上奏了授予那些有军功之人"勋田"后产生的影响：

> 比见关中、河外，尽置军团，富室强丁，并从戎旅。重以九成作役，余丁向尽。[1]

然而，仅是土地缺乏，就使政府很难坚守许诺；7 世纪末，魏元忠说：

> 比日征行，虚立赏格，而无其实。……赏既不行，勋亦淹废，岁月纷淆，真伪相错。[2]

但在理论上，这种义务并未被政府弃之不顾；政府仍然认真记录各个军人已占的和未占足的田地数量。后者常常数目很大，但原则上为应授田。

隋唐均田制不稳定，还有更深刻的原因。隋文帝为加强中央集权而下诏，府县官员每三年必须调任，并不再把土地授予奴婢。当此之时，这些土地法条款，由于损害了大地主的利益，立即遭到其明确反对。和北魏时代相比，隋唐官员通常不是那些或多或少以继承的方式获得官职和爵位的地方豪族，他们是真正的朝廷命官。在任职期间虽得到职田，但在离任或致仕时，必须归还这类田地。在此情况下，为 62 了巩固自己和家人的地位，他们自然要力求增加个人财产。他们常常在本籍地以外置办私人的庄园，这些庄园通常位于其任职区。这种做

---

〔1〕 谷霁光（1962），页 187。【《旧唐书》卷 70《戴胄传》。】

〔2〕 谷霁光（1962），页 203。〔《新唐书》卷 122《魏元忠传》。〕

法越来越受到重视，其一个迹象是公元 752 年，政府发布诏令，禁止其进一步扩大。某些大地产（例如皇帝赏赐的一些大地产）应属合法，但大多数却是通过不合法的手段从农民手中买来的：

> 如闻王公百官及富豪之家，比置庄田，恣行吞并，莫惧章程。借荒者皆有熟田，因之侵夺；【北魏时允许人们在份地以外开垦尚未开荒的官地（public land），名为"借荒制"。】置牧者唯指山谷，不限多少。【官僚贵族们经常有大群的牛羊和马匹，因此，他们获允拥有牧场。这种情况促使朝廷发布了"无马妄请牧田"的法令，禁止侵占土地。】爰及口分、永业，违法买卖，或改籍书，或云典贴，致令百姓无处安置，乃别停客户，使其佃食。既夺居人之业，实生浮惰之端，远近皆然，因循亦久，不有釐革，为弊虑深。其王公百官勋荫等家，应置庄田，不得逾于式令。[1]

赋税的重压与凶年的艰辛，意味着普通农民往往不得不出卖自己的土地，尽管这在大部分情况下不合法。按照规定，除非是需要支付丧葬费用等特殊情况下才能出卖土地。卖了土地的农民只好离开家乡出走；为避免交赋税和服兵役而形成大量流民，这个问题是唐朝政府行政管理中的麻烦事。

均田制也不适合像长江流域这样精细耕作的稻作地区。若定期对所有土地进行重新分配，则不利于农民改善土地，因为他不能肯定自己是否能继续享受辛勤劳动的成果，以及是否使其家人继承这些成果。

---

〔1〕唐长孺：《均田制度的产生及其破坏》，收于《中国历代土地制度问题讨论集》（北京：1957），页 365-366。还可参见周藤吉之：《中國土地制度史研究》（東京：1954），页 12-13。【《册府元龟》卷 495《邦计部·田制》。译者补注：此据《宋本册府元龟》；又"【 】"中"无马妄请牧田"，唐长孺先生原作"无马妄请牧地"，此亦据《宋本册府元龟》改。】

在水稻生产的发展走过了最初始的阶段后，就需要投入大量的劳力来修整水田，修建和维修灌溉沟渠。像这样的投入，与那种起源于北方粟麦区的农业制度全然不同，在北方的农业制度中，个人所有的土地可以转化为政府的土地。均田制从未在长江中下游地区得到坚决的贯彻执行，原因很可能在此。这个被通常称为江南的地区，在帝国经济中起的作用越来越重要，对于那些寻求较好条件的北方流民有着相当大的吸引力。可能出于这个原因，其他地区继续施行的均田制也在一定程度上受到破坏。

和北魏的均田令不同，唐律对拥有奴婢的人不另给耕地，只给他们很少的土地，作为宅地和菜地。然而，奴婢制度对农业生产来说，仍然重要。《旧唐书》中一个 9 世纪人物的传记提供了一个例证，对于这个有辱人格的制度，它充其量也不过是令人愉悦而已：

> 崔觐，梁州城固人【位于今陕西省】。为儒不乐仕进，以耕稼为业。老而无子，乃以田宅家财分给奴婢，令各为生业。觐夫妻遂隐于城固南山，家事一不问，约奴婢递过其舍，至则供给酒食而已。夫妇林泉相对，以啸咏自娱。[1]

奴婢形成了一个不同的世袭阶级。他们被认为"律比畜产"[2]。他们大多仅有名而无姓，像牛马一样可以典当出租。他们不能和良人结婚。如果犯罪，其主人可在他们脸上刺字。如果主人杀死一个无辜的奴婢，所受到的处罚仅是放逐一年。尽管明确的界限还不能迅速划出，但是他们显然和宋代的佃奴、佃农不同，后者相对来说有更多的权利，

---

〔1〕 滨口重國：《唐王朝の賤人制度》（京都：1966），頁 38。【《旧唐书》卷 192《崔觐传》。】

〔2〕 译者注：《唐律疏议》卷 6《官户部曲官私奴婢有犯》。

对此，我们在下一章还会讨论。

* * * * *

中期帝国的上述两个关键制度在 8 世纪瓦解了，其中部分原因在
上文已有概括。但还应强调，它们之所以瓦解，与帝国规模日渐扩大 64
所带来的军事问题也有很大关系。

如同对于早期中华帝国一样，连年对外用兵对于中期中华帝国也
是一个沉重负担。因此，公元 612 年，隋炀帝年动员 1,132,800 人征高
丽，很有可能就是次年爆发的农民起义的主要原因。这次农民起义一
直持续到隋朝灭亡。然而在唐初，府兵被视为防御力量。在中国北方，
府兵集中点的分布情形，其实参差不齐，说明其主要作用是拱卫京师
长安和洛阳，阻挡突厥人攻击（这种攻击通常取道陕西），并控制河北
局势，因为那里屡次发生动乱。只有很少的军队驻扎在淮河以南。只
要防御仍然置于首位，那么这种分散及自给的体系来运作的府兵制度，
就不会遇到太大的压力。[1] 但随着唐帝国在西北的扩张，局势改变了。
《邺侯家传》的记载很能说明问题：

> 初置府兵，西魏、周、隋用之皆利。及太宗之时，每府番
> 上，必引于殿廷，亲自教射，加以赏赐，由是用之，所向无
> 敌。……时出征多不逾时，远不经岁而能克捷。高宗始以刘仁轨
> 为洮河镇守使，以图吐蕃，于是始屯军于境，而师老厌战矣。[2]

---

〔1〕 但是，府兵的军府在地理上极不均衡的分布，的确意味着防御的需要造成某些地区赋役过
重，而另外一些地区却没有充分被利用。

〔2〕 谷霁光（1962），页148。【《玉海》卷138《兵制三·唐关内置府 十道置府》引《邺侯
家传》。】

武则天时期（684—705）进行的长期战争，打乱了府兵番上的日程表，而这正是府兵制的基础。要做到战与耕的结合越来越难，因此政府开始征募长期服役的职业兵。这在中国比在拜占庭容易一些，因为当时拜占庭已失去了埃及。府兵制和拜占庭特玛军制均基于同一信念，即中央政府很难获得大量的军需供应。然而，一旦江南发展，运河系统得到完善，在中国需要像府兵制这样一种分散的、自给自足的军事制度的理由，至少是部分消逝了。而特玛军制则缺乏这一条件，因此比中国府兵制还要更加持久，直到 11 世纪由于封建主义的压力才走向消亡。 65

府兵制迅速衰落的另一个原因，是府兵的社会地位开始下降。大约在公元 660 年以后，由于滥授勋官爵位，官爵的价值贬低了，富人从而也失去了先前的从军热情。禁军的新建，也减弱了府兵制原先作为晋升阶梯的效果。公元 674 年前后，府兵不再给复。结果，那些本该应征的重要人丁，往往伪造度牒，自称僧道，以逃避赋税。有的甚至自残，或是用重金找来替身代服兵役。穷人则只好流亡，常常成群结队出走他乡。

新兵质量的下降，对整个制度的稳定必然产生影响。府兵制下的士兵须自备干粮，具体的实行方式是平时向地方粮仓交谷物。当他们出征时，发给他们"食券"（food ticket），数量相当于其所交纳之谷物。他们到达目的地时，就可以用这些食券，从当地政府的仓储中领取食物。同时，他们还应自备马匹及轻武器。但到 8 世纪初，府兵显然已经十分贫穷，因此只能向亲戚朋友乞求帮助，不然就得靠政府。府兵作为军队中坚这个特征自然不复存在；不久以后，招收的军人就都是雇佣兵了。到公元 749 年，整个府兵制正式解体。

唐朝在中亚的雄心，导致了府兵制的灭亡，也使得久任于边的将领统兵数量迅速增加。这就将中央政府置于一种十分脆弱的地位。公元 755 年，粟特-突厥人安禄山发动叛乱，无情地表明了这一点。朝廷已不再指望能依靠和平手段取得优势。安禄山发动的叛乱虽然于公元 66 763 年被平定，但朝廷实际只能依靠一些具有割据意识的将领来镇压安史之乱。但这些武人在本质上和安禄山并无二致。他们后来在各地成为半独立的节度使，拥有自己的亲军。中央集权受到削弱，作为均田制根基的户籍制度亦崩溃。国家和豪强之家（powerful subjects），67 为争夺赋税而展开争斗。从方方面面来看，这种形势都具有奥斯特洛戈尔斯基所讲述的拜占庭帝国的一个特点，即"10 世纪中央政权与大领主之间的争斗是拜占庭帝国经济社会进展的一个转折点"[1]。借用马克·布洛赫（Marc Bloch）的话来说，中国也成为庄园主势力坐大（seigneurialisation croissante）的牺牲品，而庄园主势力日益坐大是当时整个欧洲的特点。

8 世纪末，被称为"内相"的陆贽作了如下评述：

> 今制度弛紊，疆理隳坏，恣人相吞，无复畔限。富者兼地数万亩，贫者无容足之居，依托强豪，以为私属，贷其种食，赁其田庐，终年服劳，无日休息，罄输所假，常患不充。[2]

思想家兼散文家柳宗元也表达了其感触，重复了上述观点：

> 今富者税益少，贫者不免于摧拾，以输县官，其为不均大矣。然非唯此而已，必将服役而奴使之，多与之田而取其半，或

---

〔1〕 G. Ostrogorskij, *Quelques problèms, d'histoire de la paysannerie Byzantine*(Brussels:1956), p.11.

〔2〕 周藤吉之（1954），頁58，注8。【《陆宣公奏议》卷22《均节赋税恤百姓六条·其六论兼并之家私敛重于公税》（《全唐文》卷 465 ）。译者补注：此据《陆贽集》卷 22。】

乃出其一而收其二三……[1]

那些依附于富豪的农民有可能完全逃避赋税。9世纪晚期，杨炎解释过这种情况发生的原因：

> 盖侨寓州县者，或称前资，或称衣冠，既是寄住，例无徭役。且敕有进士及第，许免一门差徭，其余杂科，止于免一身而已。今有侥幸辈偶忝微官，便住故地，既云前曾守官州县，须存事体。无厌辈不惟自置庄田，抑亦广占物产。百姓惧其徭役，悉愿与人。不计货财，只希影覆。……且古者盖（一作"画"）地之数，限人名田。……今凡称衣冠，罔计顷亩。是奸豪之辈，辐辏其门。……自一品至九品，各限其田。……既绝其广占，即富者无苟免之徭，贫者无非次之役，则凋瘵何有夫不苏，时俗何有夫不安……[2]

68

杨炎的分析有些道理，但其建议却不可行。在内部分裂以及契丹等北方民族不断攻击的压力之下，公元906年[3]唐帝国分崩离析。以后的五十年中，长江以北有五个王朝更相替换，而在长江以南，在现今的四川、湖南、江西-安徽、江苏-浙江、福建和广东各省，则形成了多个国家。中国暂时似乎出现了西欧在罗马崩溃后发生的那种倾向。

---

〔1〕 周藤吉之（1954），页58-59，注9。【《柳先生文集》卷32（《全唐文》卷574）《答元饶州论政理书》。译者补注：此据《柳宗元集》卷32。】

〔2〕 周藤吉之（1954），页17。【杨炎：《复宫阙后上执政书》，收于《文苑英华》卷699及《全唐文》卷866。译者补注：此据《文苑英华》卷669，周藤吉之将卷数误作"699"。】

〔3〕 译者注：应该是公元907年。

第六章　非封建的庄园制

公元 960 年，宋太祖重新统一了中国的大部分地区，建立了宋朝。太祖死后，其弟太宗完成了统一大业。到底是哪些条件使这个稍晚的帝国能够产生且长存，本书第二部分将做详尽的讨论。兹仅略言之，即在此期间出现了经济和技术革命，这些革命减轻了帝国上层行政建筑的负担，提高中国战争机器的效率，同时也创造出经济上的统一，足以防止政治分裂的再现。所以，在此前的一千多年中，无论怎样，中国和欧洲的历史的进程几乎是平行发展的，但从此时起，则分道扬镳。本章旨在说明：这种分流（divergence）在最初甚为微小，而大一统帝国的继续存在则是导致上述差异的最基本、最直接的关键原因所在。或许可以这样下结论：中国社会像当时的欧洲社会那样正在向大庄园制（regime seigneuriale）的方向发展；但由于中国国家保持着对防务职能的控制（而欧洲没有），因此中国没有封建的上层建筑（regime feodale）。这里所说的封建的上层建筑，指的是一个职业军人统治阶级，他们因其军功而被赐予采邑，并作为几乎无可争议的主人，统治这些采邑。

在第五章最后一部分，我们追溯了私人大庄园是如何发展的。到

10 世纪，这些庄园将大部分农民重新变为佃客，并对其他农民也有很大影响。因此，庄园已经成为一种新的有特色的社会秩序的基础。宋代庄园形式多变，各地区之间差别也很大，所以无法做一个简单的概括。1180 年，朱熹就南康郡赈济饥荒发表的公文书，可能是对庄园阶级结构最为清楚的一个说明：

> 某都共几家：
>
> 一、富家有米可粜者几家，除逐家口食支用、供赡地客外，有米几石可粜，开客户姓名米数（并佃客、地客姓名）。
>
> 一、富家无余米可粜者计几家，而仅能自给其地客、佃客不阙，仍各开户姓（并佃客、地客姓名）。
>
> 一、中产仅能自足，而未能尽赡其佃客、地客者计几家（开户名，取见佃客、地客姓名所阙之数）。
>
> 一、下户【已登记的】合要籴米者几家：
>
> 作田几家，各开户名，大人几口，小人几口（别经营甚业次）。
>
> 不作田几家，各开户名，大人几口，小人几口（经营甚业次）。
>
> 作他人田几家，各开户名，系作某人家田，大人几口，小人几口（兼经营甚业次）。[1]

---

〔1〕草野靖：《宋代の戸口統計上に所謂客戸について》，《史淵》79（1959），頁 122。草野靖：《宋代の主戸・客戸・佃戸（下）》，《東洋學報》46:2（1964），頁 74。丹乔二在《关于户的考察：主户客户制研究的前提》（《戸に関する一考察：主户客户制研究的前提》，《東洋史研究》27:1〔1968〕，頁 38–64）一文中对于这段文字有一段讨论。有人据这段文字推断出佃客和"作他人田"之户之间存在差别，理由则是"中产仅能自足而未能尽赡其佃客、地客"者的佃客可等同于该列表中的最后一类人。丹乔二专门批判了这一观点。丹乔二的批评是难以说得通的，理由有三：（1）"佃户"和"作他人田"之户使用了完全不同的术语；（2）如果将它们等同，将导致双重计算；（3）若他们等同，表中将他们列为两类，就没有任何意义了。【朱熹：《晦庵先生朱文公文别集》卷 9《取会管下都分富家及阙食之家》。译者补注：此据《朱子全书》第 25 册。以下《晦庵先生朱文公文公集》等皆用《朱子全书》，不再一一注明。】

可以看出，这个社会由两部分组成：一部分是庄园；另一部分是自由民，包括小土地所有者、工匠和普通佃农。两部分之间的界限清楚地表现在"客户、佃客、地客"和"作他人田"之户的区别分类。遗憾的是，在大多数文献中，这些易混淆的术语背后的社会实态并不这么直接和明显，我们不得不依据上下文来进行推断。

来自土地的束缚 71

"佃客"一词，或可定义为那些被束缚在土地上的佃户。这一惯例在唐代记载中尚未出现，似乎是 10 世纪的新鲜事物。1027 年，宋朝政府颁令，试图减轻这种束缚：

> 江、淮、两浙、荆湖、福建、广南州军，旧条，私下分田客非时不得起移。如主人发遣，给与凭由，方许别住。多被主人折勒，不放起移。自今后客户起移，更不取主人凭由，须每田收田毕日，商量去住，各取稳便，即不得非时衷私起移。如是主人非理栏占，许经县论详。[1]

我们怀疑这道法令真的起了很大作用。如果它确实曾被遵照执行，那么，1153 年的另一道法令就没有多少意义了；此项法令规定，土地转卖时，佃客撤佃的权利受到更严格的限制。而且，据称，两浙普遍的做法是，卖地之人要将佃客的名字、田地以及该田地上的房屋一同写进地契。元代（1271—1368）法令中所录的一份公文显示了这一做法的重要性：

---

〔1〕 周藤吉之（1954），頁 116-117。【《宋会要辑稿·食货门》1《农田杂录·农田一》，"天圣五年十一月"条。】

切见江南富户止靠田土，因买田土，方有地客。所谓地客，即系良民。主家科派，其害甚于官司差发。若地客生男，便供奴役；若有女子，便为婢使，或为妻妾。[1]

国家为部分解放佃客所采取的其他措施，大概也同样无效。所以，当鄂州（今湖北武昌）知州上书朝廷"请买卖土田不得载客户于契书，听其自便"时，田主纷纷起来抗议。[2]这事发生在12世纪。约150年 之后，峡州路（今湖北西部宜昌市）判官指出：

72

本路管下民户，辄敢将佃户计其口数，立契或典或卖，不立年分，与买卖驱口无异。间有略畏公法者，将些小荒远田地夹带佃户典卖，称是随田佃客，公行立契外，另行私立文约。如柳逢吉、段伯通，争典佃户黄康义之讼，其事系亡宋时分。[3]

上文表明，随着时间的推移，随田佃客不但数字增加，而且在某种程度上从受土地束缚，进而演变为受田主束缚。12世纪，湖北一事例可以为证，当田主的土地被政府没收时，其佃客与土地剥离，而仍然依附于该田主。

至少在中国西部部分地区，国家也采取措施支持庄园经济，加强土地的束缚。12世纪中叶，学者胡宏写信给一位将军刘锜，谈及家乡湘中情形，亦可为证：

自主户至于客户，递相听从，以供王事，不可一日废也，则

---

〔1〕 周藤吉之（1954），页121。【《元典章》卷57《刑部十九·禁典雇·禁主户典卖佃户老小》。】

〔2〕 周藤吉之（1954），页117。【胡宏：《五峰集》卷2《与刘信叔书五首》。】

〔3〕 周藤吉之（1954），页120。【《元典章》卷57《刑部十九·禁典雇·禁主户典卖佃户老小》。】

岂可听客户自便，使主户不得系属之哉？夫客户依主户以生，当供其役使，从其约束者也。而客户或禀性狼悖，不知上下之分；或习学末作，不力耕桑之业；或肆饮博而盗窃，而不听检束；或无妻之户，诱人妻女而逃；或丁口蕃多，衣食有余，稍能买田宅三五亩，出立户名，便欲脱离主户而去。凡此五者，主户讼于官，当为之痛治，不可听其从便也。[1]

73

然而狠心的主人不应得到国家的帮助（见本书页 241-242 所录此段以下部分）。在不发达地区，即今川东、鄂南和湘西北，有一些特别的法律来对付在逃佃客。1052 年，从官庄以及从二州私庄潜逃的佃客被判缉拿遣返。1184 年，户部所颁条例更为详细：

> 如今后人户陈诉偷般地客，即仰照应上项专法【皇祐四年敕】施行。如今来措置已前逃客户移徙他乡三年以下者，并令同骨肉一并追归旧主，出牓逐州，限两月归业，般移之家不得辄以欠负妄行拘占。移及三年以上，各是安生，不愿归还，即听从便。如今后被般移之家，仍不拘三年限，官司并与追还，其或违戾强般佃客之人，从略人条法比类断罪。[2]

上文末几句明确道出，此法主要目的是阻止庄园主之间为争夺佃客而起纠纷，这种纠纷在劳动力仍十分稀少的地方是很容易发生的。

---

〔1〕 周藤吉之（1954），頁118-119。【胡宏：《五峰集》卷2《与刘信叔书五首》。】

〔2〕 周藤吉之（1954），頁114。【徐松辑：《宋会要辑稿·食货门》69《逃移》，"淳熙十一年六月二十七日"条。】

佃客制的起源

佃客阶级的产生是很多过程综合作用的结果。首先值得注意的是奴婢的有条件的放良，因为在欧洲似乎正是这一措施确立农奴制的制度框架，尽管改良了的奴婢仅占佃农很小的部分。[1] 在中国，到了8 74世纪，奴婢放良开始变得普遍了。以下所录8世纪初期的一份文件，是我们所知最早的有关奴婢放良的标准文书。

> 从良书
>
> 奴某甲、婢某甲，男女几人。吾闻从良放人，
> 福山峭峻，压良为贱，地狱深怨。
> 奴某等身为贱隶，久服勤劳，
> 旦起肃恭，夜无安处。
> 吾亦长兴叹息，克念在心，飨告先灵，放从良族。
> 枯鳞见海，必遂腾波；卧柳逢春，超然再起。
> 任从所适，更不该论。后辈子孙，亦无阑怪。
> 官有正法，人从私断，若违此书，任呈官府。
> 年月日郎父　昆弟　子孙
> 亲保
> 亲见
> 村邻
> 长老

---

〔1〕 关于北魏和唐时期，奴婢在农业中的重要性，见页49，50，63。公元845年，4600个佛寺被毁，25万多僧尼返俗，数千万亩田地被没收，15万奴婢成为课户。唐朝和北宋也有进行奴婢买卖的经纪人。但是奴婢似乎在总人口中所占的比例很小。

官人

官人[1]

正像其他现存放良文书一样，这里谈的是无条件的解放。[2]因为如果是有条件的，那么各个案例条件各异，显然不可能有一个标准格式。制订这种格式，也有可能使人们感到，将各种条件都包括进去，将有损于自由这一美好形象。[3]不论怎样，至少有一个例子是以宋代佃客而为人所知的：他们是晚唐奴婢的直系后裔，仍在耕种同一土地。可以设想，这样的情况不在少数。施加在已获解放奴婢身上的各种条件，特别是他们必须继续耕种他们以前主人的土地，或许是解释庄园租佃制在宋代比在唐代更为严厉的主要理由。简言之，就是首先要受土地束缚。

诚然，这是一种设想。[4]其他限制佃客的形式，比较容易用文献

---

〔1〕 仁井田陞：《中國法制史研究：奴隸農奴法・家族村落法》（東京：1962），頁30-31。【译者补注：此为敦煌文献 S.4374，今据图版并参考其他学者的录文重新释录，征引相关文献较多，见书末"译校参考文献"。】

〔2〕 唐代奴婢解放的几个形式，事实上强调，一旦奴婢自由了，可以东南西北，任其所适，甚至可升高官。另一方面，若把解放了的奴婢再变为奴婢，那唐律的惩罚是很严厉的。平岡武夫：《放従良：白居易の奴婢解放》，《東方學報》38（1967），頁 225-254。

〔3〕 不知道为什么，这种情绪首次在唐代很普遍。几个世纪以前传来的佛教，关于善恶报应及轮回的教义，给自由人和奴婢之间的差别，提供了方便的合理性的解释：奴婢制是对前世罪孽的惩罚。另一方面，佛教也将奴婢解放看作是一种善行，今生来世都会帮助施善的人及其家人；而行善是很多奴婢解放行动的动机。可是平冈武夫认为，文书中满含的人道主义不能归于佛教。平岡（1967），頁 233 及以下。

〔4〕 中国法律的改变，可以提供一些微弱的证据。例如，1003年，宋真宗看到当"今之僮使本佣雇良民"下令废止"旧制"，禁止主人对犯有某些罪的农奴再用黥涅之刑（译者注：此条出自《续资治通鉴长编》卷 54，"咸平六年四月癸酉"条）。这是否表明，相当数量的自由民转到受雇佣的身份？在唐代，若鞭打农奴或家奴至死，惩罚是流放一年。宋朝早期，官府反而试图把鞭笞农奴或佃客至死的人判以死刑；但是到 12 世纪，若鞭打农奴佃户至死，只在当地流放，即一种很轻的惩罚。显然，此时农奴佃户的地位不如以前；也可能说明很多主人把佃户当作奴婢或农奴对待，这被认为是"正常的"。宫崎市定：《アジア史研究》，第一卷（京都：1957），頁 455-457。

说明。由于贫穷而出卖土地的小农，常常不得不留在原来的土地上作佃客。1205 年夔州路运判范荪的上疏，很能说明这个问题：

> 本路施、黔等州，界分荒远，绵亘山谷，地旷人稀。其占田多者，须人耕垦，富豪之家争地客。诱说客户，或带领徒众举室般徙。乞将皇祐官庄客户逃移之法稍加校定，诸凡为客户者，许役其身，而毋得及其家属妇女皆充役作。凡典卖田宅，听其从条离业，不许就租以充客户；虽非就租，亦无得以业人充役使。凡借钱物者，止凭文约交还，不许抑勒以为地客。凡为客户身故，而其妻愿改嫁者，听其自便。凡客户之女，听其自行聘嫁，庶使深山穷谷之民得安生理。[1]

我们可以想象这些做法虽被明令禁止，而实际上却经常发生。直接强迫的行为也不少见。13 世纪，叶适对太湖地区的庄园主作了如下评论：

> 民之不可一日与官接，犹羊之不可与虎群也。且岂独官于民为然，衣食稍裕之家，以其田使邻之人佃之，所经由不过一二颜情稔熟之奴隶，而邻之人已不胜其田主之苛取，奴隶之奸斯矣。又稍稍积而至于富贵之家，以其田使乡之人佃之，其苛取，其奸欺，甚至虐不可支，有举室而逃，或捐性命以相向者矣。[2]

----

〔1〕 周藤吉之（1954），頁 115。【《宋会要辑稿·食货门》69《逃移》，"开禧元年六月二十五日"条。】

〔2〕 渡辺紘良：《宋代福建·浙东社会小論：自作農をめぐる諸問題》，《史潮》97（1966），頁 19-38。【译者注：此语为黄震的感慨和观察，而非叶适；似也未言明单指太湖地区的情况。见《黄氏日抄》卷 68《读文集·水心外集·后总》。】

有时，还有招致佃客的情况。1087 年，侍御史王岩叟的一段话很有趣：

> 富民召客为佃户，每岁未收获间，借贷周给无所不至，一失抚存，明年必去而之他。[1]

这些人显然没有被土地束缚，但农民有时却会因主人开出的那些 诱人的条件而陷入债务和人身依附。

也有少数佃客又返回到自由农民阶级中。上文所引胡宏所言以及 12 世纪的《袁采家训》，都反映了这一回流。袁采谈到佃户时指出，"不可见其自有田园，辄起贪图之意"[2]。有些案例就是主人采取法律行动，防止佃客去耕种被其他农民放弃的田地。可以想象，这是主人恐怕佃客有能力脱离其控制。

佃客、佃户、庄园势力

佃客在农民阶级中所占比重多少？佃客中大约有些身份自由的，所占比重又是多少？这一问题，实在难以回答。各地区之间差别甚大，因为庄园制在中国并未遍布各地，不像中世纪欧洲那样随处可见。14 世纪的儒将余阙有如下叙述：

> 浙东【今浙江东南部多山地区】古于越之地也，其地之微，

---

〔1〕 周藤吉之（1954），页 131。【《续资治通鉴长编》卷 397，"元祐二年三月"条。】

〔2〕 周藤吉之（1954），页 160。【《袁氏世范》卷 3《治家·存恤佃客》。译者补注：此段史料的英文原文为："One Should not allow them to have fields and gardens of their own, for if one does, they immediately become filled with greedy schemes." 伊懋可先生对这段史料的翻译似有误，今从中文史料照录。】

无甚贫甚富之家，山谷之间，有一亩之居十亩之田者，祖孙相保，至累世不失。又其土瘠，故其小人勤身而饬力，其君子尚朴俭而敦诗书。非若吴【苏南和浙北地区】人之兼并武断，大家收谷，岁至数百万斛，而小民皆无盖藏。[1]

就我们目前所知，这些地区差别，与官方户籍登记的不同地区的“主户”与“客户”比例差异，并不相称。所以不像有时预料的那样，78可以找到一点根据来推算自由农民与非自由农民的比例。其实这也不奇怪，因为至少在北宋，如果承认某户的存在，并将其纳入户籍，原则是它必定拥有土地。[2] 严格说，佃客只是作为主人家所属成员出现；但在户籍中，这样的人登记极为稀少（即使假定只有男丁才登记），由此表明，他们确实没有被登记。将“主户”和“客户”做区分，其作用只是使赋税负担更公正。历史上，客户大多是新近搬迁来，耕种新开垦的，或比较差的土地，他们交纳的赋税比主户低。后来，他们会被重新登记为主户；但这种情况似乎极少发生。

实际上，户籍法很可能往往被弃之不用，“主户”与“客户”都不应看作独立的拥有土地的小农。他们之中大多数仅有极少，或根本没有土地。1167年，吕祖谦目睹了岩州的情形，记录如下：

臣谨按本州丁籍……通计六县，第一等至第四等户，止有一万七百一十八丁。其第五等有产税户，共管七万一千四百七十九丁，虽名为有产，大率所纳不过尺、寸、分、厘、升、合、秒、

〔1〕周藤吉之：《宋代经济史研究》（东京：1962），页542-543。【余阙：《青阳山房集》卷3《宪使董公均役记》。译者补注：考光绪元年合肥张氏毓秀堂刊本脱“越”字，且该篇系于卷4。此据四部丛刊本《青阳先生文集》卷9，篇名作《宪使董公均役之记》。】

〔2〕草野靖（1959），全篇；草野靖：《宋代的主户·客户·佃户（上）》，《东洋学报》46:1，1963，页86。

勺，虽有若无，不能自给。其无产税户，共管四万一百九十丁，
并无寸土尺椽，饥寒转徙，朝不谋夕。本州统管一十二万二千三
百九十三丁，而第五等有产税户、无产税户，共管一十一万一千
六百七十五丁。[1]

我们不大清楚吕祖谦是否将"客户"算入第五等的无地户。后者
之中，有些人很可能是按日计酬的农业短工，一般认为其处于社会底
层，因为他们甚至不如佃客有保障。无论如何，编户中约70%的户 79
必须要靠田主租给他们一部分土地为生，所以应归入朱熹所区分的
"作他人田之户"类。此外一定还有大量的佃客脱籍，依附于大庄园的
豪强。

此外，还可以肯定那些名义上自由的佃户有很多处在庄园控制之
下。据载，江西地主樊铨，原为都吏，后为税监：

> 恣为威风。置买膏腴，跨连邻境，庄田园圃，士大夫有所不
> 如。生放课钱，令部曲擒捉欠债之人，绷吊拷讯，过于官法。[2]

有时执掌地方行政权力的人，完全代表着豪富的利益，为他们服
务。据13世纪官员黄震所言：

> 浙右沃壤，富贵人多置庄产，强干例嘱巡尉司以捕盗者捕租
> 户，既而又以监租为名，不取其余租而阴谋囚死之以立威乡落，

---

〔1〕草野靖（1959），页110。注，为计算上的一致，有必要指出引文中有两个错误：71,479应
为71,477；11,675应为111,575。【吕祖谦：《吕东莱文集》卷1《为张岩州作乞免丁钱奏状》。】

〔2〕周藤吉之（1954），页223。【刘克庄：《后村先生大全集》卷193《饶州州院申勘南康卫军
前都吏樊铨冒受爵命事》。译者补注：此据刘克庄著、辛更儒校注：《刘克庄集笺校》卷193。】

岁不知几人，为其骨肉者亦习见之久，谓非杀死，例哭泣责状，焚其骸而去。故死者虽多，亦未尝有诉于官。乡落因其然，惩见捕者之无生还也，或举族连村尽死以拒捕，往往至杀伤，强干又挟富贵家之势，指陈其拒捕，以甚其罪，虽死不得直于官。[1]

可以毫不夸张地说，尽管对佃客制的范围有多大，现在还不好做出估计，但庄园在中国农村大部分地区，具有支配的势力。在 11 世纪，宋朝政府将地方行政责任分别交给 5 户、25 户、250 户的"都保"组织[2]，由他们中最富有者管理。这一决策进一步证实了庄园的势力。这样一个系统，利用的是农村已有的等级结构，且一直持续到 17 世纪庄园制的最终瓦解。

庄园的结构以及管理

那么，庄园的本质是什么呢？从地理上来讲，它可能是紧凑的，也可能是分散的。据说，10 世纪成都郊外田钦全的庄园，占地一万亩，连成一片，其中两三千亩为耕地，当然这可能是个例外。在这一地区，对庄园劳力通常进行严格的日常监督，地理上的高度分散，不可能是普遍情形。11 世纪成都当地人苏洵记述如下：

> 富民之家地大业广，阡陌连接，募召浮客，分耕其中，鞭笞

---

〔1〕 周藤吉之（1954），页 264-265。【黄震：《黄氏日抄》卷 84《通新宪翁丹山书》。】

〔2〕 译者注：都保组织的最初原则，十家为一保，五十家一大保，十大保为一都保（参见《续资治通鉴长编》卷 218，"熙宁三年十二月乙丑"条）。而熙宁六年（1073），"司农寺言：'开封府界保甲，以五家相近者为一保，五保为一大保，十大保为一都保，但及二百户以上并为一都保，其正长人数且令依旧，即户数不及二百者，各随便近并隶别保，诸路依此。'从之。"（《续资治通鉴长编》卷 248，"熙宁六年十一月戊午"条。）伊懋可先生所述的都保组织似当指熙宁六年之制。

驱役，视以奴仆，安坐四顾，指麾于其间。而役属之民，夏为之耨，秋为之获，无有一人违其节度以嬉。[1]

然而，采用直接管理而获得较好的经济效益，是有一定限度的。最常见的系统，可能是一种结合体。即中间是一块自耕地，由庄园主或其经理私人控制的劳动力耕种，外围的地则租给佃户，他们要交租和服役，但庄园主对他们的日常不加干涉。11世纪，欧阳修描述道：

今大率一户之田及百顷者，养客数十家。其间用主牛而出己力者，用己牛而事主田以分利者，不过十余户。其余皆出产租而侨居者曰浮客。[2]

后来的清代浙江《江山县志》，有关庄园主的记载，也提供了一些 81 证据：

田亩倩人种植，成熟分收，即佃户也。别有一种曰伙余，多自家仆，令其居庄看守；或外乡单丁，以庄屋栖之，给以偶，有子孙则世服役如奴隶。[3]

因此，庄园的社会和地理结构通常是颇为复杂的。

---

〔1〕丹乔二：《宋初の莊園について：成都府・後蜀国節度使田欽全の所領を中心として》，《史潮》87，1964，页11。【苏洵：《嘉祐集》卷5《田园制》。译者补注：此据苏洵著，曾枣庄、金成礼笺注：《嘉祐集笺注》卷5《田制》。观苏洵全篇所论似非特指成都地区。】

〔2〕周藤吉之（1954），页110。【欧阳修：《欧阳文忠公集》外集卷9《原弊》。译者补注：此据欧阳修：《欧阳修全集》卷60。】

〔3〕傅衣凌：《明清农村社会经济》（北京：1961），页81。【同治《江山县志》卷1《舆地・风俗》引《汪浩志》。】

甚至在佃客可以自主进行日常活动的地方，一起劳动并合用昂贵的农具，也会产生一定形式的组织。这方面最明显的一个例子，是位于今江苏北部的那些官庄在1136年所做的规定：

　　　　每种田人二名，给借耕牛一头，犁、杷各一副，锄、锹、镢、镰刀各一件。每牛三头，用开荒鏊刀一副。每一甲用踏水车一部，石辘轴二条，木勒泽一具。每一家用草屋二间，两牛用草屋一间。每种田人一名，借种粮钱十贯文省……[1]

　　同时还规定"每五名佃客要在纳税方面相互担保，并共同耕作"[2]。据称，私庄也存在类似组织，作用无疑与此类似。很可能这就是13世纪初四川人高斯得所描述的那种有着合作性质活动的庄园之下的组织：

　　　　言蜀人治田之事……四月草生，同阡共陌之人，通力合作，耘而去之，置漏[3]以定其期，击鼓以为之节，怠者有罚，趋者有赏。及至盛夏，烈日如火，田水如汤，薅耨之苦尤甚，农之就功 82

---

〔1〕　周藤吉之（1954），页252。《宋会要辑稿·食货门》3《营田杂录二》，"乾道五年正月十七日"条。译者注：伊懋可先生可能误将乾道五年理解成绍兴五年。故正文的"1136年"应作"1169年"。】

〔2〕　译者注：此处伊懋可先生用引号，本意可能在引用《宋会要辑稿》原文。但伊懋可先生的理解似稍有误。对应的史料是："五家结为一甲……并种田。"出处同前注。

〔3〕　"漏"可能就是明类书《三才图绘》（《器用》卷10，页51a）。译者补注：此据王圻、王思义编集：《三才图会·器用》卷10《田漏》，上海古籍出版社1988年影印上海图书馆藏明万历王思义校正本）说的简单的计时水器。一支刻有中国时辰的漏箭置于壶内，昼夜百刻。随着壶水的下注，则水起箭浮，时刻渐露。插图侧面附文还指出："农家置此以挨时，计工不可阙者。大凡农作，须待时气。时气既至，耕种耘耔，事在晷刻。苟或过之，时不再来。所谓'寸阴可竟，分阴当惜'，此田漏之所以作也。"从这段话以及其他征引的文字（例如页273上征引的那首诗）来看，很显然，中国农民十分珍惜时间，懂得充分利用时间的重要性。

尤力，人事勤尽如此，故其熟也常倍。[1]

宋代新兴修的水利项目，很多都是庄园工程，即庄园主们联合起来完成的；掌握承担永久管理水利工程的任务，使他们在当地有极大影响。国家总是力图监督水的分配，以及征派劳力维修，但是直接管理者却无一例外都是豪富。在这一时期，对水进行控制的组织，往往就是庄园势力的进一步延伸。

*　*　*　*　*

庄园经济中的这种合作，基本囿于农业。下面是13世纪末方回关于佃客在当地集市如何用富余的大米进行买卖的记述：

> 予往在秀之魏塘【位于浙江嘉善】王文政家，望吴侬之野，茅屋炊烟，无穷无极，皆佃户也。一农可耕今田三十亩，假如亩收米三石或二石，姑以二石为中，亩以一石还主家，庄斡量石五以上，且日纳主三十石，佃户自得三十石。五口之家，人日食一升，一年食十八石，有十二石之余。予见佃户携米或一斗或五七三四升至其肆，易香烛、纸马、油盐、酱醯、浆粉、麸面、椒姜、药饵之属不一，皆以米准之。[2]

因此若仅从消费考虑，一个佃客家庭，一般来说是一个独立的经济单位。

83

---

〔1〕 周藤吉之（1962），页103-104。【高斯得：《耻堂存稿》卷5《宁国府劝农文》。】

〔2〕 丹乔二（1968），页53。【方回：《古今考》卷18《附论班固计井田百亩岁入岁出》。】

上述内容只是凭印象对宋代中国农村所做的简单勾画。特别是对于生活在庄园制之外且数量不可小觑的农民，我们尚未进行充分的研究。但是我们也很清楚，同中世纪欧洲相比，两者的状况有多少惊人的相似，就有多少惊人的差异。中国庄园的司法权虽然可能存在，却并未被法律承认。在西欧的古代和近代，大多数土地都可以自由买卖，但在中世纪却不行。又如，在宋代中国，并非仅只因为为国家服务才能获得田地（尽管在均田制针对品官勋贵的规定起作用时，曾有这种情况）。中国地主主要不是来自职业军人阶级，虽然在五代时期某些地区，这已几近于事实。很有可能，在中国历史上只需要一个很小的转变，就会出现一个真正的封建上层建筑。例如，1052 年，学官直讲李觏的一个建议暗示了这个转变可以有多小：

> 今之浮客，佃人之田，居人之地者，盖多于主户矣。若许富人置为部曲，私自训练，凡几度试胜兵至若干人或擒盗至若干火者，授以某官。[1]

这一建议未被采纳，原因可能是中央政府有足够资源掌管防御力量。然而即使如此，似乎庄园吸食了极大财富，以致削弱了帝国的统治。如果这是事实，那么我们下一章中所要详尽讨论的如下矛盾现象可以得到部分的解释：宋朝国家的力量令人震惊，但同样令人震惊的是，它终究为少数民族所征服，未能幸免。

---

〔1〕 周藤吉之（1954），頁155。【李觏：《直讲李先生文集》卷28《寄上孙安抚书》。译者注：此据《李觏集》卷28。】

第七章　铁、火药与蒙古人

经济革命巩固了宋帝国的基础，并使之得以维持当时世界最强大的军事机器。1040 年，宋帝国的常备军达 125 万之众；国家为装备军队而建立的兵器制造业，是世界最早进行标准化大批量生产的事例之一。即使在宋朝建立之初，位于京城的弓弩院，年产箭镞也已达 1,650 万。到 1160 年，帝国的军器监每年生产 324 万件武器，这还不包括各路的生产。甲胄型号有三，年产量亦达数万副。以运河为主的供应系统无与伦比。在某些年份中，每年有 600 多万石粮食从南方运到首都，供应驻扎在京畿的 30 多万禁军。在北部边境同样有大军驻扎：30 万驻守河北以抵契丹，45 万驻守陕西以御西夏。若照汉朝标准，这三支部队中的任何一支，都足以给帝国带来经济上的毁灭。若与唐初那种节省军费且分散于各地的府兵制相比，宋代的军事力量也很惊人。然而，女真人于 1127 年攻占开封并征服了华北；蒙古人则在灭金之后，于 1276 年，又攻取南宋首都杭州。这些灾难是怎么发生的呢？

答案显然在于技术的转移：技术跨越帝国边界而传到了"化外人"那里。如同 4 世纪少数民族推翻西晋王朝的情况那样，获取汉人在政治和社会组织方面的某些技能，对于 12 和 13 世纪征服者们（女真人

和蒙古人）来说至关重要。在女真人建立的金朝之前，契丹人建立了　
契丹国。契丹国的创始人阿保机不但通晓汉语，而且主要依靠其汉人
降臣，着手将部落组织结构转变为繁复的中国式行政管理。蒙古的蓝
图是契丹贵族后裔耶律楚材的杰作，他在金朝统治下的华北长大，熟
悉中原文化的方方面面。然而，这些技术借鉴最引人注目的效果体现
在军事和经济领域，改变了横跨半个亚洲大陆的力量对比。

新近研究表明，自唐末至宋初，中国生铁的人均产量增加了好几
倍。至于增加幅度到底多大，仍是一个争论焦点，这涉及相当细致的
史学及技术层面的讨论，在此不必纠缠。总之，宋代中国生铁的年总
产量 11 世纪末达到 3.5 万—4 万到 12.5 万吨之间。我个人倾向于其中
较高的数值，[1] 虽然明代的实践有助于我们对宋代的了解，但因铁矿的
储量不一，至少是政府每年的产量数字都有很大变化。

唐代，华北地区森林遭到破坏；因此，以煤作为炼铁时的燃料，
使得生铁生产的革命成为可能。苏东坡对地处今苏北的彭城有一段著
名的评论，指出了当时十分普遍的现象：

> 彭城旧无石炭。元丰元年十二月，始遣人访获于州之西南白
> 土镇之北，以冶铁作兵，犀利胜常云。[2]

通常做法是在黏土坩埚内放入铁矿石、无烟煤粉及一种性质不明

---

〔1〕　吉田光邦：《宋代の鐵について》，《東洋史研究》24:4（1966），頁 142-158。R. Hartwell, "A Revolution in the Chinese Iron and Coal Industries during the Northern Sung, 960—1126 A.D.", *Journal of Asian Studies*, 21:2 (1962), pp.154-155; "Markets, Technology, and the Structure of Enterprise in the Development of the Eleventh-Century Chinese Iron and Steel Industry", *The Journal of Economic History*, 26:1 (1966), pp.32-33; "A Cycle of Economic Change in Imperial China: Coal and Iron in North-east China, 750—1350", *Journal of the Economic and Social History of the Orient*, 10:1 (1967), pp.104-105.

〔2〕　宫崎市定：《宋代における石炭と鐵》，《東方學》13（1957），頁 17。【《东坡全集》卷 10《石炭诗并引》。译者补注：此据王文诰辑注：《苏轼诗集》卷 17《石炭并引》。】

的"黑土"，然后用煤加热。自唐末就已经开始使用焦炭（称为"炼煤"）来炊爨，这时很可能也用在高炉中直接加热铁矿。若果真有这样的发展，那么一定大大得益于可以连续送出强劲风力的风箱。中国的风箱能够用三个阀门，以其活塞前后推拉的往复运动，产生连续的气流。很多世纪以来，中国人在浇铸铁方面一直领先，到宋代时依然如此；他们生产钢的方法是将生铁与熟铁混镕，或用低温氧化锻打，进行直接脱碳。如此来看，宋元时代的钢铁冶炼技术，是比当时的欧洲要先进许多。这样生产出来的钢铁用途繁多，如造船的钉子，产盐所用大锅、大桶以及桥梁铁索，甚至用于建塔；但是，更多则用于铸造钱币、农具以及武器。铁在战争中的消耗量巨大。1127年，李纲提出，用铁甲战车（armoured car）对抗女真人的铁骑。这种车即用铁板封盖。停止行进时，则用铁链钩联成车营。有时被围攻城市的守军在战斗中，甚至在城头上向攻城者的头上倾倒铁水。

对宋朝来说，遗憾的是中国人掌握的铁生产技术，跨越了东北边境，传到他们的敌人那里。先是传到契丹，不久又传给女真。尽管少数民族的可畏，不单是铁这一个因素。自很久以前，东北少数民族的骑兵战术便占有优势；然而充足的铁与骑兵战术相结合，才使得他们如虎添翼，更加可畏。宋朝大臣李纲痛心地评论道："金人专以铁骑取胜，而吾以步军敌之，宜其溃散。"[1] 实际还可找出其他一些原因。契丹从未征服宋朝，他们几乎全靠骑射，其士兵依照箭术分为三组。箭术最精者授以全副护甲而殿后，次优者授以半甲而居中，而最差则居前而无甲胄。由于契丹的弓几乎射不到50步以外，而中国弩的有效射程则在120至300步之间，因此在中国弩面前，契丹士兵是极其脆

〔1〕 吉田光邦：《宋元の軍事技術》，收于薮内清编：《宋元時代の科學技術史》（京都：1967），页213。【《续资治通鉴》卷98，"宋高宗建炎元年六月丙子"条。译者补注："丙子"应作"丙戌"，又参见《建炎以来系年要录》卷6，"建炎元年六月丙戌"条。】

弱的。女真人则找到了一种用甲胄抵抗宋军的火力优势。他们以"硬军"（hard troops）持戈前行，人与马全副披甲，弓手在其甲胄保护之下安全前进，到达射程内才放箭，且箭头带钩，射中即钩住伤口。这样一来，宋人发现自己已经落伍了。此外，他们也由于缺乏马匹供应，无力以牙还牙；或许这应归因于日益增长的人口，导致中国的牧场越来越多地转变为耕地。

1055 年，山西汾州团练推官郭固使用一种战车对抗北方骑兵，这种车前锐后方，并装有长矛。不久之后，这样的车被改进为最初的铁甲战车，上部用生皮、毛毡覆盖，车厢上装有强弩。11 世纪的名臣韩琦，军事经验丰富，发现它们"可用于河北平川之地，一则临阵以遏奔冲，二则下营以为阵脚"。[1] 这些战车形制奇特，或许就如同俄罗斯人和捷克胡斯运动起义者在欧洲用来对抗骑兵的"移动城"（moving towns）式的马车。但即使有这样的铁甲战车，仍不足以避免华北的沦陷。南方则依凭星罗棋布的湖泊河流，更加有效地抵御了敌人的骑兵。

1127 年，女真人征服了华北，使宋朝失去了最重要的煤铁资源，因此严重影响了宋朝长期抵抗的能力。但是作为东北的统治者，女真人没有像在 12 世纪初为其所取代的契丹人那般谨慎。金朝统治所面临的最直接的危险在于，他们允许铁通过商业渠道大量流向蒙古。此前，蒙古人不得不在箭头上加了角骨，而且缺少充足的甲胄刀剑，此时，他们真正成为具有威力的敌人。1234 年，蒙古人转而从金朝手中夺取了华北，他们敏锐地领会到铁在军事上的重要作用，立即着手在那里扩大铁的生产，在很大程度上，正是中国的铁使得蒙古拔都西征的获胜成为可能，并使得蒙古人进而于 1240 年摧毁了基辅罗斯。

为了征服华北，女真人还必须很好地掌握攻城术。当时中国城市

---

〔1〕 吉田光邦（1967），页212。【《宋会要辑稿·兵门》26《兵械·兵车·陷阵车》，"至和二年二月"条。译者补注：还可参见《续资治通鉴长编》卷178，"至和二年二月壬辰"条。】

的防御工事主要填充土木，并用石头加固，与拜占庭君士坦丁堡坚固的石造城堡根本无法相比。即使如此，攻城也需要很多的技巧和气力。相对而言，太原只是一个中等的路级治所城市，为夺取之，女真人不得不用 30 多台抛石机不停发射，挖掘战壕，构筑工事，并制造了 50 多辆覆盖生牛皮和铁板的战车，只有这样，他们才能接近并填塞护城河。北宋首都开封有 48,000 名守军，因此攻城是一项更为艰巨的任务。1126 年，宋军用强弩、抛石机、火炬和活塞式喷火器（它可以不间断喷射热石脑油[1]）击退了金人的首次进攻。到了这年年底，女真人再次 进攻，使用了包括铁制钩撞车和塔车在内的各种攻城器械。这些塔车比城墙还高，能够居高临下向守城者发射火弹。尽管如此，最终还是由于断粮，饥饿极其严重，居民自相食，才导致开封城的陷落。

中国的铁生产及攻城技术向契丹和女真的传播，是通过上述两个领域中汉人技术能手的迁徙或被俘来实现的。契丹帝国的创始人阿保机的父亲和叔父，早在 10 世纪就利用居住边界地方的汉民的技能，在今天的东北兴建了第一个冶铁工场，而这些汉人在唐朝灭亡后局面混乱之时，正在寻求保护人。后来，吸引冶工及其他重要工匠成为契丹政府有意识追求的政策。同样，契丹军队还雇佣汉人技师、炮手和弩手，从单一的骑兵发展成为多兵种部队，从而才能满足攻克中国坚城的需要。女真人继承契丹人的这一长处，继续吸引汉人制造兵器的能工巧匠，并且在相当短暂的时间之内，居然在此领域得以在技术上全面领先。

宋人很早就开始使用一些攻击力较弱的火药，其使用形式或可称为"军用烟火"（military fireworks）。顾名思义，"火药"（fire drug），有时就是用纸或竹子将其包扎紧，点燃就可放出巨响和烟雾，却无真

---

〔1〕译者注：当指猛火油柜。

正伤害。当时在使用的还有"毒药烟球",可散发气体引起口鼻流血,以及制造烟雾的"灰炮"。然而,是金朝工匠才将火药做成真正的炸药,这些工匠极可能是汉人。首次运用火药爆炸力而不仅是其燃烧力的战争发生在1221年,当女真人用"铁火炮"攻打湖北蕲州之时。据赵与褜所言,"其形如匏状而口小,用生铁铸成,厚有二寸,震动城壁"。[1]后经改进又做出"震天雷",在1232年的开封保卫战中起了决定性作用,使女真人成功地抗击了蒙古人。这次围攻,蒙古人也使用了装有火药的发射器,但仅是一般的"火球"。

从实质上看,蒙古人在战场上使用的技术与金人相同,但有一项 89 可能非常重要的改进。他们也将持有长矛的重装骑兵摆成一堵墙,以保护后面的轻装弓手。但是第一线骑兵并非是铁板一块的盾牌,而是分为几段,中有间隔,这样弓手即可从中进退。最初两个决定性战役,发生在1211年和1212年。成吉思汗能令金朝的军事力量元气大伤,似乎主要依靠的是这种战法所带来的优越的机动性。然而,要最终战胜金朝,成吉思汗的继承者们必须经历一个较长时期的经验积累,方能掌握攻城战术;要征服南宋,他们还必须精通水战。

12和13世纪,宋人和他们北方的敌人在攻城战中都使用过抛石机,其实这只是曹操时代发明的类似于桔槔(well-sweep)的一种器械的改进版而已。这种机械形状像一个大的不对称的跷跷板,在台座上固定一木梁,两臂长短不等,长臂顶端有一个含射弹的容器,而在短臂上则连有几条绳索。发射时,很多人一同猛拉绳索,石块即沿弧形轨道抛出,就像近代迫击炮发射炮弹那样。但是这样的设计简单,没有利用短臂端上反作用力来推进它的抛射体。事实上,是蒙古人于1272年或1273年在这方面做了重要的改进,从而减少了人力的要求,

---

[1] 吉田光邦(1967),页224。【赵与褜:《辛巳泣蕲录》。】

并提高了发射的准确度。这一新式武器几乎立即被南宋仿造，称作"回回炮"，与欧洲中世纪抛石机相似，可能源于伊斯兰世界。

上面描绘的早期的爆炸性发射器械，使用起来就像抛石装置投掷石块。而严格意义上所讲的枪，则是金代的发明，被称作"飞火枪"。这种枪是用纸卷成筒状，填塞进木炭、铁屑、瓷器碎末、砒霜和火药等混合物，固定在一个长柄上。任何人进到十步以内均会被烧。1259年，南宋与蒙古对阵，发明了"突火枪"，用大竹筒作为枪管，发射出带有"咚咚"声的弹丸。最后，在14世纪，蒙古人用金属制的枪管替代了竹筒。保存下来的14世纪上半叶的火器，一般有40厘米长，口径约2至3厘米，有时则更大一些。

蒙古人是如何依靠接收中国的军事技术最终摧毁了南宋政权，水战是又一例证。水道是对付骑兵的最有效障碍。在与契丹交界之处，北宋不仅构筑了堡垒，种植了数百万株树木，而且开挖运河，并掘堑造湖。南宋依靠浩瀚长江防御金与蒙古。宋人畅游江海，是他们在造船水运方面领先的一个副产品（这些将在第十章里讨论）。只要仍能维持这方面的优势，他们就牢不可破。在唐代或更早些时候发明的明轮船，依靠绞盘或踏车推进，在宋代得到改进和非常有效的使用，既快又灵活，可以不靠风向而随意行进。而相比之下，直到13世纪中期，蒙古人仍旧使用皮筏与木筏过河。只是到了1270年，经南宋降将刘整建议，蒙古人才采取关键性的措施，兴建适合于河流作战的水军。五年之后，杭州陷落。接着，第一支蒙古海上舰队在崖山击破南宋海军；在其后的十五年当中，蒙古利用俘获的船只和水手攻打日本、占城和爪哇。这些都又一次证明：少数民族一旦获得了文明社会的技术，即可势如破竹。

第八章 明朝的后勤优势

元帝国于 14 世纪崩溃，继之而来的是几个互不统属的汉人政权。其中最强的一个以南京为中心，由和尚出身的朱元璋统治。该政权渐次兼并了其他政权，于 1368 年成为一个新的王朝——明朝——的核心。自从把蒙古残余势力从华北及东北驱逐出去之后，明朝享有两个半世纪相对稳定的统治，外部没有出现严重危机。但在 15 世纪中叶，瓦剌（即西部蒙古）成功地重建蒙古部落联盟，通过朝贡及私下商业代办人，获得了明朝的刀剑、弓、火枪和盔甲，用这个办法，瓦剌曾短暂地威胁了明朝对长城外各部落的优势，因为正是火器赋予了汉人这种优势。1449 年，瓦剌首领也先甚至擒获明英宗。然而瓦剌的目标并非征服中国，而只是想通过贸易榨取财物。因此，就被俘的英宗的事例而言，他们提出条件，索求所需的金属制品、纺织品、食品以及奢侈品，作为英宗的赎金。瓦剌掠夺明朝的起因，是明朝采取限制贸易的政策，部分中断了火器和其他武器的外流，还拒绝了也先的联姻请求。[1] 同样，在 14 至 16 世纪，"倭寇"不时劫掠中国沿海地区，但

---

〔1〕 荻原淳平：《土木之變前後：経済問題を中心として見た明蒙交渉》，《東洋史研究》11（1951），特别是頁 9，10，11，17。

尚未威胁到明朝的统治。至迟在此后的一段时间里，倭寇实际上大多是中国人，他们主要的收益在海外贸易，而明朝一直认定海外贸易非法，直到1567年才出现了政策的改变。[1]

与早期、中期帝国相比，明帝国（以及1644年继明之后的清帝国）的特点，是用于行政和国防的费用在全国总产值中所占比重相对较低。新近的一项研究估计，1400年，田地赋税约占全国粮食总产量的10%。[2]由于在农民将税粮上交政府的过程中的每个环节里，所转送的数量超过规定税额很多，但这个研究不把估计向上调整，所以这个比例过低了。[3]1426年，广西右布政使报告说，常、镇、苏、松、湖、杭等府粮长从百姓收取的数额，"约收民五倍"。[4]1447年对苏州府常熟县的估算是，若纳税人应交纳1石谷，实际则须交纳2.2—2.3石。[5]这些例子比较特殊，但也说明了更准确的数字可能为15%—20%。然而，不再有任何证据表明，明代像早期中华帝国时期那样，政府及军事的财政负担引起严重社会问题。因此，中国历史的发展道路经历了一个重大变化，这一变化尚未得到讨论。而且，据王业键的推算，18世纪中叶田赋在粮食总产量中所占的比重甚至更低，可能只占5%—6%。[6]虽然他的数据可能像前文对明代的估算那样受到相同

92

〔1〕 见第十四章，页216。

〔2〕 D. H. Perkins, *Agricultural Development in China, 1368—1968* (Chicago:1969)，p.176.译者补注：这似乎是珀金斯教授对整个明代田赋占粮食总产量的平均估值，并非是某一年的存量。

〔3〕 *加给农民更不合理的负担是要负担日益增多的皇室成员的禄米。到16世纪中期已达850多万石，约是每年运到北京的漕粮的两倍。见清水泰次：《明代土地制度史研究》（東京：1968），頁73。

〔4〕 译者注：《明宣宗实录》卷6，"洪熙元年闰七月丁巳"条。据此，则正文中"1426年"当作"1425年"。

〔5〕 星斌夫：《明代漕運の研究》（東京：1963），頁156。伊懋可英译本，*The Ming Tribute Grain System*（Ann Arbor: 1969），p.33.译者补注：我们尽可能提供了日文本的相应页码。以下都以"星斌夫（1963），頁××；Hoshi/Elvin（1969），p.××.（如英文本有）"这样的格式。

〔6〕 引自 D. H. Perkins, 1969, p.176。

条件的限制，但都表明几个世纪以来，上述趋势一直存续。

是什么原因引起这个变化的呢？下面几章将进行解释，宋代因经济生产力取得较大提高，从而减少了帝国政府所承受的财政压力。关于这一点，我们还可以补充，即政治控制的新方法的完善。例如科举制，到宋代已普遍地定期举行了，这有助于减少人均的管理费用。因为只有取得学衔（official academic degree）的人，才有可能进入高官阶层，也才能在地方上享有威信。因此，国家找到一种方式，既可以吸纳那些有能力之人的活力、实现其抱负，又能使他们通过自费和自愿的苦读在意识形态方面受到熏陶。此外，宋、女真和蒙古之间的战争使军事技术达到很高的水准，这也由明朝继承下来，而蒙古国的瓦 93
解又造成东亚地区缺少强劲对手。明朝在继承了上述这些遗产的同时，仅在以下个别方面有新的改进：其一，修建大型壁垒。现存长城可追溯至明代。其二，若《明实录》关于1429年八月的记载可信，那么看起来，明朝似乎还在一些卫所里安排了铳手。[1]最后，唐宋时期的国内大规模的迁徙和交通改善，加之长达几百年的大一统或几近大一统的局面，内部的文化一致，一种统一的意识和某种程度的相互依赖，在当时世界上，对于如此众多的人口来说，都是独一无二的。第十章和第十四章将对这些现象进行详论。

使用火器是明代战争的特色，但火器在本质上，仅是辅助武器，并未引起战略战术上的重大变化。从谷应泰于1658年编纂的《明史纪事本末》对这一时期的战争描述来看，火器有两个主要功能。首先是在近距离决战之前，可从远距离削弱对方的军力。1363年，短命的汉国的首领陈友谅与明朝创建者朱元璋在鄱阳湖进行的战斗即为一例。朱元璋嘱其将领，“近寇舟，先发火器，次弓弩，及其船则短兵击之”。[2]

〔1〕译者注：参见《明宣宗实录》卷57，“宣德四年八月己卯”条。

〔2〕译者注：《明史纪事本末》卷3《太祖平汉》。

1371 年，当明将傅友德围攻成都时，守军"以象载甲士"，出城攻击。"友德命前锋以火器冲之。象却走"。15 世纪初，永乐皇帝在北征时，使用同样的技术攻击瓦剌骑兵。1414 年，他派将领柳升用"神机炮""击毙敌骑数百人"。后来也是在这次北征中，他告诫手下将领：当敌人进攻时，应当先用"神机铳"还击，继之以长弓强弩。

火器的第二个主要用途是攻击和防守要塞。1371 年，明水军"以铁裹船头，置火器而前"[1]，攻克了横据瞿塘关的铁索飞桥，打开了通往四川的门户。公元 1363 年，陈友谅的兵士曾将 200 多尺高的（江西）抚州城墙打开缺口，而明将邓愈用火铳击退了他们的进攻，且战且筑，修复城防。

明代后期，关于火器和炸药使用方面最详细的叙述见于王鸣鹤的《火攻问答》，此书由于收入冯应京 1603 年编纂的《皇明经世实用编》而得以留存。书中首先强调枪支制造及火药技术传播到少数民族给中原带来的危险。甚至云南境内的缅酋首领都在那时已经掌握了火器技术。明太祖制定的政策并未得到理会。太祖曾试图要求"此无敌之器不敢轻用，亦不容人人晓其制度而私相授受也"[2]。但禁止硝石和硫磺贸易的规定，实际没人重视；因为暂时缺少汉人士兵，没有远见的将领们为弥补兵源，也允许熟苗学习使用火器。

王鸣鹤接着描写各种武器以及改进武器所取得的成就。那些重炮威力无比，"破敌可成血路，攻城可使立碎"，那时这些炮已用熟铁锻造而不像之前那样是用生铁铸造了。那些对抗骑兵的大炮（佛狼机）带有瞄准装置，准确到"可以取将擒王"，当时【其母铳】[3]已不再用铜铁而用坚木制成，因此一个人完全可以拉动。"鸟嘴铳"不适宜对付

---

〔1〕《明史纪事本末》卷 11《太祖平夏》。

〔2〕译者注：《皇明经世实用编》利集 2。

〔3〕译者注：据《火攻问答》补。

草原疾驰的骑兵，部分原因是严寒的气候，以及火绳枪器械在劲风中操作十分艰难，部分原因则是射速太慢。新近的改进试图克服这些问题，结果制成了"竹鸟铳"和"自闭火门鸟铳"。但王鸣鹤却对这两种火器不置一词，称它们为"一时之奇"，认为其与一般用于对付骑兵的那种近距离射击的三眼铳相比，几乎派不上什么用场。在温暖的南方，敌人通常步战并利用周围的环境提供天然掩护，所以可以更加精准射击的火枪十分有用。但是其主要缺陷还有容易过热，每打三枪之后就必须用一块布在冷水中蘸一下来冷却枪管。要击溃敌人冲锋，可以在火枪手前面设路障以及使用钺戟。要维持稳定的射速，可以让士兵轮班发射，以及使用所谓"快枪"（大致类似今天的连发枪），那就可以连发五至十枪再装弹。这种快枪枪管很长，上有一排火门，填塞进子弹和火药，当中置放约一寸厚的土将其分开。每层有一火门，可连续发射。

王鸣鹤还描写了很多燃烧和爆炸器械，特别强调使用时必须注意，不然自伤比杀敌还多。这些器械大多只是起了新名的古代武器；但也有一些武器，如带有导火索的水雷和地雷，暗示了火器制造的大幅改进。有一装置称"竹将军"，特别突出，完全可以肯定是新发明。据说它制作简单，价格低廉，便于携带，随时可用。而且其所用材料，尽管文中没有具体说明，但我们知道它是由竹或木做成，一次性使用，使用的火药与其他武器略有不同。或许这是一种臼炮的滥觞吧？

前文所述给人这样一种印象：明朝在军事领域技术方面颇具活力。在很大程度上，这是一种假象。这些发明没有一项属于技术上的根本突破；王鸣鹤褒扬放弃用生铁铸造金属大炮，而倾向于改用熟铁和木头。因为他是一位总兵，他的意见大概是有根据的。所以，这便意味着当时的铸铁技术有些薄弱。中国自制的大炮，明初以后即无改进。当17世纪耶稣会神父们铸造出上等品质的枪支时，明朝皇帝和清朝皇

95

帝都十分欣赏。至于手枪，情况则有所不同。手枪是葡萄牙人引进到中国的（他们引进的大概是一种形式较为先进的手枪）。广泛使用火枪是 16 世纪晚期战争中的最主要创新，可能是日本人首先向中国人展现了火枪真正的军事潜能。16 世纪 90 年代，丰田秀吉侵略朝鲜时，据说日军的鸟铳"射弹如雨"[1]。17 世纪早期的中国人如陈仁锡（Chen Jen-hsi）等曾对日本人使用这些武器的技能做过评价；我们知道，1643 年，李自成起义军穿的防弹马甲，"由数十层甚至百层的绵帛缝合于甲胄内里"。这类马甲"又轻又韧，箭矢铅弹不入"。[2] 这段记载表明，当时滑膛枪已经广泛应用。其制造似乎仍很原始，18 世纪初，杜赫德（Du Halde）对此做过评价，颇为有趣： ⁹⁶

> 虽然他们的发明确实没有我们那样好，但他们利用的工具更为简单，可以完全准确地仿造从欧洲引进的任何式样；因此，他们现在已能够制造钟表、玻璃和滑膛枪。对于上述这些以及其他几个物件，他们以前不了解原理，或做得还很不完善。[3]

"三十年战争"时期（1618—1648），欧洲人探求了使用火枪的崭新方法，但是在明末清初的中国没见过这样的试验。

---

〔1〕 译者注："射弹如雨"对应的英文为"poured down shot like rain"，且原文有引号，似是中文史料的英译。较为相合的是《明史》卷 238《李如松传》的记载：万历二十一年正月，"如松亲提大军直抵【平壤】城下，攻其东南。倭炮矢如雨，军少却"。

〔2〕 译者注：这段文字带有引号，应是史料原文，但伊懋可先生没有给出注释。与此较接近的是《明史》卷 309《李自成传》的一段话："绵甲厚百层，矢炮不能入。"

〔3〕 Jean-Baptiste Du Halde, *The General History of China*, R. Brookes 英译本 (London: 1736), v.2, p124. 【译者补注：即《中华帝国全志》，通常可查到的英译本是 *The General History of China: Containing a Geographical, Historical, Chronological, Political and Physical Description of the Empire of China, Chinese-Tartary, Corea, and Thibet. Including an Exact and Particular Account of their Customs, Manners, Ceremonies, Religion, Arts and Sciences*, London : J. Watts, 1741. 】

明朝火器发展受到一定抑制的原因，需要解释一下。倘与1550—
1650 年间的日本做一比较，可能会得到一些启发。当时日本正处于内
战时期，或者内战刚刚结束。1543 年，葡萄牙人将火绳铳引进日本，
仅几年工夫，制剑工匠都改行造枪。于是这种新武器就开始全面生产，
并且广泛用于战争。1560—1575 年间，织田信长证明了，火绳铳手在
一排尖桩后面按照协调好的顺序轮流射击，能够击毁骑兵进攻，从而
在根本上改变了日本战争的形式。或许除了长矛兵以外，以前曾是一
对一的对打，现在都变为组织起来的集团对决了。因此战场上的胜利，
意味着政治经济力量的更加集中；过去用于应急的小型山寨，现在也
放弃了，代之以防御工事及和平时期住房组成的一种新型城镇，即所
谓"城下町"。这种城下町面积大，地势低，既是封建主对下属加强控
制的象征，也是其手段。继织田信长之后的两位伟大人物丰臣秀吉和
德川家康平乱，主要靠的也是他们拥有火器的优势。1573 年之后不久
引进的大炮，成为德川家康的优势；他用大炮集中火力铲除了叛乱者
的据点。然而，17 世纪初他取得政治上的霸权之后，军事技术的突进   97
就此戛然而止。众所周知，1603 年，德川家康将政府系统改为幕府
制，幕府将军在国友村经营绝对保密的军工厂，生产火绳铳和大炮；
同时禁止火药枪支生产技术信息向外传播。他有意识地向武士阶级灌
输一种迷信思想，并成功地使之相信火枪是一种卑下的武器，只适合
于武士中最低那个阶层使用。国友藤兵卫（1778—1840）是一名杰出
的造枪巧匠，还能制造气枪和望远镜；但像他这样的仅一两个，除此
之外，以后 250 年当中都没有再出现首创精神。[1] 所以我们的结论虽
是老生常谈，但确实很重要。即势均力敌的两方之间的争斗，是军事
技术进步不可缺少的条件，无论是南宋与蒙古之间，或是日本内战各

---

〔1〕 奥村正二：《火縄銃から黒船まで：江戸時代技術史》（東京：1970），頁31-34，39，53-54。

交战方，还是早期近代欧洲的国家之间的竞争，都证明了这点。

明帝国不是没有遇到挑战，虽然这些挑战不是来自可与之匹敌的对手。明朝对付这些挑战的办法，主要是改进军备供应。中原王朝以更加专门的技术来动用如此之多的人力与物质资源（本书第二部分将叙述，这是经济革命所创造的）抵抗来自少数民族的敌人，程度超过已往任何时代。1409 年永乐皇帝北征蒙古时，他的军队有 20 万石军粮供应，由 3 万辆篷车载运。他的供给线是依靠一系列专门建造的堡垒来保证的，相邻两站之间约为 10 天的路程。明朝军事优势的标志是后勤，而非火器。[1]效忠朝廷地区的储备，可以迅速动员起来用以打击作乱者。这里仅举一例，1592 年，为协助扑灭哱拜叛乱，明军将400 多门野战炮从甘州运送到灵州（宁夏灵武）。这 300 多英里的艰难路程，仅用了一个来月的时间。由于后勤得到了充分的保障，发明更先进武器的需要就变得不那么迫切。因此，后勤成了发明的替代品。

明初军队的规模，也可以反映其后勤能力。其军队总数达到 300多万人，年消耗 3,720 万石粮食。京城卫戍部队约 75 万人，几乎全靠各省运进粮食供应。[2]其他军队则主要靠卫所屯田生产出来的粮食养 98活。所以，乍看起来，明初国防力量似乎为北宋的两倍，而明初的人口则远不及北宋的两倍。但这不过是假象。明太祖夺取江山动用的军队的确数量巨大，比取胜之后国防及治安所要的多得多。若将数量庞大的军人大都遣散，花费将十分惊人，而且具有巨大的危险性，令人生畏。因此，明太祖将这批人转变为世袭军人阶层，安置在"军屯"系统中。军屯中的军人包括两种人：一为负有军事义务的真正兵士[3]，

---

〔1〕 *1449 年也先俘获英宗皇帝只是因为英宗的无能，让自己进入没有充足水源供应的位置。

〔2〕 R. Taylor, "Yuan Origins of the Wei-so System," in C. Hucker, *Chinese Government in Ming Times* (NewYork:1969)，pp.28-30, 36.

〔3〕 译者注：明代文献中称为守城兵。

另一则为从事耕种的屯兵[1]，其年收成的一半要交出来养活前者。政府提供种子、牲畜、农具，或免费分发或无息借贷。同时，政府还推动农业的改良，例如动员在军垦土地上种植适合那里生长的果树。

以往各个朝代（包括元朝）也有大致相仿的屯田制度，但在绝对规模及深入程度方面，则无一能与明朝的屯田相比，明朝屯田覆盖面甚广，遍及内地。明初军屯垦田名义上近 90 万亩，但实际数字远不止此，因为除了按规定开垦并且必须交纳产量的 50% 的赋税的地亩外，每名屯兵开垦的土地常常二三倍，甚至十倍于这个最低额度。兵士与屯兵的比例在各地很不均衡。《明实录》1404 年条对掌握这种差距的原则有简要说明："地虽险要而运输难至者，屯亦多于守。"[2]但若为战略要地且交通不便，屯兵也相对增多，应多于兵士。事实上，通常的情况似乎是，在册兵士，在边防约 30%，在内地约 20%；但有些地方，如主要城市，兵士可高达 50%。15 世纪以后，军队还在正规的军事系统之外招兵，所以若不细致研究，则不可能估算出明军的真正规模。

对于解决军需供应问题来说，军屯确实是一个好办法。它可以大大减轻平民的税负，并在一定程度上切断国防开支吃紧和由横征暴敛所引起的社会压力之间的联系。它不仅可以有效地重新利用荒芜的土地（特别是在北方地区），而且在紧急情况下还可以就地提供粮食。屯兵直接受控于军队长官，向他们上交全部收成，按月领回分成。各军屯皆以一个修筑据点为中心，备有粮仓和库房（在危险情况下，可将牲畜置于其中，加以保护）。明朝军事系统供给问题的根本性质，可以松州卫的情况为例说明之。松州即今松潘，地处甘肃与四川交界线以南，位于汉-藏两种文化交界之处。1385 年，明礼部行人司许穆上疏："粮饷不给。虽尝以盐粮益之，而栈道险远，军（运?）之甚艰。请移

99

---

[1] 译者注：明代文献中称为屯田兵。

[2] 清水泰次（1968），页 297。【《明太宗实录》卷 30，"永乐二年四月甲午"条。】

成茂州，俾屯田于附近之地，则不劳馈运，而自可以制羌人。"[1]皇帝批复说，出于战略的原因，松州卫不可动，其附近州县的百姓必须完成对松州的运给。但是，到了1392年，很多人因此逃亡，皇帝不得不下令松州卫辖士兵的十之七，以及分封在当地的亲王的侍卫的三分之二，都要从事屯种，并要求地方当局寻求其他方式进行物资的仓储和运输，并通知那些逃亡的农民，如果他们回乡耕种，则不会再受扰。[2]

戍边部队所需的粮食，若当地不能生产，则由士兵或雇人运输，或由商人提供。起初，官府支付给商人盐引，这种盐引使他们获准销售一定数量的官府垄断的盐。换取一张盐引所需谷物的数量，依各军事据点路程的远近及运输的难易而不同。因为在边境地区种植谷物，往往比从远地运来成本更低，所以很多富商受到贩盐利润的吸引，出资雇人到边疆地区垦殖。这些开垦被称作"商屯"。但因为1492年边防部队供粮全部改为以银两来支付，商屯随之迅速消失。[3]虽然16世纪后期盐粮易货交易部分恢复，但商屯似乎并未因此而复苏。

15世纪军屯衰落。原因有许多。边疆军屯极易受到少数民族的攻击。有人甚至认为，在境外种田养畜，易于诱发少数民族攻击。无论如何，也先在15世纪中期进行的抢掠屠杀，似乎导致了边疆军屯的缩小。其他的原因还有：政府不但不再向屯兵提供种子和牲畜，而且强制他们服役（其中最令人痛恨的是运输），为此很多人不得不逃亡。而更严重的问题在于军官，他们实为世袭的权力阶层，不断地扩大他们所私吞的屯田及其他土地，将屯兵当作私人庄园的劳力。1431年，宁阳侯（陈懋）因"私役军种田三千余顷，夺民水利"[4]而遭人弹劾。15

---

〔1〕 清水泰次（1968），頁277。【《明太祖实录》卷171，"洪武十八年二月庚申"条。】

〔2〕 清水泰次（1968），頁235-354。

〔3〕 清水泰次（1968），頁367-383。

〔4〕 清水泰次（1968），頁339。【《明宣宗实录》卷76，"宣德六年二月壬子"条。】

世纪名臣商辂曾就边事上疏道：

> 臣又访得口外田地极广，除屯田军士地亩已有定额外，其守城守关军士多无田地耕种。推原其故，盖因先前在京功臣等官之家，将口外附近各城堡膏腴田地，占作庄田。以次空闲田地，又被彼处镇守总兵、参将并都指挥等官，占为己业。每岁役使军夫耕种，收利肥己，其守城等项军士，非但无力耕种，虽有余力，亦无近便田地可耕。即目守边紧急，在京官员虽不能役使口外军夫，但庄田尚存。[1]

土木之变之后，鼓励在边境地区建立庄园以保证粮食供应成为官方政策；从前的屯田军士很多成为佃农。

为挽救屯田制度，官方作出努力，减少屯兵赋税。原先屯兵必须把全部收成交给都司，然后再从都司那里领取自己的份额的规定也取消了。但结果却只是加速了屯田的瓦解。因为这样一来，屯兵丧失了作为军士的意识，纪律性也荡然无存了。军官再也无法限制部队的浪费，或者削弱谷价的季节性波动。屯田者理应得到收成，土地变为他们可抵押典卖的私人财产，很快他们就与民人并无二致了。

在 15 世纪，明朝北部边境后撤，丧失了几个战略要地。最严重的是失去所谓北京"外边"即兀良哈三卫。这三卫位于北京北部，与大宁卫一同，深入蒙古境内，形成拱卫北京的盖顶石。这个退却并非军事孱弱的结果，而是永乐皇帝偿还兀良哈蒙古的政治人情，因为后者在 1402 年曾支持他夺取皇位。此外，明朝又把部队撤离曾驻守河套北

---

[1] 清水泰次（1968），页342。【商辂《边务疏》，收于陈子龙等编：《明经世文编》卷38。译者补注："非但无力耕种……在京官员"这部分，伊懋可先生的英文翻译似过于简单，未能尽达中文原意，中文版据《边务疏》补出。】

半部分地区的东胜诸卫。此举或许反映了明朝在军事力量方面，或许至少是过分自信。既然永乐帝率军数次深入蒙古，那么再永久驻守这些据点似乎无甚意义，反而成为后勤系统的负担了。然而，明朝军事组织随后的削弱，表明废大宁、东胜是战略上一个主要失策。虽然1438年曾再度复置，但不久又废；这使明朝对边疆的经营进入第二阶段，即防御性的阶段，其重点移至长城。

当时长城大部分早已成废墟，其重修和改造有以下两个阶段。第一阶段是15世纪土木之变之后，第二阶段则是在16世纪庚戌之变之后。到1600年前后，长城呈现出了我们今日所见之貌。与其汉唐时期的前身相比，明长城是一个技术更加先进、更加雄伟威严的防御工程。首先，它修得更高了。而且，它的城防巩固了。它将成千上万的瞭望楼、烽火台、军营如网状般的完整连接起来，当然还配备了火炮。这些火炮可从三四十英尺高的岗楼顶部的射击孔发射，根据可能遭受攻击的可能性，间隔每40至200步不等而设置。在防守最薄弱的晋北沿边一带，建有两道长城。这是首次在长城上直接设置了适当的住宿设施、装备武器并备有军需品，从而大大改进了边防部队应付紧急情况及在恶劣天气条件下的作战能力。到16世纪末，士兵家眷也住进岗 102 楼，以防止士兵逃亡。[1]就这样，近乎两个世纪中，技术技能冲抵了体制衰落的负面作用。

* * * * *

在中国历史上，明朝是第一个能靠长达500英里的海运来维持长期战争的王朝。在14世纪70年代，明军与北方蒙古人作战，他们吃 103

---

　　〔1〕 冯应京：《皇明经世实用编》（1603年；台北：1972重版），页482—488，1233。【译者补注：此据四库全书存目丛书本。】

穿用度均靠船队从长江口运到辽东半岛。1387年蒙古首领纳哈出降明后，海运仍然作为一种和平时期的运输手段；到1396年，有8万余官兵几乎专职从事海运。然而，海上太过凶险，使得海运终非长久之计。北方诸卫所由此发展军屯，以就地取给。到15世纪初，军屯年产粮达104 70多万石，长江-辽东海路关闭，辽东所需或通过陆运，或来自山东登州。1597年，中国军队正在抵挡日本丰臣秀吉对朝鲜的二度入侵，海运一度再次成为供应中国军队的主要途径。16世纪末和17世纪初，在明朝与努尔哈赤及其继承者新建立的国家作战过程中，海运也部分地起到了供给明军的作用。[1]

然而，明朝在后勤方面的最伟大成就是新大运河的开辟。大运河终点在北京，而北京原是元朝皇帝忽必烈建立的首都，比此前任何汉人王朝所建首都的位置都要北移许多，几乎已经在蒙古草原的边缘。密云、蓟州、永平等边防城市拱卫着北京的北部，并且有专门的水运系统保障供给。北京城和这些城市一起，成为保卫国家北方的坚强屏障。15世纪初，明朝曾用海运供应北京，但年运输量仅能保证100万石左右，尽管元朝有时可以设法达到3倍于此的运输量。但要维持这样一个政治和军事中心，每年的运输量达到约400万石，方能满足需要。因此，明朝北京的安全依赖于开凿运河的技术的进步，必须使那些横越山东西部丘陵地带的丁坝（spur）的各个节级的水道都有充足水流。元朝工程师曾经试验过这种方法，但是没有完全成功。直到1411年，才取得突破。工部尚书宋礼等在济宁与临清之间接连修起15道闸门，"以时蓄泄"[2]，并慎重地在济宁用"天井闸"将汶水与泗水的合流分开。[3] 这条新河道有13尺深、32尺宽。后来，15世纪丘濬上

---

〔1〕 星斌夫（1963），页1-16，396-399；Hoshi/Elvin（1969），pp.6-9,83-85。

〔2〕 译者注：《明史》卷153《宋礼传》。伊懋可先生所列闸门数量或不够准确。

〔3〕 星斌夫（1963），页27。【参见《明太宗实录》卷116，"永乐九年六月乙卯"条。】

疏对此举的进步意义做了概括：

> 汉、唐都关中，宋都汴梁，所漕之河，皆因天地自然之势，中间虽或少假人力，然非若会通一河，前代所未有，而元人始创 105 为之，非有所因也。元人为之而未大成，用之而未得其大利。至国朝益修理而扩大之。前元所运，岁仅数十万，而今日极盛之数，则逾四百万焉，盖十倍之矣。[1]

这样，由 15,000 条船和 16 万兵士组成的运输大军成了明王朝的生命线。

当时人并未忽视国都地处北方存在着潜在危险。1487 年，丘濬上疏指出：

> 今国朝都燕，盖极北之地，而财赋之入，皆自东南而来。会通一河，譬则人身之咽喉也。一日食不下咽，立有死亡之祸。……迂儒过为远虑，请于无事之秋，寻元人海运之故道，别通海运一路，与河漕并行。江西、湖广、江东之粟，照旧河运，而以浙西东濒海一带，由海通运。使人习知海道，一旦漕渠少有滞塞，此不来而彼来，是亦思患豫防之先计也。[2]

事实上，丘濬太过于悲观了。除了 1571 年和 1572 年因黄河泛滥而不得不重新启用海运以外，直到明朝灭亡，河漕都未间断。更严重

---

〔1〕 李剑农：《宋元明经济史稿》（北京：1957），页 116。【陈邦瞻：《元史纪事本末》卷 12《运漕》。】

〔2〕 星斌夫（1963），頁 376；Hoshi/Elvin(1969), p.75。【丘濬：《大学衍义补》卷 34《漕挽之宜下》。】

的问题是，15世纪后期明朝军事以及供应系统的衰败。那些原本世代服役的士兵开始大批逃亡，这可能与始于此时的农奴制或类似农奴制的租佃制的衰落有关。到1500年，处于北部边境地区的宣府等地的兵力，仅剩明初时的三分之一；所缺只好靠新的志愿兵来部分弥补。运往首都的粮食，1432年达到顶峰，为620万石；1464年由于失职、舞弊、盗窃等因，下降到340万石。在以后的一个世纪，运输系统的纪律执行起来越发严厉，但收效渐微。

* * * * *

但明朝没有马上崩溃，又延续了一百五十年，亡于1644年，而且从某种意义上说，其灭亡也具有偶然性。明末确实存在兵源短缺的问题，这部分地是瘟疫盛行的结果（瘟疫的情况见第十七章）；部分是由于国内农民起义和满人的外部威胁，就上述威胁中任何一个而言，明朝本来是可以应付的，但二者却恰巧发生在同一时间。此外还有更深刻的原因，与第十五章将要讨论的社会革命有关。

满人没有征服明朝。明朝是被吴三桂、洪承畴一类的汉人叛将击败的。此前，满人也是仿效历史上典型的征服王朝的模式。他们通过向汉人（还有朝鲜人）学习定居的农耕和制铁技术而得以成长壮大。他们效仿中国的官僚制度改组自己的行政系统。但即使是17世纪40年代，在作战方面他们尚不能与明人相比。他们将作战部队分为三部。前锋由身穿重甲的步兵组成，第一排手持长矛，第二排握长剑。后卫由弓手组成，身穿分量很轻的绵甲，从同伴形成的防御屏障之后自上方放箭进攻。第三部分是军队的精锐，只有他们骑马作战，而不是像其他部队那样骑马行军。作为预备力量，只有在需要的时候他们才出动，给敌人以决定性的打击。这是在很久以前契丹人及女真人（满洲与女真有很密切的关系）打法上的一种改进。这种打法在火器面前相当脆弱。1626年，清太祖努尔哈赤在宁远城外的败北即清楚地表明了这一点。

不仅满人的"征服"主要依靠汉人，而且新建立不久的王朝几乎被吴三桂的反叛所推翻。叛乱从1673年持续到1683年，而平乱依靠的也几乎全是像赵良栋这样的效忠清朝的汉人将领。即使在18世纪初，为清朝服务的显赫将领也是汉人岳钟琪。只是到了乾隆帝时期（1736—1796）满蒙将领才开始占据军队要职。

明朝创造的后勤力量，是17和18世纪清朝诸帝扩张帝国的基础。这种扩张与俄罗斯、不列颠这两个大帝国的发展大致同时。1800年的边界，标志着这三种势力的近似均衡。清朝的领土绝大部分都被今日的中国继承。内地的经济资源以及对火器的掌握使得北京政府能够长期维护国家版图的稳定。

对于火炮而言，这最后一点尤其符合事实。而清朝政府对火枪所持的态度暧昧。乾隆皇帝拒绝了在武举考试中以火枪射击取代比试剑术的提议。[1] 他害怕传统的社会秩序因此受损，但不过分强调火枪也有充分的军事上的理由。18世纪的中国火枪并非总能敌得过操作娴熟的弓。这可见于乾隆皇帝令人在巴黎制作的一铜版雕刻画。该雕刻画是纪念他在西北战厄鲁特及平回部的胜利，再现了1759年阿尔楚尔（Altshur）之战。在此战役中，清将富德指挥的骑兵弓箭手击溃了和卓木的骑兵火枪手。因为后者不得不与敌人十分接近，才能使其原始火

107

---

〔1〕鈴木中正：《清朝中期史研究》（豐橋：1951），頁56。译者补注：此据東京：燎原書房，1952年，页码同。

器具有杀伤力；反过来弓手没有这种弱点。[1]与传统的复合弓相比，火枪虽然射速低、射程近，但是在近距离时具有更强的穿透力；而与精湛的枪法相较，高超的骑射本领则在更大程度上依赖于持续不断的训练。这就很容易猜想到1789年上谕表示出担心的原因，若使用火枪则极易导致对箭术的荒废。在欧洲似乎也有这种情况，弓箭由火器取代之时，仍旧是被看作上等武器。而在1822年上谕中对当时吉林满人使用火枪已经看作是很自然的了。但皇帝也要求他们以狩猎来保持骑射技艺。[2]

不但如此，18世纪火枪在中国百姓当中流行，也削弱了中央集权 　108
的控制力。这可以追溯至有关禁止漕船夹带火器的官方规定。1724年皇帝下诏，"禁漕船包揽货物，夹带私盐，私藏火器，下漕运总督、安徽巡抚议行"[3]。次年皇帝又重申此令，并且更加具体：

> 又闻，粮船中有带火炮、鸟枪、火药者，伊等皆系合帮结队而行，不畏盗贼。火炮、鸟枪安所用之，着通行严禁。[4]

1726年，如有人违反此项规定，则会同那些违反规定私藏火枪的人一样，均受处罚。1757年，上述规定虽仅稍改动，却意义重大：

---

〔1〕 杉村勇造：《乾隆皇帝》（東京：1961），圖20-22；石田幹之助：《パリ開雕乾隆年間準·回両部平定得勝圖に就いて》，《東洋學報》9：3（1919），頁120，137。T. Esper 的《英国军队中大弓被火器的取代》（"The Replacement of the Longbow by Firearms in the English Army", *Technology and Culture*, 6:3, 1965）一文对领悟这幅画的语境有启发。

〔2〕 Owen Lattimore, *Inner Asian Frontiers of China* (New York: 1940. Beacon edition, 1962)，pp.138-139，n.58.

〔3〕 星斌夫：《明清時代交通史の研究》（東京：1971），頁351。【《清朝文献通考》卷43《漕运规例》。】

〔4〕 星斌夫（1971），頁351。【《清世宗实录》卷33，"雍正三年六月丙戌"条。】

又奏称，贼盗最畏鸟枪，而粮船禁带军器，或准空、重千总，各带鸟枪，以备巡守等语，亦应如所奏准其各带鸟枪一杆。[1]

由于当时盗贼已经普遍有了火器，因此有必要做出这个让步。1814 年关于山东走私盐贩的一道上谕说：

（山东沂水蒙阴私枭）聚至百数十人，携带鸟枪器械。每逢市集之期，装载私盐，公然设场售卖，与官盐无异。[2]

稍后，1835 年上谕讲述的情形也基本相似：

直隶天津府沧州、盐山各属，濒海回民，多以扒卖私盐为事……招邀匪类，结队贩盐。迨后愈聚愈多，每帮自三四百人至六七百人不等。南路直至河间献县、交河、阜城一带，东路直至宝坻、武清、香河一带。各用驴头驮载盐斤，名曰盐驴。动以百计，并携带火枪器械，以防兵役缉拿。[3]

中国盗匪当时持有的武器，不仅数量大，而且品种多。1836 年，黄爵滋上疏，指出苏北一伙盗贼"其器械有抬枪数杆，重二百余斤，施放必五人，可打数百步"。三年之后，他处理的河南盗贼都能自造武器。1840 年，他在福建发现乡村零散设置有"铳楼"，高约一丈或七 109

---

〔1〕星斌夫（1971），页 352。【《清高宗实录》卷 560，"乾隆二十三年四月壬戌"条】

〔2〕佐伯富：《清代盐政的研究》（京都：1956），页 174。【《十一朝圣训》（仁宗）。译者补注：此据《清仁宗圣训》卷 101，"嘉庆十九年五月丁未"条，收于赵之恒等主编：《大清十朝圣训》，标点略有调整。】

〔3〕佐伯富（1956），页 166。【《十一朝圣训》（宣宗）。译者补注：此据《清宣宗圣训》卷 84，"道光十五年十二月己巳"条，收于赵之恒等主编《大清十朝圣训》，标点略有调整。】

八尺不等，用于当地宗族械斗。同年官府曾试图在漳州、泉州禁止民间非法生产或拥有火器。据黄爵滋言，"【漳、泉各属】好习鸟枪，故寻常命案，因枪铳致死者十居八九"〔1〕。

若不允许普通百姓拥有火器，那么，盗匪就会比良民占太多优势。因此在 1749 年，福建首先取消了先前私人不可拥有火枪的禁令；禁令的普遍取消则是在 1760 年。手枪的传播，加上它比弓箭易于掌握的特点，削弱了职业军人相对于平民的战斗力。在这方面，如果我们用一种马克思主义理论来类比，以"毁灭"代替"生产"，也许可以说：随着晚期传统时代接近尾声，在中国，社会关系的破坏方式已经开始发生变化。

由此来看，为什么英、法能够如此迅速赢得鸦片战争的胜利，也就不难理解了。因为英、法目的不在于征服中国，而是强加中国某种形式的和平，而中国政府达成协议是常识问题。否则就有风险，因为冲突的旷日持久几乎可以肯定会给清朝本来就已不稳的统治来个釜底抽薪。最相像的一个例子是克里米亚战争〔2〕。英、法未能征服俄罗斯，也未能征服中国，但是他们的胜利形成威胁，使得原本就已虚弱的对手更为虚弱，直到不可收拾的地步。在中国，最重要的地方是在长江下游。这是明朝以来帝国的后勤基础，中国政府的粮食供应需沿运河而上，但在西方海军霸权的威势下很容易被破坏。同时，发达的东南经济也受到了极大威胁。正如两江总督所做出的如下评论：

---

〔1〕 以上引文分别见黄爵滋：《盗匪结党扰害地方请密拿究办疏》（道光十六年八月初五日）、《饬办山东河南匪徒疏》（道光十八年七月二十五日）、《饬查械斗情形及会首铳楼各款疏》（道光二十年四月初六日）、《会议查禁械斗章程疏》（道光二十年四月初六日），收于齐思和整理：《黄爵滋奏疏许乃济奏议合刊》（北京：1959），页 65，75，116-117，121。

〔2〕 编辑注：这里的克里米亚战争，是指1853—1856年间在欧洲爆发的一场战争，是俄罗斯与英、法为争夺小亚细亚地区权利而战，战场在黑海沿岸的克里米亚半岛。这场战争在俄罗斯又称为东方战争。

臣职兼盐漕，该逆（英法）据我咽喉之地，若再因循岁月，使我粮艘不能归次，漕米何以兑开？仪征不能捆盐，游徒何所得食？兼之江苏一带，专待川楚之米源源接济，而道路梗塞，商贩不前，其祸患之深，诚有不堪设想者！ [1] 110

事实证明，屈服可谓"因祸得福"。中国政府军自国外进口以及其后自行制造的武器，是至关重要的因素，使他们能够镇压19世纪中叶发生的重大起义。

* * * * *

本书第一章曾提出：规模所带来的负担与技术的能力之间的动态均衡，曾经是近代以前的各帝国幅员变化的主要决定因素。这一理论在中国历史的记载中得到了很好的证明，虽然结论表达简单，但这有益于指导我们进行分析。尤其是我们还必须探讨技术能力是怎么变化，以及为什么变化的；这就是本书中编的主题。

---

〔1〕《牛鉴奏称：漕运受阻，请速着耆英等及早投降》，上海社会科学院历史研究室编：《鸦片战争末期英军在长江下游的侵略罪行》（上海：1964），页280。

中编

中世纪经济革命

第九章　农业革命

中国农业在 8 至 12 世纪这段时期出现了转变。有一些改进发生在北方。起初是磨面机械的改良，由此导致小麦普遍耕种，从而取代了粟。[1] 然而，更大进步则出现在南方。对水田耕作技术的熟练掌握带动了人口大规模南迁到这个先前几乎未经开垦的地区。正如第十四章所展示，这种人口南迁是经济革命的巨大动力。

从地理上讲，农业在中国发展的趋势和中世纪欧洲恰巧相反。欧洲北部森林地的砍伐和开垦，使得经济重心逐渐从地中海地区向北迁移。这两个运动的技术基础也不相同。欧洲 12 和 13 世纪技术进步的象征是斧头、改良犁及高效率的马具，而中国技术进步的标志则是堤坝、筒车及龙骨车。二者均需投入大量艰苦的劳动：在欧洲，需要砍伐森林，整治难耕的土地；在中国，则要平整稻田，修筑田埂，并挖掘、维护灌溉的沟渠。在中国与欧洲，庄园的历史意义都在于它常常能够单独承担这类工程。

---

〔1〕　R. H. Myers（马若孟），*The Chinese Peasant Economy:Agricultural Development in Hopei and Shantung,1890—1949*（Cambridge,Massachusetts:1970），p.179.译者补注：亦可参见马若孟：《中国农民经济：河北和山东的农民发展，1890—1949》，史建云译，页 202-203。磨面机械当指碾硙。

大一统帝国的存在似乎有助于先进的耕作方法的传播。这一时期，农业创新的主要中心是在两浙路，即今江苏南部和浙江一带。由于官员来自地主阶级，对农业极其关心并积极推广农业改良。帝国官员流动的结果，使得这一地区优秀的技术在稻米产区传播开来。1127年，华北落入金人之手。此后，南宋政府力图鼓励更加精细的耕作从而加强自己的经济实力。

9世纪发明的雕版印刷对新方法的传播也起了很大推动作用。这使得实用的农书得以刊出。这些农书语言简明，并常配有农具和农业设施的版画示意图。当然，受益最大的是拥有庄园和受过教育的富有阶级，他们能接触官员，阅读这些官员所颁布的指令及有详细讲解的技术手册。他们自然会再给其管家和代理人适当的指示。在这样一个社会里，新事物的传播比起由自耕小农组成的社会要更为迅速。

熟悉长江下游精细农业的官员，有时会惊异于其他地方所见的落后情景。1178年，周去非对广南西路钦州的评论或许具有代表性，他说：

> 钦州田家卤莽，牛种仅能破块，播耕之际，就田点谷，更不移秧，其为费种莫甚焉。既种之后，不耘不灌，任之于天地。[1]

也有官员对荆湖北路做过类似的评论。

官员在职期间须在各地流动任官，由此在很多官员的头脑中激发了进行比较的批判精神。如1272年，黄震作《劝农文》说：

> 浙间秋收后便耕田。春二月又再耕，曰耖田。抚州收稻了，

---

〔1〕周藤吉之（1962），页81。【周去非：《岭外代答》卷8《月禾》。译者补注：此据周去非著、杨武泉校注：《岭外代答校注》卷8，条197。以下皆据此版本。】

田便荒版。去年见五月间方有人耕荒田，尽被荒草抽了地力。[1]

13 世纪，高斯得在写到相隔 800 多英里的两浙与四川的时候，也表露了相似的情绪：

> 见浙人治田，比蜀中尤精。土膏既发，地力有余，深耕熟犁，壤细如面，故其种入土，坚致而不疏。[2]

在欠发达地区，官员们使人将耕作图示画在衙门的外墙上，并印刷有关书籍、张贴布告。以下文字就是来自 1180 年发布的这样一份地方公告：

> 一、大凡秋间收成之后，须趁冬月以前，便将户下所有田段一例犁翻，冻令酥脆。至正月以后，更多著遍数，节次犁杷，然后布种。自然田泥深熟，土肉肥厚，种禾易长，盛水难干。
>
> 一、禾苗既长，秆草亦生，须是放干田水，子细辨认，逐一拔出，踏在泥里，以培禾根。其塍畔斜生茅草之属，亦须节次芟削，取令净尽，免得分耗土力，侵害田苗，将来谷实，必须繁盛坚好。[3]

还有些官员写了关于农业的诗歌和短文，也有助于推广那些有益的经验。最有名的要数苏东坡《秧马歌》中的文字了：

---

[1] 周藤吉之（1962），页 91。【黄震：《黄氏日抄》卷 78《咸淳八年春劝农文》。】

[2] 周藤吉之（1962），页 92。【高斯得：《耻堂存稿》卷 5《宁国府劝农文》。】

[3] 周藤吉之（1962），页 46。【朱熹：《晦庵先生朱文公文集》卷 99《劝农文》（淳熙六年十二月）。】

予昔游武昌【鄂州】，见农夫皆骑秧马。以榆枣为腹欲其滑，以楸桐为背欲其轻。腹如小舟，昂其首尾，背如覆瓦，以便两髀雀跃于泥中，系束藁其首以缚秧。日行千畦，较之伛偻而作者，劳佚相绝矣。[1]

在这样一种氛围当中，农书自然颇受欢迎。较早的农书在这时刊印出版，有时还加以注释或进行节选，使其更加简单易懂。这些农书中首推6世纪贾思勰的经典之作《齐民要术》。一些新农书也在这时写成了。其中最杰出的，有楼璹的《耕织图诗》（首次配有插图的此类文本）以及陈旉《农书》。这些作者对于所述农事都有亲身经历。楼璹的孙辈[2]回忆其祖父"咨访田夫蚕妇"，其绘图"细致入微，仿佛让人们身临其境地来到乡村，亲眼见到这些农民劳作"。[3]陈旉在《农书》的序言中写道：

> 旉躬耕西山，心知其故，撰为《农书》三卷，区分篇目，条陈件别而论次之。是书也，非苟知之，盖尝允蹈之，确乎能其事，乃敢著其说以示人。[4]

---

〔1〕 周藤吉之（1962），页20。【苏轼：《苏东坡后集》卷4《秧马歌》。译者补注：此据苏轼著、王文诰辑注：《苏轼诗集》卷38《秧马歌并引》。】

〔2〕 译者注：应是曾孙辈。

〔3〕 译者注：此处伊懋可先生未出注，似乎亦引自周藤吉之（1962），页25。【楼杓：《耕织图诗后序》。】但伊懋可先生的英译与对应中文史料表达的意思似有一定差距，今正文据英文直译，将《耕织图诗后序》可能的对应段落放置于此，供读者参考："【楼璹】深念农夫蚕妇之苦，究访始末，既为图以状其事，又作诗以述其图，表里备具，无毫发遗末。"（金程宇编：《和刻本中国古逸书丛刊》第23册）

〔4〕 周藤吉之（1962），页38。【陈旉《农书·自序》。译者补注：此据陈旉著、万国鼎校注：《陈旉农书校注·陈旉自序》。以下皆据此版本。】

这两位作者描述的，都是两浙北部的农业技术。

宋代农书写作传统在元初的两部巨著中达到高潮。第一部是官修的《农桑辑要》，元亡之前曾多次刊行。第二部是王祯《农书》。应江西等处儒学提举司请求，王祯《农书》于1313年首次刊出。该提举司称："虽坊肆所刊，旧有《齐民要术》《务本辑要》等书，皆不若此书之集大成也。若不锓梓流布，恐失其传。"[1]现存《农书》136,000余字，并附有近300幅农具器械示意图，相当准确，在大多数情况下，足以指导读者如何进行制作，此亦作者之意图。王祯的友人戴表元说：此书行文"华寨实聚"[2]。这是一个公允的评价。但是如此令人赞叹的一部著作，其唯一存本却仅存于山东省图书馆，为1530年翻刻仅存的一个1313年复本。如果这一事实具有说服力，那么它证明了此后几个世纪中，中国人对农耕技术的兴趣日益减弱。令人悲哀！

粮食市场的发展，[3]是宋代庄园制能够巩固的原因之一。我们很容易想到欧洲历史上也出现过类似现象。最引人注目的，要数19世纪上半叶俄国的黑土地上的那些农奴们所受的变本加厉的盘剥。若庄园主不能销售剩余农产品，他们就不可能对更先进的技术表现出这样的兴趣来。因此，这一时期出现的效率更高的运输系统（这将是下章主题）以及更加整合的市场网络（见第十二章），既是农业生产力提高的部分原因，也是其结果。不管怎样，有证据表明，很多庄园都定期或不定期地为市场生产。从袁采于1178年所作的家训中，我们也可以看出这点：

---

〔1〕 周藤吉之（1962），頁58.【《元帝刻行王祯农书诏书抄白》（大德八年九月），王祯《农书》附录。】

〔2〕 译者注：戴表元《王伯善农书序》，王祯《农书》附录。

〔3〕 * 这一部分是以我对斯波义信的《宋代商业史研究》详尽翻译为基础构建起来的。详见 *Commerce and Society in Sung China*（Ann Arbor: University of Michigan Center for Chinese Studies, 1970）【译者补注：遵照原注释的减省格式，以下用 Shiba/Elvin 来表示】，第三章。另可参考该书页173及以下。

干人有管库者，须常谨其簿书，审其见存；干人有管谷米者，须严其簿书，谨其管钥，兼择谨畏之人，使之看守；干人有贷财本兴贩者，须择其淳厚，爱惜家累，方可付托。[1]

同样是在 12 世纪，洪迈所言则很明确：

乐平明口人许德和，闻城下米麦价高，令干仆董德押一船出粜。既至，而价复增，德用沙砾拌和以与人，每一石又赢五升。不数日货尽，载钱回。[2]

田主通常按收成提取一定比例或收固定数量的谷物作为地租，但也有证据表明以货币作租金在这一时期也非罕见。所以有些佃农很容易受到商业的引诱。

118

* * * * *

通过前文概述的那些方式，农业革命发生了，主要表现为四个方面。（1）因为有了新的知识、改良的或者新发明的工具，以及更加广泛地使用粪肥、河泥及石灰当肥料，农民懂得了更有效地整地。（2）引进了一系列种子，从而获得更好的收成，或更好地抵御干旱；或者缩短成熟期，使得同一块土地一年两熟成为可能。（3）依靠水力的技术再上新台阶，臻于纯熟；空前复杂的灌溉网络也建设起来。（4）商业使经济作物种植的更加专业化成为可能，而不仅是基本粮食的生产，从而使各种资源得到更加有效的利用。以下例证大多可以同时说

---

〔1〕周藤吉之（1954），頁 69。【《袁氏世范》卷 3《治家·淳谨干人可付托》。】

〔2〕周藤吉之（1954），頁 86。【《夷坚志·丁志》卷 19《许德和麦》。】

明不止一个方面。然而，只要有可能，还是依此顺序进行讨论。

整地、播种及除草

按照最佳方法，稻种要先在骨头熬出的汤里浸泡，然后播种在专门的秧田。秧田在秋冬季节深耕过两三次，直到土壤细碎为止，然后撒上草木灰。初春时节，翻耕数次，然后施用腐熟的粪肥和沤过的麻秆。播种之后，用"活"水而不可用死水浇灌。[1]

在北方，从最初的仅开出犁沟，到后来的翻土作垄，犁耕的这一转变，大约发生在公元 3 世纪或更早一些。在江南，耕犁的改进要晚得多，几百年后，可能是 8 世纪或 9 世纪，改进后的耕犁才用于水田耕种。耕水田比耕旱田所需拉力小，所以仅需一头黄牛或水牛即可，不像在北方一般要用三四头牛来拉。若无畜力，则可用四五个人拉效率略低的"踏犁"。唐末松江府[2]陆龟蒙的《耒耜经》为我们描写了当时江南的耕犁（即江东犁）。此犁共由 11 个部件组成，其中两个部件是铁制的，即犁镵和犁壁。他注意到：

> 耕之土曰垡，垡犹块也。起其垡者，镵也。覆其垡者，壁也。草之生必布于垡，不覆之无以绝其本根。故镵引而居下，壁压而居上。[3]

---

[1] *除去口头上明显的神奇的因素，我不明白其中的原因。井水常常比渠水含有更多的盐分。井水的使用已带来一定的肥料效应。

[2] 译者注：伊懋可先生引用了嘉庆《松江府志》，所以径称陆龟蒙生活在"松江府"（Sung-chiang prefecture），此为明清时期建制。唐末，这里归苏州管辖，应称"苏州"为妥。

[3] 《松江府志》（1817）卷 5，页 5a。【译者注：此据嘉庆《松江府志》卷 5《疆域志·风俗》引陆龟蒙《耒耜经》，《中国地方志丛书·华中地方》第 10 号。】

犁地者还需要一个装置[1]，可调节犁耕的深度。犁地之后，需要用耙来整地。大约也是这一时期，在长江三角洲发明了改进过的深齿耙。同时还使用石碾、带钉或不带钉的木碾。陈傅良向贵阳（位于今贵州省）百姓颁布的《劝农文》说：

> 闽浙之土，最是瘠薄，必有锄耙数番，加以粪溉，方为良田，此间不待施粪，锄耙亦希。[2]

北方旱作不必移植。在那里，人们使用耧犁，即在汉代犁上加上一个播种用的耧。在宋末和元代，农民将耧增宽到可以同时播四垄；在耧的漏斗后面增加一个容器，防止种子掉入筛过的粪肥。这些经常和蚕沙混合在一起的粪肥，会掉落并盖住垄上的种子。

常用的肥料都是有机肥。据陈旉所言：

> 凡农居之侧，必置粪屋，低为檐楹，以避风雨飘浸。且粪露星月，亦不肥矣。粪屋之中，凿为深池，甃以砖甓，勿使渗漏。凡扫除之土，烧燃之灰，簸扬之糠秕，断稿落叶，积而焚之，沃以粪汁，积之既久，不觉其多。[3]

为农民供肥已成为一项重要的生意。据吴自牧对 13 世纪杭州城的描述，那里"更有载垃圾粪土之船，成群搬运而去"。[4] 下面他做了进一步解释：

---

〔1〕译者注：犁箭。

〔2〕周藤吉之（1962），页 92。【陈傅良：《止斋文集》卷 44《桂阳军劝农文》。】

〔3〕周藤吉之（1962），页 93。【陈旉：《农书》卷上《粪田之宜篇第七》。】

〔4〕译者注：吴自牧：《梦粱录》卷 12《河舟》。

杭城户口繁夥，街巷小民之家，多无坑厕，只用马桶。每日自有出粪人瀽去，谓之"倾脚头"。各有主顾，不敢侵夺；或有侵夺，粪主必与之争，甚者经府大讼，胜而后已。[1]

河塘泥也被当作肥料。诗人毛珝有几句诗描绘南宋苏州的情景：

竹罾两两夹河泥，近郊沟渠此最肥。
载得满船归插种，胜如贾贩岭南归。[2]

两浙北部的水田还多使用石灰作肥料，因此采石场主人也可因此增加收入。

稻田插秧的方法是六株一撮，间隔五六寸，排成直行。这样就能最好地利用土表土。12世纪时，彭龟年提到湖北农民由于没这样做而遭受损失：

缘湖北地广人稀，耕种灭裂，种而不莳，俗名漫撒。纵使收成，亦甚微薄，每到丰稔之年，仅足赡其境内。[3]

除草是否彻底，也会影响到收成多少。湖北农民在这方面也做得不好，受人诟病。生活在12世纪的王炎说：

〔1〕 周藤吉之（1962），页94。【吴自牧：《梦粱录》卷13《诸色杂货》。译者补注：标点略有调整。】

〔2〕 周藤吉之（1962），页95。【毛珝：《吾竹小薰·吴门田家十咏》，收于陈思编：《两宋名贤小集》卷310。译者补注："近郊沟渠"，文渊阁四库本作"近郊清渠"，陈起《江湖小集》卷12作"近郭沟渠"。】

〔3〕 周藤吉之（1962），页82。【彭龟年：《止堂集》卷6《乞权住湖北和籴疏》。】

　　大抵湖右之田，与江浙闽中不同……缘其地广人稀，故耕之
不力，种之不时，已种而不耘，已耘而不粪，稊稗、苗稼杂然并
生，故所艺者广，而所收者薄。[1]

　　元代，江南发明了耘荡，因此减轻了除草的劳动强度，并缩短了
操作时间。

新稻种与复种制

　　晚唐和宋朝时期，农民可用的稻种的种类有了很大增加，给人印
象至深。其中最有名的是来自越南中部的占城稻。这种稻经由福建引
进，11世纪，由于宋真宗颁发诏令而得到广泛引种。它非常耐旱，糯
性极低，比中国原有的各稻种生长期短。与那些糯性高的稻种相比，
它们可以在更为贫瘠的土壤上生长，但缺点是吃起来较硬，储存时间
也不如其他稻长。所以政府征税与和籴时一般仍旧要求糯性适中的稻
谷。其他新品种都是靠选择育种培植出来的。到宋代，几乎所有唐代
中期以前种植的稻种都不见了，代之以一大批新品种，令人眼花缭乱。
长江下游地区，一部南宋时期的常熟县志（常熟位于长三角地区）列
举当地种植的稻子，其中21种是糯性适中的粳稻，8种糯性高的糯稻，
4种糯性低的籼稻，此外还有10种情况不一的稻种。

　　通过引进新稻种这样的方式，中国南方呈现出的是多种多样的复
合耕种模式，充分适应了不同土质、不同气候以及特殊的经济条件。
11世纪，朱长文谈及苏州时说：

---

　　〔1〕 周藤吉之（1962），頁97。【王炎：《双溪类稿》卷11《上林鄂州书》。】

稻有早、晚，其名品甚繁，农民随其力之所及，择其土之所宜，以次种焉。[1]

将早晚两熟稻结合起来耕种，可使一年的耕种作业在时间上的分布更为均衡。明初《苏州府志》记载：

吴俗以春分节后种，大暑节后刈者为早稻；芒种节后及夏至节后种，至白露节后刈者为中稻；夏至节日后十日内种，至寒露节后刈者为晚稻。[2]

这种两作制的普及，也减少了由气候恶劣而造成的风险。所以 12 世纪的理学家、官员朱熹巡视了遭受严重干旱的新昌县（位于今浙江）之后上报：

本县先来亦苦干旱，早稻皆已失收，中晚之田亦已龟坼，方自中旬以来，连日得雨，田中遂皆有水，中晚之禾，间有可望去处。[3]

在最发达的地区，已经没有季节性农业劳动力失业的现象了。曹勋作诗赞赏自家在台州的庄园，颇为得意：

隔岁种成麦，起麦秧稻田。
晚禾亦云竟，冬菜碧相连。

---

〔1〕 周藤吉之（1962），页 144。【《吴郡图经续记》卷上《物产》。】
〔2〕 周藤吉之（1962），页 146-147。【洪武《苏州府志》卷 42《土产》引《吴门事类》。】
〔3〕 周藤吉之（1962），页 150。【朱熹：《晦庵先生朱文公文集》卷 17《奏巡历沿路灾伤事理状》。】

收割不闲手，垅亩无空阡。

家蓄千指客，始知常有年。[1]

以上是两浙路的情形。在其他那些种单季稻的地区，引种早熟稻会加剧各季节之间劳动强度的不均衡。朱熹谈到荆湖南路潭州的情形时说：

况今本州多是禺田，只有早稻，收成之后，农家便自无事，可以出入【理对】。[2]

江西部分地区亦如此。

在南方还采用其他做法，如在旱地种植小麦、大麦和粟等北方农作物，以减少农闲，预防自然灾害。早在唐朝以前，小麦就可能开始向南移种至稻作区了，然而只是到了北宋，小麦才开始有重要的经济意义。10世纪末，杨亿这样描写两浙路处州：

本州自去年已来，秋稼薄熟，时物虽至腾踊，人户免于流离。爰自今春，雨水调适，粟麦倍稔，蚕绩颇登。糇粮渐充，菜色稍减。然以山越之俗，陆种甚微，所仰者水田，所食者秔稻。[3]

当小麦仅是一种次要的农产品的时候，田主好像一般不收麦租。1226年，方大琮谈到福建的情形时说：

123

---

〔1〕周藤吉之（1962），頁275。【曹勋：《松隐文集》卷21《山居杂诗》。】

〔2〕周藤吉之（1962），頁153。【朱熹：《晦庵先生朱文公文集》卷100《潭州约束榜》。译者补注：'【 】'为保字义完整补。】

〔3〕周藤吉之（1962），頁230。【杨亿：《武夷新集》卷15《奏雨状》。】

青黄未接，以麦为秋，如行千里，弛担得浆，故禾则主佃均
之，而麦则农专其利。[1]

然而，有时田主反对佃户种麦，因为担心他们不再集中精力种植
更重要的水稻。

早熟稻新品种，意味着有可能达到一年两熟，或两季稻，或一稻
一麦。在更南的地方几乎都是一年两熟，甚至三熟。周去非描述钦州：
"地暖，故无月不种，无月不收。"[2]在东南沿海地区双季稻司空见惯，
至少在福建以南是如此。活跃在12至13世纪之交的官员卫泾，这样
记述福建：

邑十有二，濒海者三之一，负山者过其半。负山之田，岁一
收。濒海之稻，岁两获。[3]

也有人对当地双季稻的价值持怀疑态度，如真德秀认为："田或两
收，号再有秋，其实甚薄，不如一获。"[4]在两浙南部，有些地区可能
是稻麦复种。13世纪以来，农民不愿意花费很大气力劳作，只求弃种
水稻。这种现象可以从温州吴泳颁布的一个公告推知：

向也东瓯之俗，率趋渔盐，少事农作。今则海滨广斥，其耕
泽泽，无不耕之田矣。向也涂泥之地，宜植粳稻，罕种麰麦。今

---

〔1〕 周藤吉之（1962），頁271。【方大琮：《宋宝章阁直学士忠惠铁庵方公文集》（译者补注：以
下简称《铁庵集》）卷33《将邑丙戌秋劝种麦》。】

〔2〕 周藤吉之（1962），頁156。【周去非：《岭外代答》卷8《月禾》。】

〔3〕 周藤吉之（1962），頁154。【卫泾：《后乐集》卷19《福州劝农文》。】

〔4〕 周藤吉之（1962），頁154。【真德秀：《西山真文忠公文集》卷40《福州劝农文》，译者补
注：此据真德秀：《西山先生真文忠公文集》卷40，四部丛刊本。】

则弥川布陇，其苗襛襛，无不种之麦矣。[1]

在长江下游地区一年两熟极为普遍。再引吴泳之语为证：

> 吴中厥壤沃，厥田腴，稻一岁再熟，蚕一年八育。而豫章则
> 襟江带湖，湖田多，山田少，禾大小一收，蚕早晚二熟而已。吴
> 中之民，开荒垦洼，种粳稻，又种菜、麦、麻、豆，耕无废圩，
> 刈无遗陇。而豫章所种，占米为多。[2]

在苏州一带，至迟从 11 世纪开始，就实现了稻麦两熟；在东南旱
地，豆麦两熟则处处可见。

水利

宋元时期，水利技术有重大改进，这对于扩大水稻种植面积至为
关键。正如朱熹所言："陂塘之利，农事之本。"[3]

需要解决的问题，因地而异。随着问题一个个得以解决，技术水
平也得到了明显提高。例如，在靠近东南沿海的低地，便进行了很多
改良盐碱地的工程。宋朝时，在今广东省境内的西江与北江汇合处一
个叫作桑园围的地方，开始兴建圩田。福建的莆田平原与两浙的宁波
平原的主要开垦工程也始于宋代，同时在这些地方还修起海塘，以防
止涨潮时海水涌入，损害土壤。而且在内地还建造陂塘，以将雨季来 125

〔1〕 周藤吉之（1962），页 161，269。【吴泳：《鹤林集》卷 39《温州劝农文》。译者补注：页
269 引文为《隆兴府劝农文》，其中述及吴中（苏州）与隆兴府（江西省南昌）的比较。】

〔2〕 斯波义信：《宋代商业史研究》（东京：1968），页 146。还可参见 Shiba/Elvin（1970），pp.52-
53。【吴泳：《鹤林集》卷 39《隆兴府劝农文》。】

〔3〕 周藤吉之，《宋代経済史研究》，页 105。【《晦庵先生朱文公文集》卷 99《劝农文》。】

自山上的急流截存下来。在肥沃的太湖盆地，排水系统的完善是靠对吴淞江的疏浚和改道完成的，而这个工程也是在这一时期动工的。

尤其具有重要意义的是五代及宋朝时期江南圩田数量的迅速增加。12 世纪，杨万里这样写道：

> 江东水乡，隄河两涯，而田其中，谓之圩。农家云："圩者围也，内以围田，外以围水。"盖河高而田反在水下，沿隄通斗门，每门疏港以溉田，故有丰年而无水患。[1]

圩田中有的是政府兴建的工程，周长达 28 英里，作为官庄来管理。其余较小的则多属私人。有时国家也予以贷款，帮助私人维护这些工程。

在江南东路的徽州等多山地区，人们用池塘储存雨水，并分线引导溪流。元代郑玉记载：

> 里人以草木投溪涧中，压以沙土，绝流为堰，凿渠引水以灌田，谓之碣。[2]

在福建的溪涧，人们用石头修成陂塘。在今四川省的潼川府路（即梓州）的丘陵地带，另一种技术也很常见。对此，1149 年叶廷珪对其有如下描述：

> 果州、合州等处无平田，农人于山陇起伏间为防，潴雨水，

---

〔1〕 周藤吉之（1962），页 366。【杨万里：《诚斋集》卷 32《江东集·圩丁词十解》。译者补注：此据杨万里撰、辛更儒笺校：《杨万里集笺校》卷 32。以下皆据此版本。】

〔2〕 周藤吉之（1962），页 106。【郑玉：《师山先生文集》卷 4《小母碣记》。】

用植粳糯稻，谓之䅟田，俗名雷鸣田，盖言待雷而后有水也，戎州亦有之。[1]

正如其他农业技术方面的情况那样，在灌溉方面也有一些地区比较落后。据说在宋宁宗时期（1194—1224），广南西路静江府知府詹体仁曾不得不将水利技术教给当地无知百姓。1273 年，黄震向江南西路的抚州人颁布了措辞严厉的公告：

> 田近溪水，须逐段作埧捺水；田不近水，须各自凿井贮水。今抚州一切靠天，五月不雨，立见狼狈，十日连雨，亦无停留。尔农如何不自做箇意智？[2]

宋人使用各种设备进行排灌。其中最简单的是"桔槔"，几乎随处可见，而且在宋代以前早就有了。在较复杂的工具中，龙骨车和筒车最为重要。据我们所知，它们至少在几个世纪以前就已出现，但当时还很少用于农业，直到约 10 世纪末才较为常见。至于其分布，主要看当地是否有湍流。在如四川和湖南山区那样的地区，人们乐于使用笨重但高效率的筒车。而在别的地方，例如，苏州一带的长江三角洲，则多用普通脚踏龙骨车。这种水车易于移动与安装，但需要投入长时间的繁重劳力。另外，龙骨车有时也用畜力或者用木制齿轮连接的水轮来驱动，但这只是个别情况。关于宋代农民能够使用的主要技术，或许 13 世纪上半叶四川僧人居简的描述最为简明：

---

〔1〕 周藤吉之（1962），頁 169。【叶廷珪：《海录碎事》卷 17《田畴门·䅟田》。】

〔2〕 周藤吉之（1962），頁 114。【黄震：《黄氏日抄》卷 78《咸淳九年春劝农文》。】

【筒车】以毂横溪，搆轴于岸，比竹【筒】于辐，发机而旋【这些竹筒在旋转至最低点时从溪流中充满水，转至最高处时，将水倾泻而出，涌进沟渠】非深湍无所事。后重而前轻，俯仰如人意，并可以施其巧。此车槔所以别也。水梭窬如上架而縻之。【这听起来像是带有出水通道的旋转轴，可以阻断水流，使其沿其一端的凹槽流出】当畎浍之冲，溢则出，涸则纳。三者用于蜀。吴车曰龙骨。方槽而横轴，板盈尺之半，纳诸槽，侧而贯之，钩锁连环，与槽称，参差钉木于轴，曰猬首，蹴以运其机。涧溪沼沚，无往不利，独不分功于槔。槔、梭一人之力，龙骨则一人至，数人车。[1]

连诗人也不禁要赞美颂扬龙骨车和筒车的贡献。以下是 12 世纪李处权赞颂南京附近溧阳县筒车的诗句：

> 吴侬踏车茧盈足，用力多而见功少。
> 江南水轮不假人，智者创物真大巧。
> 一轮十筒挹且注，循环下上无时了。
> 四山开辟中沃壤，万顷秧齐绿云绕。
> 绿云看即变黄云，一岁丰穰百家饱。[2]

政府力图将汲水设备引进到该设备尚不普及的地区。南宋陈造向荆湖北路的房州百姓颁发建议：

---

〔1〕 周藤吉之（1962），页 107，110。【居简：《北涧文集》卷6《水利》。译者注：此据居简：《北磵文集》卷 6，影印宋崔尚书宅刻本。】

〔2〕 周藤吉之（1962），页 108。【李处权：《崧庵集》卷3《士贵要予赋水轮因广之幸率介卿同作兼呈郭宰》。】

房之水地，山泉灌注，号为良田。而车建之器，略不知具。今若壅者壅之不可壅，车建而溉，不惟凶荒当减十五，而平原陆地，皆可为秔秫之区。[1]

官庄有时还能获得脚踏水车，以供使用（详见页 81）。

在中国将风力用于农业，似乎在中世纪经济革命结束了一段时间之后才开始。已知最早记载见于宋应星于 1637 年所著的《天工开物》，其中提到风力排水泵，以位于长江三角洲的扬州最为著名。这些器械 128 和欧洲的很不相同，1817 年《松江府志》的记载可资为证：

灌田以水车（【原注】……凡一车用三人至六人，日灌田二十亩）。有不用人而以牛运者（【原注】其制为木槃如车轮而大，周施牙以运轴而转之，力省而功倍），有并牛不用而以风运者（【原注】其制如牛车，施帆于轮，乘风旋转，田器之巧极于是，然不可常用，大风起，亦败车）。[2]

用来驱动风力抽水机的这些风帆，可在一条帆索长度所决定的范围内自由移动，这条帆索紧系在每扇风帆的下桁。随着木盘的旋转，当帆顺风移动时，帆与风向大致形成直角；而当帆返程逆风而动时，它与风向基本平行，以将风的阻力减少到最低限度。[3]我猜想，中国这种加帆风车在微风中可能会比欧洲螺旋桨式的风车效率更高。

---

〔1〕 周藤吉之（1962），页 114。【陈造：《江湖长翁文集》卷 30《房陵劝农文》。】

〔2〕 嘉庆《松江府志》卷 5 页 5b-6a。【译者补注：此据嘉庆《松江府志》卷 5《疆域志·风俗》，《中国地方志丛书》"华中地方"第 10 号，页 168。引文中"【原注】"为译者所加，表示原文的小字部分。】

〔3〕 图示见于 J.Needham, *Science and Civilisation in China,* IV.2, Mechanical Engineering（Cambridge: 1965），p.559。

波斯在 7 世纪就使用卧式风车（horizontanl windmill），这种风车装有固定的叶片及半弧形的挡风装置，使得叶片在逆风时即可避开风力。中国人对此进行了明显的改进，取消了挡风装置，肯定是受到船上纵帆索具装置的启发，至于什么时间进行的改进却不清楚。中世纪经济革命结束之后，在中国极少见很有用的发明。这可能是其中罕见的一例。

贸易与专业化

最后，各种农产品的市场的扩展，使农民逐渐不再把自给自足作为一个目标，而是去生产那些最适合本地风土的农作物，产量与效率随之大大提高。这在福建可能最显著。那里生产了供外销的荔枝和柑橘以及很多可输出到其他各地以供出售的产品。方大琮对 13 世纪兴化 129 军的描写颇为传神：

> 闽上四州产米最多，犹禁种秫，禁造麹，禁种柑橘，凿池养鱼。盖欲无寸地不可耕，无粒米不可食。以产米有余之邦而防虑至此，况岁无半粮乎！今兴化县田，耗于秫糯，岁肩入城者，不知其几千担。仙游县田，耗于蔗糖，岁运入浙淮者，不知其几万坛。蔗之妨田固矣。[1]

从一地向另一地输出的主要产品有茶叶、木材、纸张和漆器。生产专业化的维系，当然要依靠贸易数量的增加，还要从互通有无的地区输入粮食来维持平衡。到 12 世纪，福建沿海诸州，都依赖广南与浙西大米的定期输入；而与之类似，诸如太湖洞庭山仅能种橘的这类地

---

〔1〕 斯波義信 (1968)，页 148；Shiba/Elvin(1970), p.54.【方大琮:《铁庵集》卷 21《乡守项寺丞书》。】

区，也处于稻米仰给于外的状态。

* * * * *

因此可以说，13 世纪的中国有着当时世界上最先进的农业，唯一可与其比拟的竞争对手是印度。中国商业活动与城市化所形成的非凡的上层建筑，在这个农业基础上得以建立。但是同时，就耕种技术方面来说，中国各地尚存在巨大差距。从另一角度来看，这些差距代表着扩大总产出的潜在能力，尤其可以将湖南、湖北等落后地区的粮食产量提高到更为先进的水平。北宋时期，中国人口已经远远超过 1 亿。到 1580 年，至少又增长了 50%，大概在 1.6 亿至 2.5 亿之间（见本书页 310 及以下）。所以从长期的眼光来看，并且忽略 13 和 14 世纪的人口锐减以及随后的恢复，我们可以说：在耕地面积没有相应地大规模扩张的情况下，正是宋代最优秀的技术在全国范围内的传播，养活了日益增长的人口。这就是中国当前众多人口所仰赖的基础。

130

第十章　水运革命

　　在推动中世纪经济革命的过程中，运输与交通的改良同农业进步一样重要。它们极大地有助于唐宋时代统一帝国的整合与维系。交通运输方面的进步主要得自水运的技术与组织方面，由此带动整体经济以前所未有的活力腾起。另外，陆路交通及官府驿传方面的改进也不应忽视。所以，我们有必要针对道路修建及驿站制度做一简略叙述，再进入主题。

　　唐、宋两朝政府都注意维护并改善帝国内的道路系统，这对于经济发展至关重要，因为商业交通范围的扩张似乎常常会对现有的路面造成破坏性影响。8世纪初期，张九龄奉命新建一条连接粤北、赣南的快速道路。他对此项工程描写如下：

　　　　初，岭东废路，人苦峻极，行径寅缘……故以载则曾不容轨，以运则负之以背。而海外诸国，日以通商，齿革羽毛之殷，鱼盐蜃蛤之利，上足以备府库之用，下足以赡江淮之求。[1]

----

　　〔1〕青山定雄：《唐宋時代の交通と地誌地圖の研究》（東京：1963），頁9。【张九龄：《曲江集》卷17《开凿大庾岭路序》。译者补注：此据张九龄著、熊飞校注：《张九龄集校注》卷17。】

《宋会要辑稿》中有一段关于 13 世纪初的文字则更为引人注目：

> 盖道路封疆之修，阪险原隰之相，诚治地之先务，而顺时布 政者之所当汲汲也。……自临安至于京口，千里【"里"是又一种 多变的中国测距方式，一般而言，1 里相当于 1 英里的 1/3】而远，舟车之经从，邮递之络绎，漕运之转输，军期之传送，未有不由 此途者。去岁雨潦霖霪，水势冲突，隄岸以之而毁圮，道路因之 而嵌陷，桥梁由之而倾摧。……由是车骑之往来，舟楫之牵挽，颠踣隕坠，类多苦之……[1]

因此国家对道路进行了必要的维修。

有时道路的养护很昂贵，从西北南下入川干线上的木制桥梁与栈道尤其是这样。1043 年，兴元府褒城县的县令窦充上疏：

> 窃见入川大路，自凤州至利州剑门关，直入益州，路遥远，桥阁约九万余间。每年系铺分兵士于近山采木修整通行。近 年……深入山林三二十里外，采斫辛苦。欲乞于入川路沿官道两 旁，令逐铺兵士每年栽种地土所宜林木，准备向去修葺桥阁。[2]

在道路两旁种树为旅客遮阳也很普遍。

陆路主干线的质量究竟如何，难以估计。唐代的记载暗示，当时中国人要修建在夏日的雨季里还能通行的道路，尚有困难。但到宋代，

---

〔1〕 青山定雄(1963)，頁47，注20。【徐松辑：《宋会要辑稿·方域门》10《道路》，"嘉定十七年二月六日"条。】

〔2〕 青山定雄(1963)，頁177。【徐松辑：《宋会要辑稿·方域门》10《道路》，"庆历三年七月二十七日"条。】

不仅城市里很多街道用石板铺成，而且两城之间的道路以砖或者石板铺成者，似乎也十分常见。12 世纪晚期，范成大在游记中写道：

> 至衢州。自婺至衢皆砖街，无复泥涂之忧。异时两州各有一 133
> 富人作姻家，欲便往来，共甃此路。[1]

显然这仅是一个例外，范成大关于湘南道路的批评暗示了：通常来说，他在别处所见的路面十分不错。

> 行衡、永间。路中皆小丘阜，道径粗恶，非坚拨即乱石，坳处又泥淖，虽好晴旬余，犹未干……大抵湘中率不治道。[2]

据我们已知，宋代还有些道路（例如现在赣粤交界处 10 英里长的山道）是用砖铺成的。总之，在晚唐和宋朝，主要交通干线网络似乎在不断地延伸，特别是在中国南方更是如此。13 世纪王象之在《舆地纪胜》中谈到当时江南东路信州时说："福建、湖广、江西诸道，悉出其途，昔为左僻，今为通要。"[3]

官驿系统的运作揭示了陆路干线可达到的速度。从长安至广州的最短路程是 4210 里；在唐代，快马可昼夜兼行 500 里，而跑得最快的驿卒或许能跑 200 至 300 里。所以就驿传系统来讲，从中期中华帝国的京师到任何一个重要的边城只需 8 至 14 天的时间。当然，普通旅行要慢得多。唐朝官方估算，骑马日行平均 70 里，骑驴或步行为 50 里，乘车则为 30 里。在宋代，最快的急脚递似乎比唐的递夫稍微快点，但

---

〔1〕青山定雄 (1963)，页 47，注 21。【范成大：《骖鸾录》，"乾道九年正月十三日" 条。】

〔2〕青山定雄 (1963)，页 48，注 26。【范成大：《骖鸾录》，"乾道九年二月十六、十七日" 条。】

〔3〕青山定雄 (1963)，页 36。【王象之：《舆地纪胜》卷 21《信州·风俗形胜》。】

总体看，速度仍旧大体相仿。

唐朝以后由于有较好的陆路驿传系统，政府在全国范围内可以更有效地调动官员与传递公文。所有主要交通干线以及部分次要道路沿途都设驿站，驿站为官方来往人员提供马匹与口粮。乘船者亦可享用沿内河所设水驿。唐朝中叶，这一制度发展成政府定期的驿传系统；以专门的信使用于官方联络的情况大为减少。由于驿站马匹不足，驿站传递既靠骑马又靠徒步。官方货物也用这种方式来运输，有时需用大批人力。譬如要使美味的水产保持新鲜地送抵皇宫，就要由 9,600个递夫接力传递，将其从宁波运至长安。

除了运送上述奢侈品以外，这一新系统还使政治和经济的重大发展成为可能。其中一例见于《资治通鉴》：

> 【刘】晏【8 世纪晚期的政治家】有精力，多机智，变通有无，曲尽其妙。常以厚直募善走者，置递相望，觇报四方物价，虽远方，不数日皆达使司，食货轻重之权，悉制在掌握。[1]

从大范围来看，中央政府与地方之间联系的又一项改进是，隋唐制度规定全国各州（总数大约 350 个）每年都要派长吏进京奏报本州事务。8 世纪中叶安禄山之乱以后，这一制度不得不中断，更多的权力落到半独立的藩镇手中。但这些藩镇继续保持在京城的"进奏院"，进行消息以及诏令与诉求的双向传递。而各进奏院官员私自将关系到各地和全国的重要公文抄录下来，转呈其使主。这种做法后来逐渐发展成为宋朝政府发行的邸报，这也是世界上最早的全国性报纸。

* * * * *

---

〔1〕青山定雄 (1963)，頁 114，注 51。【《资治通鉴》卷 226，"唐德宗建中元年七月"条。】

无疑，这样一个基于快速陆路交通的行政神经系统，其政治意义固然重要。但水运因为能廉价地长途运输大量日常货物，其经济优势则更具影响。中国南部和中部很快就形成了复杂的水路网络，沿水路航行的船只的规模与式样多得惊人，它们能够克服种种困难，极好地适应各种不同的自然环境。船载货物种类亦应有尽有。近海成了那些逐季风而行的大型木帆船南来北往的捷径。备有罗盘、牵星图及航海指南手册的中国远洋船队则横跨了亚洲，从日本一直到阿拉伯海滨。

这个时期的中国人不再满足于对外部世界一无所知。相反，这是中国地理学与制图学的黄金时代，通过接触阿拉伯船长以及后来赴元帝国的各国使臣与旅行家，中国人对远达西北非洲的马格里布和大西洋海岸都有所了解，甚至知道非洲大致呈三角形，并有所记录。

中国航运起源很早。公元前6世纪，位于东北部的齐国通过河运和南方进行青铜与铁的贸易。稍后，山东半岛与长江三角洲之间也有些海上贸易。在汉人到来之前，居住在闽粤地区的是百越人，沿海商业主要掌握在百越手中。他们与征服者融合，成为后来"中国人"航海技术的骨干。公元3世纪好像出现了一个新转机。根据三国时期魏国两个官员的奏报，魏国南方的敌国东吴的统治者孙权与当时从属魏国的地区（位于今东北南部）之间有接触，由此暗示了这一时期南北方之间存在广泛的商业活动：

> 逆贼孙权……比年已来，复远遣船，越渡大海，多持货物，诳诱边民。边民无知，与之交关。长吏以下，莫肯禁止。至使周贺浮舟百艘，沉滞津岸，贸迁有无。既不疑拒，赍以名马，又使宿舒随贺通好。[1]

---

〔1〕 金发根（1964），页117。【《三国志》卷8《公孙度传》注引《魏略》。】

当时出现"南船北马"的谚语，暗示了内河交通也在增长。

然而，一直要到唐代，中国航运才进入属于自己的时代。7世纪晚期崔融曾概括当时的航运：

> 且如天下诸津，舟航所聚，旁通巴、汉，前指闽、越，七泽十薮，三江五湖，控引河洛，兼包淮海。弘舸巨舰，千轴万艘，交贸往还，昧旦永日。……一朝失利，则万商废业，万商废业，则人不聊生。[1]

150年之后，李肇则可宣称："凡东南郡邑无不通水，故天下货利，舟楫居多。"[2]唐朝诗人习惯地将客商与水运联系在一起。张籍形容他们是"金陵向西贾客多，船中生长乐风波"。白居易关于盐商妇的著名诗句为"南北东西不失家，风水为乡船做宅"。[3]

就我们所能估计的范围而言，唐代航运能力规模之大给人印象至深。例如8世纪时，盐铁使刘晏为长江航运督造漕船2,000艘，每艘载重能力约达5万千克，其载运总量几乎是18世纪中叶英国贸易舰队的三分之一。《旧唐书》提到，公元721年，扬州、润州一次大风暴，"发屋拔树，漂损公私船舫一千余只"。同样，《唐会要》记载，公元751年，陕州一场大火，"烧船二百一十五只，损米一百万石，舟人死者六百人，商人船数百只"。同年，扬州发生台风，潮水淹没数千艘船。[4] 137

---

〔1〕 斯波義信（1968），頁52；Shiba/Elvin(1970)，p.4.【《旧唐书》卷94《崔融传》。】

〔2〕 斯波義信（1968），頁52；Shiba/Elvin(1970)，p.5.【李肇：《唐国史补》卷下。】

〔3〕 D. Twitchett（杜希德），"Merchant, Trade and Government in Late T'ang", *Asia Major*，14:1 (1968), p.84，85.【张籍：《张司业诗集》卷1《贾客乐》。译者补注：此据徐礼节、余恕诚校注：《张籍集系年校注》卷1。白居易：《白香山集》卷4《盐商妇》。译者补注：此据《白居易集》卷4。】

〔4〕 青山定雄(1963)，頁283-284。【《旧唐书》卷8《玄宗纪上》；《唐会要》卷44《火》；《旧唐书》卷9《玄宗纪下》。】

所以，刘晏的船队仅代表了其内河船只总吨位的一小部分。

中国人掌握远洋航海技术要迟一些。唐代中国人满足于依赖东南亚、波斯、阿拉伯的船只和今天的越南、柬埔寨、马来亚、爪哇、印度进行贸易。李肇曾说："南海舶，外国船也。"[1]然而，到日本和朝鲜去的则的确是中国船。此时航海船队大概很像唐末作者刘恂《岭表录异》对波斯船的描写：

> 贾人船不用铁钉，只使桄榔须系缚，以橄榄糖泥之，糖干甚坚，入水如漆也。[2]

到了宋代，中国帆船[3]已极大改善，不仅使用铁钉，而且还用桐油防水（桐油是上等的天然防腐剂）。其设备包括水密隔舱（watertight bulkhead）、浮力舱（buoyancy chambers）、安放在吃水线处的竹制浮板[4]、暴风雨时稳住船的浮锚、用以取代橹舵的轴舵、舷外支架与船边的横漂抵板装置、无风天使用的桨、从海底取样用的铲子、探测海水深度的测索、航海罗盘，以及自卫用的以火药推动的小型火箭。不难理解，为什么自从 11 世纪开始，外国商人远行时尽可能选择乘坐中国船。

在速度与廉价方面，海运极为优越。中国船帆或用帆布较窄的部分制成，或以竹席横贯于两根竹竿之间而为之，更确切地说，以制作

---

〔1〕译者注：李肇：《唐国史补》卷下。

〔2〕桑原骘藏：《蒲寿庚考》（上海：1929 年初版；北京：1954 年再版），陈裕菁译，页 95。【刘恂：《岭表录异》卷上。】

〔3〕译者注：西方称为戎克（junk）。

〔4〕译者注：唐代李荃《神机制敌太白阴经》记载海鹘船，"头低尾高，前大后小，如鹘之状，舷下左右置浮板，形如鹘翅，其船虽风浪涨天，无有倾侧"（卷 4《水战具篇第四十》），据此推测，伊懋可先生所说的 "bamboo fenders at the waterline" 应该就是指这种 "浮板"，又见席龙飞《中国造船史》（武汉：2000），页 175。

百叶帘或折扇的方式来做。它虽然不如阿拉伯或者西方的曲面船帆的效率高，但迎风开的时候，或者受损的情况下，则比较容易控制。这些帆船利用季风可达到令人十分震撼的速度，正如 12 世纪时廖刚所记：

> 【海船】则又必趁风信时候，冬南夏北，未尝逆施，是以舟行平稳，少有疏虞。风色既顺，一日千里，曾不为难。[1]

从福建到朝鲜旅程可能是 5 至 20 天，从宁波至山东南部的密州仅需 3 天。15 世纪初期大臣宋礼估计，运送同样数量的粮食，海船所需人力两倍于内陆河道行船；但海运速度之快可使费用更加节省（即使我们承认宋礼的数字可能夸大）。1487 年，邱濬上疏：“河漕视陆运之费省十三四，海运视陆运之费省十七八。”[2] 宋代大概也是这样的比例。

安全是海运的主要难题。书中首次提到罗盘在航海中的应用是在 1119 年，这标志着一个伟大进步。标有罗盘方位[3] 的航海图在元代和明代开始广泛使用。政府还发布对于潮水与气象所作调查的部分结果。《大元海运记》记载关于潮汛气候风向之类的口诀；并附有导言，今抄录如下：

> 【官粮输送】万里海洋，渺无涯际，阴晴风雨，出于不测，惟凭针路定向行船，仰观天象以卜明晦。故船主高价召募惯熟梢公，使司其事。凡在船官粮人命，皆所系焉，少有差失，为害甚

138

---

[1] 斯波义信（1968），頁61；Shiba/Elvin（1970），p.9.【此据廖刚：《高峰文集》卷5《漳州到任条具民间利病五事奏状》。】

[2] 星斌夫（1963），頁376；HoShi/Elvin（1969），p.75.【丘濬：《大学衍义补》卷34《漕挽之宜下》。】

[3] 译者注：应指“针路”或“针位”。

大。……因而询访得潮汛风信观象，略节次第。虽是俗说，屡验皆应，不避讥哂，缀成口诀，以期便记诵尔。[1]

尽管有这些及其他的辅助手段，中国中世纪时期的海船仍然极易受损。明代《海道经》对长江口有以下记载：

> 如大讯行船，倘值东风势急，恶水急紧，船艧稠密，一船退下，纽二连三，缴碇交缠，头梢相击，风雨相攻，人无措手，直至沙滩，必有损坏，宜深慎之。[2]

139

15 世纪中叶，李贤曾描述了将粮食从今日的天津沿渤海湾海运到辽东边地驻军的情形：

> 【往时由直沽循海道】多风。船至海滨，不敢遽行，必淹及旬日，甚至弥月，候风色止息，方敢一渡；或之中流，遇风涛迅作，遂罹漂荡覆逆之患，岁损其船不下数十，粮斛动以万计。[3]

当然，这些是小船，也不得不只能在某些内河水道上航行；但受损程度却很高。只是到了 17 和 18 世纪，中国人才真正掌握了北方海域的航运技术，这是帝国晚期少数几个可以清楚断定的技术进步之一，

---

〔1〕 李剑农（1957），页 117。【佚名：《大元海运记》卷下《测候潮汛应验》。】

〔2〕 星斌夫（1963），页 9；HoShi/Elvin（1969），p.7.【佚名：《海道经》全一卷，《借月山房汇钞》，第八集所收。】

〔3〕 星斌夫（1963），页 331；HoShi/Elvin（1969），p.68.【译者补注：李贤：《新开运河记》，载于康熙《蓟州志》卷 8《艺文志·碑记》。又以《蓟州新开河碑记》为题，载于《明经世文编》卷 36《李文达文集》。星斌夫的注释提示了这两份录文。核对文字，此段当是据两份文献合录。'【】'为伊懋可先生没有引用的部分，为句意完整而补之。】

虽然取得这种进步的原因仍不明确。

＊ ＊ ＊ ＊ ＊

内河及运河船运的增长大大推动了经济发展。正是在这一时期，人们找到了通过或绕行以往不可逾越的险要航段的各种方法，结果是那些原先各不相连的水路系统如今连接成一体，为这一时期开始出现的全国市场（nationwide market）奠定了基础。这类险阻的突出一例是长江三峡，所有船舶到达此地都要由成队的纤夫从江边悬崖上的纤道上拉着行进。陆游《入蜀记》作于 12 世纪晚期，对江陵以上的一段水路，做了如下描述：

> 倒樯竿，立橹床。盖上峡惟用橹及百丈，不复张帆矣。百丈以巨竹四破为之，大如人臂。予所乘千六百斛舟，凡用橹六枝，百丈两车。[1]

140

早在 9 世纪，李肇就已记述道："蜀之三峡，河之三门，南越之恶溪，南康之赣石，皆险绝之所，自有本处人为篙工。"[2] 当货物不得不转到较小的船上或转为陆运才可能通过时，经常会有一些专门的脚夫来完成这些工作。《宋会要辑稿》这样记述逆汉水而上的情形：

> 自汉口溯流至郢州，犹鲜滩碛；自郢州、襄阳以上，则有所谓三十六滩之险。纲运至此，必须小舟数百般载，谓之盘滩。溯

---

[1] 斯波義信（1968），頁65；Shiba/Elvin（1970），p.11.【《入蜀记》卷5，"乾道六年九月二十日"条。】

[2] 译者注：斯波義信（1968），頁52；【李肇：《唐国史补》卷下。】

流牵舟，率用百丈，以竹为之。[1]

范成大对位于今天鄂西的白狗峡有如下描述：

> 至新滩，此滩恶名豪三峡……上下欲脱免者，必盘博陆行，
> 以虚舟过之。两岸多居民，号滩子，专以盘滩为业。[2]

11 世纪发明的复闸（double lock）也可以看作是减缓航程中过险
滩时的困难而所采取的一种措施。据沈括《梦溪笔谈》的记载，在大
运河北支与长江汇合处的真州就建有一复闸，如此或可以省去舟船过
埭之劳，"岁省冗卒五百人，杂费百二十五万"，复闸还可使载量 1,600
石的船在运河上通行，而在此之前最大载量也不能超过 300 石。[3]

在内河船运中，出现了适合不同水道性质的多种推进方式。在长
江、黄河下游等较宽阔的江河上，普遍张帆。王恽与袁桷的两首诗充   141
分反映出当时的情景，现录如下：

蓬

尺簟编黄芦，节次数须只。长短随所宜，张弛易为摘。
一傍系脚索，若网纲总缉。北人布为帆，南俗蓬以荻。
舟师贪重载，高挂借风力。顺流与溯波，巨鹢添羽翮。

---

[1] 斯波義信（1968），頁 94；Shiba/Elvin（1970），p.20.【徐松辑：《宋会要辑稿·食货门》44
《漕运三》，"嘉定十五年三月二十五日"条。】

[2] 斯波義信（1968），頁 94；Shiba/Elvin（1970），p.20.【《吴船录》卷下"淳熙四年八月戊辰
归州白狗峡"。】

[3] 沈括：《梦溪笔谈》（1086—1091），胡道静校（上海：1956）I 432（段213）。【译者补注：此
据沈括著、胡道静校证：《梦溪笔谈校证》（上海：2011），卷 12《官政二》，第 1 条。】

望从远浦来，一片云影黑。乱冲渚烟开，重带江雨湿。
百里不终朝，用舍从顺适。夕阳见晚泊，堆叠纷襞积。
……〔1〕

河船行

黄河之船如切瓜，黑金铺钉水爬沙。
高桅不肯著船底，四面绹索相交加。
轮囷薪槁浮山来，淮船争避吴船开。
往回南北任衣食，不学荡子多嫌猜。
好风千帆乱流去，我独抱辛走行路。
……

船前养驴豕同圈，借力于驴共牵挽。
莫嫌我鞭太粗毒，大胜江南人代畜。〔2〕

　　末尾几句诗暗示我们，在有纤道和水浅的地方，也会利用拉纤和　142
撑船技术。这些技术也见于 13 世纪方回仿作的《船歌》：

……
南到杭州北楚州，三江八堰水通流。
牵板船篙为饭碗，不能辛苦把锄头。

---

　　〔1〕斯波義信（1968），頁64；Shiba/Elvin（1970），p.20.【王恽：《秋涧先生大全集》卷4《江船二咏·蓬》。译者补注：此据杨亮、钟彦飞点校：《王恽全集汇校》卷4。】

　　〔2〕斯波義信（1968），頁67；Shiba/Elvin（1970），p.12.【袁桷：《清容居士集》卷8《河船行》。译者补注：此据杨亮校注：《袁桷集校注》卷8。】

雇载钱轻载不轻，阿郎拽牵阿奴撑。[1]

如果是在深水，就会使用各种长短不同的桨橹。最重要的是单根又长又重的摇橹，用在船尾，好像鱼尾那样运动，靠橹柄来保持平衡，这是特别高效的划船方式。王恽写道：

> 江船一巨鱼，橹柂乃尾鬣。
> 当其渊水深，棹弱不救乏。
> 故今施航后，前与棹力合。
> 济川具有五，此物乃其甲。[2]

最后要提到的是，有时还用脚踏轮船作港口拖船。

船户是大多数航运作业的基础。袁桷的诗勾勒出长江下游船家水上生活的画面：

> 吴船团团如缩龟，终岁浮家船不归。
> 茅檐旧业已漂没，一去直北才无饥。
> ……
> 终朝但知行客苦，尽岁不识离家愁，
> 大儿跳踉新九岁，小儿学行篷作地。[3]

---

〔1〕斯波義信（1968），頁100；Shiba/Elvin（1970），p.23.【方回：《桐江续集》卷13《听航船歌十首》。】

〔2〕斯波義信（1968），頁64；Shiba/Elvin（1970），p.11.【王恽：《秋涧先生大全集》卷4《江船二咏·橹》。译者补注：此据《王恽全集汇校》卷4。】

〔3〕斯波義信（1968），頁99；Shiba/Elvin（1970），pp.21-22.【《清容居士集》卷8《吴船行》。译者补注：此据《袁桷集校注》卷8。】

这些船户有时依附于富商。12 世纪晚期，叶适记下了他于湘北所见的情形：

> 江湖连接，无地不通。一舟出门，万里惟意，靡有碍隔。民计每岁种食之外，余米尽以贸易。大商则聚小家之所有，小舟亦附大舰而同营；展转贩粜，以规厚利；父子相袭，老于风波，以为常俗。[1]

143

合伙经营也很普遍。11 世纪晚期，秦观为生于重要港口泉州的一位名僧撰写墓志铭时，提到该僧：

> 尝与乡里数人，相结为贾。自闽粤航海道直抵山东。往来海中者十数年，资用甚饶。皇祐中，祀明堂，恩度天下僧。师为儿时，父母尝许为僧，名隶漳州开元寺籍。至是，辄谢诸贾，以财物属同产，使养其亲，徒手入寺，毁须发，受具戒。乡人异之。[2]

合伙人大多在每次航海冒险之后即散伙，利润均分；如上例所示，也有一些合伙显然更持久。巨商还建有贸易船队，派专人管理，有时多达 80 艘船。一方具有所有权或出资而另一方经营的私人合伙，有时还采取这样的形式：财产十分有限的人们分股出资，而出海冒险者则另有其人。包恢关于南宋铜钱外流的记载间接反映了这一现象：

---

〔1〕斯波義信（1968），頁 76；Shiba/Elvin（1970），p.14.【《水心先生文集》卷 1《劄子二（嘉泰三年）》。译者补注：此据《叶适集》。】

〔2〕斯波義信（1968），頁 110；Shiba/Elvin（1970），p.27.【秦观：《淮海集》卷 33《庆禅师塔铭》。译者补注：此据徐培均笺注：《淮海集笺注》卷 33。】

海上人户之中下者，虽不能大有所泄，而又有带泄之患。而人多所不察者，盖因有海商，或是乡人，或是知识，海上之民，无不相与熟。所谓带泄者，乃以钱附搭其船，转相结托，以买番货而归。少或十贯，多或百贯，常获数倍之货。[1]

最后，值得注意的是此时联合航运业务的规模。由于当时南宋政府开始大量征用民船，商贾因此合资造船，合伙所有。在某些港口，有多达 60 名商贾合资造船，按照达成的协议，这些船只一半属国家所有，而另外一半则由商人保留而不被征用。

从经济的角度来看，船牙（shipping broker）[2]是整个水上运输系统的关键。在各港口，正是由他们负责购买（或者安排购买）进港船只即将卸下的货物；正是他们以仓库储存货物，因此可以等候合适的商机再于市场出售；同样也是他们来负责为离港船舶找装载的货物。他们是包租或雇佣船舶的中间媒介。海船的船长一般不熟悉当地市场行情，也不了解当地的习俗礼节，并需要尽快返航。寻求运输的商人也搞不清此行业所有错综复杂的情况，或者不能完全信任船长与船员。船牙具有专门知识，因此成为至关重要的中介，凡事几乎都经他们之手。无发动机的船不可能严格守时，所以，由船牙网络提供的灵活安排可能比试图预先计划好的时间及货物更能行得通。在元代，一份契约要由雇主、船牙、船主三方签订；到 14 世纪，一种标准的契约形式开始流行。尽管如此，船员偷盗船货的现象还是经常发生，由于各种不正当盈利行为而名声不佳。

---

　[1]　斯波義信（1968），頁119；Shiba/Elvin（1970），p.33.【包恢：《敝帚稿略》卷1《禁铜钱申省状》。】

　[2]　译者注：伊懋可先生原文中 "broker" 用的是复数，亦应包括 "船行" "牙保人" 等，这里不再一一对译，参见斯波义信：《宋代商业史研究》，庄景辉译，新北：稻禾出版社，1997 年，页123。

总之，中国中世纪所著称的，不仅是其农业生产力，而且还有其廉价以及整体而言组织良好的水运系统。马可·波罗来自当时欧洲最大的海港，他路过仪征（I-ching）时曾作如下描述，作为此章结束语颇为合适：

    我向你们保证，这条江特别长，经过的区域众多，两岸有非常多的城市。坦言之，就其运载的船舶货物总量与总价值来说，基督教民的一切江流海洋运载之数，尚不可及。我还要对你们说，我曾在该城一次看到满载的船只5,000艘，全都在这条江里航行。那么，你们可以想想：该城不算大，就有这么多船，其他城市又将有多少船？我向你们保证，这条江流经了16个省区，两岸有200多个城市。这些城市拥有的船只的数量全都比这多。[1]。

145

---

   〔1〕 R. Latham（译），*The Travels of Marco Polo*（London：1958），p.180.有些版本说船的数目是15,000而不是5,000。见 A. C. Moule and P. Pelliot, *Marco Polo. The Description of the World* (London: 1938), I 320。译者注：马可波罗行纪译本众多。我们未能核对到上述译本，故正文据英文直译，翻译时部分参考了冯承钧译、沙海昂（A. J. H. Charignon）注之《马可波罗行纪》（北京：中华书局，2004年）第2卷，第146章《新州城（Singui）》，页554。正文中将"I-ching"翻译为"仪征"，兹从小西高弘先生的日文本。但"Singui"所指何城，似尚无定论。

第十一章　货币与信用革命

扣除物价因素，在一个经济体系中，以人均量计，有更多的货币在流通，或者货币流通得更快，都可以视为一种经济进步的重要指标，尽管这只是一种粗略的指标。这种情况暗示了，局限于本地的自给自足，在向相互依赖的经常的交换关系转变。在一个相对较为货币化的经济里，假使价格不变，这种情况也表明了人均实际财富的增加。在创造货币与信用的手段方面的进步，在某种程度上属于狭义的技术进步；也在一定程度上是政治和组织上的进步，从更广泛的意义上来说，则是经济交易数量的增加，进而表明经济的总体增长。因此，具有重要意义的是，晚唐到宋初这一时期经历了一场金融革命。

铜钱在早期中华帝国已经得到比较广泛的使用，但3世纪的战乱以及公元311年西晋被推翻之后的分裂状态，使得铜钱往往依不同地区的政治稳定的程度而或隐或现。张轨是4世纪时地处西北边境的凉州的统治者，《晋书·张轨传》形象地描述了这一现象：

> 太府参军索辅言于【张】轨曰："古以金贝皮币为货，息谷帛量度之耗。二汉制五铢钱，通易不滞。泰始中，河西荒废，遂

不用钱，裂匹以为段数。缣布既坏，市易又难……今中州虽乱，此方安全，宜复五铢以济通变之会。"轨纳之，立制准布用钱，钱遂大行，人赖其利。[1]

两个世纪之后，即使在较少受战乱影响的南方，铜钱也只是零星使用，且主要局限于大城市。《隋书》记载：

> 梁初，唯京师及三吴、荆、郢、江、湘、梁、益用钱。其余州郡，则杂以谷帛交易。交、广之域，全以金银为货。[2]

6世纪中，对于金属铸币的需求开始再次上涨。铜的短缺导致铁钱的泛滥。同书还有这样的记载：

> 人以铁贱易得，并皆私铸。及大同已后，所在铁钱，遂如丘山，物价腾贵。交易者以车载钱，不复计数，而唯论贯。商旅奸诈，因之以求利。[3]

货币贬值，迫使梁朝在市门用秤来检查货币重量是否达标，一旦被查出钱币重量不足，或钱币中含铅、锡，其持有者便受到惩罚，政府借此控制货币流通。[4]公元589年，隋统一全国时，中国经济的货

---

[1] 金发根（1964），页134。【《晋书》卷86《张轨传》。】

[2] E.Balazs（白乐日），"Le traité économique du 'Souei-chou'", *T'oung pao*, v.42(1953), p.174.【《隋书》卷24《食货志》。】

[3] E. Balazs(1953), p.175.【《隋书》卷24《食货志》。】

[4] 译者注：似乎并没有史料表明梁朝采取了这种措施。有记载的是隋朝采取的类似措施。《隋书》卷24《食货志》载："【开皇十年】乃下恶钱之禁。京师及诸州邸肆之上，皆令立榜，置样为准。不中样者，不入于市。"

147

币化水平恢复到与汉朝鼎盛时期相当，但似乎也没有高出太多。

唐代依然货币不足。尽管政府努力发行数量充足、形制统一的铜钱，但盗铸货币仍然大行其道。8 世纪初，政府每年铸钱超过 30 万贯，但到了公元 834 年降到几乎不及 10 万贯。据公元 780 年的一份报告，由于缺少铜，铸造与运输新铜钱的花费高达铜钱面额值的两倍。9 世纪时，朝廷曾许可各地自造货币，结果约有 23 种不同的货币出笼。随着"短陌"的行用，贬值情况更加严重。政府禁止储存铜，规定铜除了制造铜钱、铜镜之外不可用于其他用途。为了缓解铜钱不足的压力，政府下令大规模或中等规模的交易不可专用铜钱，而必须钱帛（及其他等价商品）兼行。

148

这一时期对铜钱需求的压力还以其他形式表现出来。以钱核定的赋税，对大多数男性人口产生了影响。这种税首次开征了。这些税包括原来的户税和公元 780 年两税法颁布之后的地税。唐朝灭亡后不久，第一次普遍以钱征税是在南方出现的人头税，即身丁钱。此税在宋统一之后，在全国范围内推行。

事实上，铜钱在何种程度上用于纳税，在各地区存在着差异。在唐代的扬州，地税与其他赋税都是以钱交纳；在这方面，长江下游地区一般都走在前面。然而即使在这里，10 世纪至多也只是一个过渡期。南唐[1]地跨今江西省、安徽省及江苏省北部，因情况特殊，南唐一位大臣上疏请求停止以铜钱形式缴税。他说：

吴顺义年中【约 920 年[2]。差官兴版簿，定租税。厥田上上者，每一项税钱二贯一百文。中田一项税钱一贯八百，下田一项

---

〔1〕 据下文引用的史料，此时南唐尚未建国，当是"吴"。

〔2〕 译者注：应为 921—927 年。

千五百，皆足陌见钱，如见钱不足，许依市价折以金银。并计丁口课调，亦科钱。宋齐丘时为员外郎，上策乞虚抬时价，而折绸、绵、绢本色，曰："江、淮之地，唐季以来，战争之所。今兵革乍息，黎甿始安，而必率以见钱，折以金银。此非民耕凿可得也，无兴贩以求之，是为教民弃本逐末耳。"[1]

【后来的】南唐国主、【时为吴相的】徐知诰[2]暂时接受了这一建议，以价格虚抬为市价三到四倍的丝绸取代铜钱来缴税。

上述货币化波动的情况，在11世纪有很大改变。此时铜钱流通量有很大的增加，货币经济深入乡村。宋朝每年新铸铜钱额，11世纪初为183万贯，1073年以后达到高峰，最高达600万贯，此数字是唐代最高值的约20倍，而且这充其量只是变化的一个方面。票据、账簿、票证等各种原始信用货币的使用也都在增加。其中首要的是最先于1024年在四川由官府新发行的纸币（paper money）。12世纪，中国已经历了印钞所致的通货膨胀；13世纪中，有许多提议认为需要适当比例的金属储备，以作为钞本。这些提议回荡着近代的气息，令人惊奇。

将唐末与宋代文献比较一下，即可感觉到这个变化。公元822年，韩愈在有关实行榷盐的上疏中有云：

> 除城郭外，有见钱籴盐者，十无二三。多用杂物及米谷博易。……或从赊贷升斗，约以时熟填还。[3]

---

〔1〕 宫崎市定：《五代宋初の通货问题》（京都：1943），页103。【洪迈：《容斋续笔》卷16《宋齐丘》。】

〔2〕 译者注：时徐知诰（即李昪）尚未称帝。'【 】'为译者所加。

〔3〕 D. C. Twitchett, *Financial Administration under the T'ang Dynasty* (Cambridge:1963)，pp.165-166.【译者补注：韩愈著、马其昶校注、马茂元整理：《韩昌黎文集校注》卷8《论变盐法事宜状》。】

四百年后，方大琮游福建时则记下："市之贸易，例以镪，自乡村持所产，到市博镪。"[1]而舒岳祥作诗如此描写浙江台州：

卖菜深村妇，休嗟所获微。芜菁胜乳滑，莱菔似羔肥。
橐里腰钱去，街头买肉归。种蔬胜种稻，得米不忧饥。[2]

宋代铜钱流向海外，特别是日本和东南亚。《真腊风土记》记载当 150
地"小交关则用米谷及唐货"[3]。

* * * * *

此次货币革命的发生，原因是什么？

原因之一是中国各地区在经济上越来越相互依赖，其基础则是上文所述交通运输的改进以及农业生产力的提高。通过唐宋之间（约从907年持续至959年）的短暂政治分裂时期"五代十国"，这一点清晰可见。[4]当时中国分裂为众多小国，这些小国的面积大致相当于欧洲较大的国家。这时的"国际"贸易（亦即大一统时期的区域间贸易）及其相关的收支平衡等问题，开始支配各国的财政稳定及政府的货币政策。上述内容值得进行细致的研究，因为它与本书第一部分的主题有关系。首先，随着经济发展，内部经济压力出现，会造成政治分裂

---

〔1〕 斯波义信（1968），页370；Shiba/Elvin（1970），p.153.【方大琮：《铁庵集》卷14《李丞相书》。】

〔2〕 斯波义信（1968），页201；Shiba/Elvin（1970），pp.85-86.【舒岳祥：《阆风集》卷3《自归耕篆畦见村妇有摘茶车水卖鱼汲水行馌寄衣舂米种麦泣布卖菜者作十句词》。】

〔3〕 斯波义信（1968），页369；Shiba/Elvin（1970），p.153.【译者注：此据周达观著、夏鼐校注：《真腊风土记校注》，（二十）"贸易"。】

〔4〕 译者注：五代十国时期的结束不应计至公元959年，至少也应从公元960年算起。

而不是政治统一，形成了内在的不稳定的局势。

南唐控制了苏北的两淮盐田，所以地处内陆（今湖南）的楚国所需之盐，大部分都要从南唐进口。楚国购盐的钱，只能来自政府大力推广茶叶的生产及其对华北的运销。而南唐的税收在很大程度上要依靠大量售盐所得利润。而公元955—958年间，其江淮地区落入地处华北平原的后周之手。此后南唐也需要从外部购买盐，从此一蹶不振，不久，只好屈服于宋。

一个政权在货币政策领域采取的措施，往往在全中国范围内引起反响，激起相应的反应与对策。一个例子是地处今福建的闽国用铅铸钱，从而对其他国家造成威胁，因为在其对外贸易中，邻国如兑换闽国质量较差的铅钱，就会损失铜钱和白银。为规避这个危险，地处今广东、广西的南汉，在几年之后也如法炮制，铸造出自己的铅钱。与南汉有紧密贸易关系的楚国在924—925年间也采取相应措施。11世 ¹⁵¹纪史家司马光对楚国这一措施解释如下：

> 四方商旅辐辏。湖南地多铅铁，【马】殷【其统治者】用军都判官高郁策，铸铅铁为钱，商旅出境，无所用之，皆易他货而去。故能以境内所余之物易天下百货，国以富饶。[1]

位于华北平原的五代朝廷也受到南方各国政策的影响。公元924年，后唐由于不能持续地输出足够的货物以偿付与南方各国的长期贸易逆差，同时南方来的铅钱也混入其货币体系，因此其政府规定，绝对禁止铜钱从各个城市外流出去。但事实证明，这个规定行不通。所以两年之后，此规定略做修改，规定铜钱数量超过500文即禁止出境。

---

[1] 宫崎市定（1943），页57。【《资治通鉴》卷274，"后唐庄宗同光三年闰十二月"条。】

另一方面，地处今浙江和江苏南部、经济上最为富庶的吴越，则抗住压力拒绝用铅钱和铁钱。公元 946 年有人提议用铁钱时，吴越国主之弟弘亿不同意，谏曰：

> 铸铁钱有八害。新钱既行，旧钱皆流入邻国，一也。可用于吾国，不可用于他国，则商贾不行，百货不通，二也。[1]

尽管有上述意见，十一年之后，吴越还是铸造了铁钱。南唐一开始也避免使用铁钱和铅钱，直到公元 960 年，由于失去了产盐区，经济活力受到破坏，才不得不采用。我们似乎可以这样来解释：吴越、南唐两国出口盐、粮、丝、茶，处于强势，有权要求付铜钱，所以他们能够在一段时间内避免他们的铜钱贬值。

诸国并立的世界，相互之间开始了贸易竞争，由此催生的政策，在某些方面很像几百年后西方的重商主义和重金主义。各国统治者从战略角度出发，力图大量地积聚铜，并防止任何净赚得到的铜外流出境。10 世纪初，中原东北部有名的泥钱（pottery currency），就是这种政策的一个衍生物。据载：

> 卢龙节度使刘仁恭，骄侈贪暴。常虑幽州城不固，筑馆于大安山……悉敛境内钱，瘗于山颠；令民间用堇泥为钱。又禁江南茶商无得入境。自采山中草木为茶，鬻之。[2]

洪遵的《泉志》，1149 年出版，对于南汉立国者刘䶮这样记载：

---

〔1〕 宫崎市定（1943），页 51。【范坰：《吴越备史》卷 3，"后晋出帝开运三年十月"条。】

〔2〕 宫崎市定（1943），页 14。【《资治通鉴》卷 266，"后梁太祖开平元年三月"条。】

152

刘龑以国用不足，铸铅钱，十当铜钱一。乾和后，多聚铜钱。城内用铅，城外用铜，禁其出入，犯者抵死。俸禄非特恩不给铜钱。[1]

刘仁恭禁止茶商入境，以免铜钱外流。刘龑不许在城内用铜钱，原因可能在于数量庞大的外贸多在城内进行。

这一系列措施的根本原因，是铜的不足。因此各国政府都想方设法寻找额外的铜来源。他们采取的许多政策既严酷又可笑，有的是全面禁止或严格限制铜器的制造，有的则是人为地压低铜器价格，使人熔化铜钱制铜器的做法丝毫无利可图。公元938年，统治华北平原的后晋王朝尝试另一种策略：规定任何想要自制铜钱的人，听其自便：

国家所资，泉货为重，销鑠则甚，添铸无闻。爰降条章，俾臻富庶。宜令……无问公私，应有铜者，并许铸钱。……委盐铁司铸样颁下诸道。……尚虑逐处铜数不多，宜令诸道应有久废铜冶处，许百姓取便开炼，永远为主，官中不取课利。其有生熟铜，仍许所在中卖入官，或任自铸钱行用。其余许铸外，不得辄便杂铸铜器。[2]

除非掺入铅、铁来降低铜钱的成色，否则铸造铜钱并没有利润可赚。因此，试图运用自由放任的方式来解决钱荒的问题无济于事。

后周继后晋统治华北，后周太祖宣布任何人若熔化铜钱则处以死刑。公元956年[3]，其继承人后周世宗发布了著名的"废佛令"：

153

---

[1] 宫崎市定（1943），页61。【洪遵：《泉志》卷5《伪品下·铅钱》引《十国纪年·汉史》。】

[2] 宫崎市定（1943），页24。【《五代会要》卷27《泉货》。】

[3] 译者注：据以下引文，应作955年。

国家之利，泉货为先，近朝已来，久绝铸造，至于私下，不禁销镕，岁月渐深，奸弊尤甚。今采铜兴冶，立监铸钱，冀便公私，宜行条制。起今后，除朝廷法物、军器、官物及镜并寺观内钟、磬、钹、相轮、火珠、铃铎外，其余铜器，一切禁断。应两京、诸道州府铜像器物，诸色装钗所用铜，限敕到五十日内，并须毁废送官。其私下所纳到铜，据斤两给付价钱。[1]

　　尽管此说证据尚不充足，但是似乎只有寺庙中的佛像不在官方毁坏的名单上，甚至那些在私人家里的佛像也都受到影响。然而，据说世宗亲自下令，将镇州的大悲铜像摧毁，并以讥讽口吻对宰相说："佛教以为头目髓脑有利于众生，尚无所惜，宁复以铜像为爱乎？"[2]虔奉佛教的小说记载，后来周世宗疽发于胸间，正是他毁佛像时第一下撞击的位置。

　　从某一角度来看，10 世纪以铁、铅和堇泥作货币，可以看作是原始的信用货币。换言之，它们是由金属或黏土做成的"纸币"。我们可以设想，使用铜钱时，如果一串铜钱不足 100 文或 1,000 文时，仍当作 100 文或 1,000 文用。依此逻辑，这一过程继续下去，结果必然仅剩下用作串铜钱的那根线。这同样也可以看作是在往信用货币方向的迈进。这种实践越来越普遍而铜的来源又极度缺乏，如此，在 11 世纪初期发明真正的纸币，也就不足为奇了。

　　唐朝以来就存在以票券来传送、交换现金和商品。最早可能是我们在第五章谈到的府兵制下的"食券"。8 世纪，一方面赋税制度引起南北方资金流互补余缺，另一方面南北方进行茶叶贸易，唐朝政府在

154

155

---

〔1〕宫崎市定（1943），页 28。【《五代会要》卷 27《泉货》引"显德二年九月一日敕"。】

〔2〕译者注：宫崎市定（1943），页 30。【《续资治通鉴长编》卷 8 "乾德五年七月丁酉"条引《杨亿谈苑》。】

此基础之上，发展了所谓"飞钱"体系。商人可以在京师存入钱，领取政府所发的券，持券商人可以在诸道府库兑取同样数额的钱。从而，政府和商人都可以规避运送大额铜钱的风险。[1]宋朝实行的政策基本相同，但称作"便钱"。13世纪马端临《文献通考》载：

> 太祖时，取唐朝飞钱故事，许民入钱京师，于诸州便换。……先是，许商人入钱左藏库，以诸州钱给之。而商旅先经三司投牒，乃输于库，所由司计一缗私刻钱二十。开宝三年，置便钱务，令商人入钱者诣务陈牒。即日辇致左藏库，给以券，仍敕诸州，凡商人赍券至，当日给付，不得住滞，违者科罚，自是毋复停滞。至道末，商人便钱一百七十余万贯。天禧末，增一百一十三万贯。[2]

156

这一全国性初级汇兑体系的主要弱点在于，它是单向的，从京城至诸道。然而，就像驿传系统那样，它既是程度更高的帝国整合的象征，又是其成因。

晚唐五代时期，民间也发明了一些纸质的信用凭证。邸店为客户保管货币与金银，收取一定费用。储户可以凭票支取所存之钱。邸店和金银匠人都发行了具有约定支付功能的票券，经过一定时间，几乎就像钱一样行用。《泉志》中提及了这些票券或与其极类似的凭据：

> 马殷【10世纪楚国国主】始铸铅钱，行于城中，城外即用铜

---

〔1〕*在罗马也有类似制度，称作"publica permutatio"，见 J. P. V. D. Balsdon, *Rome: the Story of an Empire*（London:1970），p.53.

〔2〕宫崎市定（1943），页299。【《文献通考》卷9《钱币考二》，译者补注：此据中华书局2011年点校本，唯"仍敕诸州""天禧末"后加"，"。】

钱。贾人多销铅钱，持过江北。高郁请铸铁钱，围六寸……以一当十。钱既重厚，市肆以券契指垛交易。[1]

这些券契是纸币的直接原型。

纸币首先在四川出现，是各种条件综合产生的结果。10 世纪中叶，统治这一地区的后蜀采用铁钱，与原有的铜钱通用，作为军备筹资的一项措施。因此，新生的宋朝政府开始在全国范围恢复铜钱作为统一的流通货币时，朝廷最初对四川与对长江以南的其他地区并无差别对待；但是这个拥有四路之地、又在经济上与主要内陆区相对隔离的地区使得政府可能会区别对待之。四川的铜钱被调出去补充南方其他地区的短缺，从表面上来看，这是一项暂时的措施，但四川的铜钱也因此而所剩无几。公元 979 年，这个政策改变了。政府解除了禁止铜钱流入四川的法令，并计划用十年时间，将所有政府专卖品的间接税与课税都改成缴纳铜钱。结果是一塌糊涂。政府犯了一个错误：以等值兑换原则设定了铁钱和铜钱之间的兑换率，来逐年递增所要淘汰的铁钱的比例，但铜价比铁价高得多，此政策导致人们对铜的需求急剧上升。商贾将铜钱运入四川以铜钱一换得铁钱十四。由于铁钱在其他地方不通用，于是，他们不得不用赚取的利润购买四川土产，因此，在四川，铁相对于铜的价值进一步下降。按规定，公元 982 年，30%的赋税要用铜钱来上缴。但是据说绝望中的四川百姓"或剜剔佛像，毁器用，盗发古冢，才得铜钱四五"。[2]政府不得不放弃原定的逐年淘汰铁钱的计划。四川的货币制度与全国其他部分仍然不同，而且还得受不便携带的铁钱之苦。

157

---

〔1〕 宫崎市定（1943），页 57.【《泉志》卷 5《伪品下·乾封钱》引《十国纪年·楚史》。】
〔2〕 译者注：《续资治通鉴长编》卷 23，"太平兴国七年八月"条。

纸质券契就是在这种情况下产生的。由 16 个官府认可的商铺大批发行，但因滥用，这一制度大约在 1022 年废止了。为防止出现经济恐慌，政府只得自己直接插手，并承担发行交子的责任。一个世纪之后，李攸在《宋朝事实》中对交子诞生的始末有详细叙述：

> 始，益州豪民十余【万】户，连保作交子。【作为这种特权的回报】每年与官中出夏、秋仓盘量人夫及出修糜枣堰、丁夫物料。诸豪以时聚首，同用一色纸印造。印文用屋木人物，铺户押字。各自隐密题号，朱墨间错，以为私记。书填贯，不限多少。收入人户见钱，便给交子。无远近行用，动及万百贯。街市交易，如将交子。要取见钱，每贯割落三十文为利。每岁丝蚕米麦将熟，又印交子一两番，捷如铸钱。收买蓄积，广置邸店屋宇园田宝货。亦有诈伪者，兴行词讼不少。或人户众，来要钱，聚头取索印，关闭门户不出，以至聚众争闹。官为差官拦约，每一贯多只得七八百，侵欺贫民。知府事谏议大夫寇瑊奏："臣到任，诱劝交子户王昌懿等，令收闭交子铺，封印卓，更不书放。直至今年春，方始支还人上钱了当。其余外县，有交子户，并皆诉纳，将印卓毁弃讫。乞下益州，今后民间更不得似日前置交子铺。"
>
> 奉圣旨：令转运使张若谷、知益州薛田同共定夺。奏称："川界用铁钱。小钱每十贯，重六十五斤，折大钱一贯，重十二斤。街市买卖，至三五贯文，即难以携持。自来交子之法，久为民便。今街市并无交子行用。合是交子之法，归于官中……逐日侵早入务。……其交子，一依自来百姓出给者阔狭大小，仍使本州铜印印记……"
>
> 奉敕令梓路提刑王继明与薛田、张若谷同定夺闻。奏称：

"自住交子后，来市肆经营买卖寮索。今若废私交子，官中置造，甚为稳便。……仍起置簿历，逐道交子，上书出钱数，自一贯至十贯文，合用印过上簿，封押，逐旋纳监官处收掌。候有人户将到见钱不拘大小铁钱，依例准折交纳置库收锁，据合同字号给付人户，取便行使。……其回纳交子，逐旋毁抹合同簿历。"[1]

纸币就这样诞生了。

如同被取代的商人所印行的交子那样，政府早期发行的交子，也以民间存入的货币为根据。每届交子的使用期限是三年，期满要换成铜钱或新交子，这也许是由于当时的纸很容易磨损。除了收取发行交子的折扣之外，它们能够全部兑换。然而，要使它们完全像今天的纸币一样，则需要一些进一步的发展。第一，国家必须在一个指定的限度内，直接发行纸币，不必等待公共需求。第二，纸币的固定流通期必须废止。第三，国库要有一定数量的现金储备，数目要在纸币发行总额中占有一定比例。第四，纸币必须具有不可兑换性。以上诸条之中，除去最后一条以外，看起来似乎都很快要实现了，虽然关于这些变化还很难用文字材料证明。1032—1227年间，宋与西夏[2]之间的战争，导致了严重的财政困难。此时不顾国库储备而印行交子的诱惑第一次变得那么大。11世纪40年代前后，在没有库存储备金的情况下，宋朝政府在今甘肃东南一带发行了价值约120万贯的交子；结果，四川反受其害，食其恶果。到了11世纪70年代，面额1,000文的交子

159

---

〔1〕 李剑农（1957），页87-88。【李攸：《宋朝事实》卷15《财用》。原文"益州豪民十余万户"，李剑农指出"'万'字疑衍"。译者补注：此据丛书集成初编本。】

〔2〕 即1032—1227年间占据今内蒙古西部与甘肃的唐古特王国（Tangut Kingdom）。译者补注：此原为正文的内容，今考虑中文读者应对西夏有一定了解，将其放入注释中，以使正文精炼。应注意，西夏的疆域范围还包括今宁夏、青海以及陕西北部的部分地区。

仅值 940 至 960 文。

到了 11 世纪末，纸币已经流传到中国北部。12 世纪，金朝与南宋对峙时期，纸币在北方和南方都已常态化地发行了。1161 年，南宋流通的会子约 1,000 万贯，[1] 价值为流通铜钱数量的两倍。此外，在国库中还有几百万贯铜钱，数量不多，但显然是足够的钞本。这些纸币与铜钱并行流通，《宋史》有如下说明：

> 会子初行，止于两浙，后通行于淮、浙、湖北、京西。除亭户盐本用钱，其路不通舟处上供等钱，许尽输会子；其沿流州军，钱、会中半；民间典卖田宅、马牛、舟车等如之，全用会子者听。[2]

160

在金朝统治下，交钞几乎取代了铸币。元朝统治者发行纸钞，钞的面额小到 2 至 5 文，以金银而非铜作为钞本。1268 年，诸路皆设"平准行用库"，可用纸钞与官库换取银或金。据 13 世纪晚期的吏部尚书刘宣所说：

> 【交钞】稍有壅滞，出银收钞。恐民疑惑，随路桩积元本金银，分文不动。当时支出无本宝钞未多，易为权治。……行之十七八年，钞法无少低昂。[3]

---

〔1〕译者注：此似非1161年事。《宋史·食货志下三·会子》载："【乾道】四年（1169），以取到旧会子抹付会子局重造，三年立为一界。界以一千万贯为额，随界造新换旧。"王应麟《玉海》卷186亦载："绍兴末始造楮，乾道四年造成第一界，才一千万耳。"

〔2〕加藤繁：《中国经济史考证》（北京：1963），吴杰译，第二卷，页82。【《宋史》卷181《食货志下三·会子》。】

〔3〕李剑农（1957），页95。【魏源：《元史新编》卷87《食货志上·钞法》。】

13 世纪晚期，在阿合马的暴政下，各省官库的储备都上缴京城，同时还过多发行纸钞，结果第一次尝到通货膨胀的苦头。令人惊讶，刘宣以一种几乎近代的口吻，请求政府推行紧缩的货币政策并削减政府开支：

> 拯救之法，不过住印贯钞，只印少（小）钞，发去诸库倒换昏烂，以便民间爪贴，验元起钞本金银发去，以安民心。……国用当度其所入，量其所出，如周岁差税课程可得百万锭者，其岁支只可五七十万。多余旧钞，立便烧毁。如此行之，不出十年，纵不复旧，物价可减今日之半。欲求目前速效，未见良策。纵创新钞，以权旧钞，只是改换名目，无金银作本称提，军国支用不复损抑。[1]

161

虽然他的分析可谓一针见血，但其建议却未被采纳。五十年后，元朝濒于崩溃时，通货膨胀再次发生，情况要严重得多："又值海内大乱，供军赏犒，每日印造不可数计。舟车装运……京师料钞十锭，易斗粟不可得"。[2] 尽管明朝政府尽了极大的努力，但在中国，令人满意的纸币制度是直到近代才建立起来的。

至于其中原因，我们在本书最后一部分再进行分析（见页 221-222，293-294）。这里先简要提一下，纸币当初是用来应付铜钱不足的一项英明措施，但逐渐变成一种官僚政治的怪物，起初大大促进了生产力的增长，但后来却妨碍了生产力的增长。总之，它构成了始于 14 世纪的中国社会与经济深远转折的一部分，这一转折难于理解却意义

---

〔1〕 李剑农（1957），页97.【《元史新编》卷87《食货志上·钞法》。译者补注："少钞"，李剑农认为"少"当为"小"之误。】

〔2〕 李剑农（1957），页99.【《元史新编》卷87《食货志上·钞法》。】

深远，使得传统晚期的中国与经济革命时期的中国大不一样。

* * * * *

宋元时期，纸币尽管重要，我们在思考纸币时，却不能脱离如下事实：提供信贷或周转资金的公私渠道都在扩展。12世纪中叶前后，徽州（今皖南新安县）知事洪适，对私人票券的流行有所评论，指出若政府没有准备足够的货币，当大家突然都要兑换时，"不半年一岁，即见钱竭，无以流布善后"[1]。在元朝的统治下，大量的面粉、茶、竹和酒等商品的票券，常常当作钱来使用；在一定范围内，大城市里茶铺、酒肆、澡房和青楼的主人，其手写的条子、竹签或木签也可当钱用。僧侣的度牒可作免税的凭证；所以发放度牒也成为集资的一种手段，而且也能进行买卖，成为准货币的一种重要形式。广南东路邵州政府，用"铅引、锡引"从矿主那里购买铅和锡。铅引、锡引根据发行日期来逐一兑换成钱，而且只有在发行日期之后很长一段时间才能兑换。我们知道至少有一例，投机者以低廉价格从矿工那里将铅引、锡引全部买进，结果赚取一笔可观的利润（其人后遭弹劾）。1131年，国家用"钱引"招致商贾将所需物资运到两浙境内较偏远的婺州。在婺州付给商贾钱引，商贾到京城或绍兴兑换现金，每1000文再加10文作为红利。

无论在生产、储存还是流通领域中，都无例外地加进了信用机制。洪迈对12世纪麻布业有如下记述：

162

---

[1] 译者注：加藤繁：《中国经济史考证》（北京：1963），吴杰译，第二卷，页78。【洪适：《盘洲文集》拾遗《户部乞免发见钱札子》。】

抚州民陈泰，以贩布起家。每岁辄出捐本钱，贷崇仁、乐安、全溪诸债户，达于吉之属邑。各有驵主其事。至六月，自往敛索，率暮秋乃归，如是久矣。[1]

我们知道陈泰活动范围可达一百多英里。而且他还把钱预存到牙行，所以牙行能够修起储存几千匹布的仓库。

信用在商贾当中已经司空见惯。再看一个由洪迈所述的，并不太能称之为道德的故事：

邢州富人张翁，本以接小商布货为业。一夕，闭茶肆讫，闻外有人呻痛声。出视之，乃昼日市曹所杖杀死囚也。曰："气绝复苏，得水尚可活。恐为逻者所见，则复死矣。"张即牵入门，徐解缚，扶置卧榻上，设荐席令睡。与其妻谨视之，饲以粥饵，虽子妇弗及知。经两月，胁疮皆平，能行。张与路费，天未晓，亲送之出城，亦未尝问其乡里姓名也。过十年久，有大客，乘马从徒，赍布五千匹入市。大驵争迎之，客曰："张牙人在乎？吾欲令货。"众嗤笑，为呼张来。张辞曰："家赀所有，不满数万钱。此大交易，愿别择豪长者。"客曰："吾固欲烦翁，但访好铺户赊与之，以契约授我，待我还乡，复来索钱未晚。"张勉如其言。居数日，客谓翁："可具酒饮我，勿招他宾。"既至，邀其妻共饮。酒酣起曰："翁识我否？乃十年前床下所养人也。平生为寇劫，往来十余郡，未尝败。独至邢，一出而获。荷翁再生之恩，既出门，即指天自誓云：'今日以往，不复杀人。但得一主好钱，持报张翁，更不作贼。'才上太行，便遇一人独行，劫之，

---

[1] 周藤吉之（1962），頁355.【洪迈：《夷坚支癸》卷5《陈泰冤梦》。】

正得千余缗，遂作贾客贩卖。今于晋绛间有田宅，专以此布来偿翁媪恩。元约复授翁，可悉取钱，营生产业，吾不复来矣。"拜诀而去。[1]

　　〔1〕 加藤繁：《中国經濟史考證》(東京：1953) 第二卷，頁223-224。【译者补注：此仍据氏著《中国经济史考证》(北京：1963)，吴杰译，第二卷，页182-183。洪迈：《夷坚乙志》卷7《布张家》。】

第十二章　市场结构革命与城市化

　　早在公元前 3 世纪秦始皇统一中国以前，商业对中国经济就起了重要作用。然而，商业生活在中国却没有像在世界上其他古老文化那样深深扎下根。中国上古文明开始形成之前，在美索不达米亚两河流域下游，贸易与借贷活动就十分突出地载入了成文法。我们有公元前第二个千年[1]早期巴比伦地区的合伙经商、有息借贷以及契约买卖的记录。中国在汉朝以前是不能与之相比的。

　　约在公元前 3 世纪，中国似乎出现了一个贸易高潮和一个强大的商贾阶级。公元前 2 世纪初晁错写道：

> 商贾大者积贮倍息，小者坐列贩卖，操其奇赢，日游都市，乘上之急，所卖必倍。故其男不耕耘，女不蚕织，衣必文采，食必粱肉；亡农夫之苦，有仟伯之得。因其富厚，交通王侯，力过吏势，以利相倾；千里游敖，冠盖相望，乘坚策肥，履丝曳缟。[2]

---

〔1〕　译者注：公元前 20 世纪至公元前 10 世纪。

〔2〕　《汉书》卷 24 上《食货志上》。

汉代史家司马迁描述，在"都会"，竟能买到各式各样的商品，其种类之齐全令人惊异，包括酒类饮料、精制的食品、绢、麻布、染料、兽皮、毛皮、漆器、铜、铁等等。他说："大者倾郡，中者倾县，下者倾乡里者，不可胜数。"[1] 经营诸如腌渍食品之类的普通商品也可致富；有几个地区，庄园组织和富裕农民也制造廉价纺织品出售。

165

有些产品原本并不进入市场，但是由于政府要求某些赋税必须用指定的物品支付，这些产品也就经常被迫卷入市场经济，因为人们往往必须购买这些产品。赋税及其他征派把整个帝国联系起来，由此成为后世商业化更加深入的前兆。政治压力发挥了打气机原理的作用，创造出单靠经济需求本身所不可能产生的商品流通。从赋税得到的财富被用于政府的各种开支，由此创造了为上层阶级服务的新产业和新商业。但是，随之而来的那些技能经过一定时间之后，便广泛应用开来，而不限于上层阶级。

在汉代，大多数人口受商业影响仍然甚微。除了铁器与盐，为市场而进行的商品生产，主要还是限于满足上层阶级的需求。合法贸易被限定于主要行政中心的指定区域之内，或者就在城外。同类商品的店铺、货摊集中在一起，置于政府的控制之下。《汉书·酷吏传》说：尹赏将京城（长安）无市籍的商贩和百工，与其他作恶之人一起大批活埋于地牢（"虎穴"），一次可达百人。[2] 汉朝以后，历代（包括唐代在内）都延续了这种限制措施：将商业局限于指定的地区和商行。公元 808 年，刘禹锡记述了朗州（湘西北的一个小州）的市场迁移情况，从中可以看出这一制度的某些性质：

---

〔1〕 佐藤武敏（1962），頁 101。【《史记》卷 129《货殖列传》。】
〔2〕 译者注：参见《汉书》卷 90《酷吏传·尹赏传》。

肇下令之日，布市籍者咸至，夹轨道而分次焉。其左右前后，班间错跱，如在阛之制。其列题区榜，揭价名物，参外夷之货。[1]

在那些更大的城市（特别是长安），有面积相当于整个中世纪的伦敦大小的庞大市场。相应地，对于治安、度量衡和价格的管制，政府都有更加详尽的规定。

若没有政府的许可，在非官方指定和监督的地段设立市场是非法 166 的。而一旦生产与交通的技术改善，农民就能够为市场提供剩余产品。要满足农民的需要，现有那些市场不仅数量太少，而且距离也太远。结果，在农村地区，一种与官方市场不同的市场体系，因迎合了农民的需要而逐渐形成，这种集市通常是每隔几天开一次。关于集市的最早记载，见于3和4世纪之交的沈怀远所编的《南越志》：

越之市名为虚，多在村场。先期召集各商，或歌舞以来之。荆南、岭表皆然。[2]

到了唐朝后期，这种集市已经很多。杜牧写道："凡江淮草市，尽近水际，富室大户，多居其间。"[3]因此，官方市场越来越受到多重的民间市场的挑战。同时，官僚机构对于城市市场的控制也松弛下来。在城里，商贾开始随意设立店铺、货摊，并不仅限于规定的地段。9

---

〔1〕 D. C. Twitchett, "The T'ang Market System", *Asia Major*, 12:2(1966), p. 229.【刘禹锡：《刘禹锡集》卷20《杂著·观市》。】

〔2〕 斯波義信（1968），頁341；Shiba/Elvin（1970），p.142.【董斯张：《吴兴艺文补》卷2引沈怀远《南越志》。】

〔3〕 斯波義信（1968），頁338；Shiba/Elvin（1970），pp.141-142.【《樊川文集》卷11《上李太尉论江贼书》。】

世纪是这样一个时代：旧有的市场制度正让位于日益增长的商业自由。

除此以外，还存在着更深刻的转变。中国农村经济正在与市场机制连接起来。贸易不再只是供应奢侈品，而且还提供生活必需品。像稻米这类大宗产品的大规模区域间运输获得了发展；很多地方性产品，如特殊类型的纸张，已经闻名全国并在各地出售；在这种意义上，可以说一个"全国性市场"出现了。

这种发展的结果之一，是创造了全国性的国内税关网。这种税关，取代了作为国家控制商业和征收商税手段的市场管理体系。早在8世纪晚期，"诸道津要都会之所，皆置吏，阅商人财货，计钱每贯税二十文"。[1] 9世纪，控制大部分地方权力的军人们，将交通要道两旁官府设置检验过所的关卡变为对商旅征收商税的税关。白居易曾提及："水陆关津，四方多请率税。"[2] 其实这些都只是半合法的制度，有时征税太重，以致阻碍了商品交易，使得商贾们只得绕道而行以避开税关。10世纪，后晋规定，把在本地销售的商品与那些只运至他处的商品区分开来。到1077年，宋朝已有大约2,000个此类税关，征收过税和住税，数量随时间推移还在增加。例如，到1205年，仅广州、肇庆、惠州三州就有83个税关，这些税关都设在"农村定期集市"的地点。如果这个分布比例可以代表全国范围的平均密度，则此时中国南北方的税关总数已接近10,000个。显然，其税额在政府的收入中占很大一部分。

167

* * * * *

---

〔1〕青山定雄（1963），页138。【《唐会要》卷88《仓及常平仓》。】

〔2〕青山定雄（1963），页140。【白居易：《白氏长庆集》卷60《论行营状·请因朱克融授节后，速讨王庭凑事》。译者补注：此据《白居易集》卷60校改。】

与市场联系的增强，使得中国农民成为一个能适应环境、有理性和有逐利趋向的小企业家阶级。在乡村，出现了范围相当广的各种新职业。在山区种树，为日益兴旺的造船业以及不断扩展的城市建筑业提供木材。生产蔬菜和水果也是为满足城市的消费。榨制各种油则满足了食用、照明、防水以及作发油和医药之需。蔗糖被精炼为冰糖，并用作蜜饯中的防腐剂。池塘和水库养鱼，使得养殖鱼苗成为一个重要的生意。由于印刷业及官僚化的政府的需要，纸张产量更是一路飙升。除了用于书本、公文和信件以外，纸还用来制作货币、衣服、灯笼，以及包装纸和厕纸等。有无数村庄生产麻、苎、丝织品。种桑本身也变得有利润可赚，而且桑树秧苗的专门市场也出现了。农民们还制作漆器和铁器。

当乡民们缺少原料时，他们常常从其他地方购进。1240 年，祝穆出版了地理总志《方舆胜览》，其中对浙江温州有如下描述： 168

> 温居涂泥之卤，土薄艰植，民勤于力而以力胜，故地不宜桑而织纤工，不宜漆而器用备。[1]

14 世纪初，人们用特制的容器盛上江州孵化的鱼苗，定期运往远至 200 英里之外的福建和浙江，供那里的农民在池塘里饲养，然后拿到市场去贩卖。反过来说，在很多地区，专业化生产常常意味着食品必须要从外部输入。沈括提到湖南某县全部投入茶叶生产，甚至农民也要到市场去买蔬菜。12 世纪晚期，徽州的一部地方志谈到当地经济时说：

---

[1] 斯波義信（1968），頁297；Shiba/Elvin（1970），p.123.【祝穆：《方舆胜览》卷9"瑞安府"条引《永嘉志》。】

山出美材，岁联为桴。下浙河往者多取富。……祁门水入于鄱，民以茗、漆、纸、木行江西，仰其米自给。[1]

陈旉《农书》叙述了在湖州安吉县，作为农民经济的基础的稻作是如何被蚕桑完全取代的：

彼中人唯藉蚕办生事。十口之家，养蚕十箔。每箔得茧一十二斤。每一斤取丝一两三分。每五两丝织小绢一匹。每一匹绢易米一硕四斗。绢与米价常相侔也。以此岁计衣食之给，极有准的也。以一月之劳，贤于终岁勤动，且无旱干水溢之苦。[2]

类似的情形也可见于太湖地区洞庭山。那里的山坡上全都种上了柑橘，本地所需粮食全靠从外地输入。

* * * * *

地方市场体系的成长，既是小农经济商业化的结果，又是其成因。 169
上述这些集市大多规模不大，每几天一次，在早上开市几小时。周密曾在一幅绘画上题了几句诗，很形象地描绘出集市的特点：

包茶裹盐作小市，鸡鸣犬吠东西邻。
卖薪博米鱼换酒，几处青帘扶醉叟。[3]

---

〔1〕 斯波義信（1968），页148；Shiba/Elvin（1970），p.54.【《淳熙新安志》卷1《风俗》。】

〔2〕 斯波義信（1968），页284；Shiba/Elvin（1970），p.116.【陈旉：《农书》卷下《种桑之法篇第一》。】

〔3〕 斯波義信（1968），页351；Shiba/Elvin（1970），pp.144-145.【周密：《草窗韵语》卷4《潇湘八景·山市晴岚》。】

较大的市场需要一定程度的内部组织及管理。11 世纪僧侣诗人道潜在其《归宗道中》一诗中，对此有所提及：

> 朝日未出海，杖藜适松门。
>
> 老树暗绝壁，萧条闻哀猿。
>
> 迤逦转谷口，悠悠见前村。
>
> 农夫争道来，聒聒更笑喧。
>
> 数辰竞一墟，邸店如云屯。
>
> 或携布与楮，或驱鸡与豚。
>
> 纵横箕筹材，琐细难具论。
>
> 老翁主贸易，俯仰众所尊。
>
> 区区较寻尺，一一手自翻。[1]

地方市场的幕后操纵者通常是当地有影响的人物，或那些受托为政府收税的商人。在最大的市场里，设有官方的诸市署负责征收商税并维持秩序。若两个市镇的距离太近，那么两个市镇的大户就会激烈竞争，双方都力图压倒对方，而使自己的市场得到唯一认可。当时，似乎两个村市至少相距 4 至 8 英里，这样可以避免摩擦。

上述地方市场构成了全国层面的更高一级市场的基础，后者关联着几乎整个中国的经济，当时的中国有三个主要区域：（1）以开封为中心的华北地区；（2）以太湖南北两岸城市群为中心的华南地区；（3）以成都平原的城市为中心的四川。

在宋代，以上三个区域内部各个地方之间的经济依赖都加强了，诸如粮食和布匹之类的大宗商品的交易方面尤其如此。12 和 13 世纪

170

---

　〔1〕　斯波義信（1968），頁357，371；Shiba/Elvin（1970），pp.147,154.【道潜：《参寥子诗集》卷1《归宗道中》。】

南方稻米的贸易，很能说明这个问题。有三个地方通常有多余的稻米可供输出，此三地为长江三角洲、珠江三角洲、赣江中游。稻米长期从这些地方流向东南沿海缺米区和那些非农产品产区以及主要城市。周必大谈到福建时说："闽地狭田少，岁藉广米，每患客舟不时至。"[1]《严州新定续志·序》中提到："百姓日夥，则取给于衢、婺、苏、秀之客舟。"[2] 12 世纪文臣吕祖谦亦言道："旬日不雨，溪流已涸，客舟断绝。米价腾涌，大小嗷嗷，便同凶年。"[3] 严州地穷，主要收入来自木材贸易。池州是又一个长期缺米的地区。袁说友上疏说：

> 本州地狭民贫，虽是丰熟年分，居民所仰食米，亦是上江客船米斛，到来江岸，迤逦近城出粜，始可足用。[4]

据推测，杭州临安府的消耗，除了依靠大量的税米以及富人从其 171私庄运来供自家消费的米供应之外，还需商贾每年运米约 116,000 吨来补给。建康（今南京）所需为此数的一半；而鄂州（今武昌）则依赖远至衡州的稻米来供给，水路距离达 300 英里。日常的稻米贸易很重要，而同样重要的还有歉岁的稻米运输。如果价格高到让商贾认为到那里去是值得的，就可能根据临时需要，将稻米运送到任何一个农

---

〔1〕斯波義信（1968），页161；Shiba/Elvin（1970），p.61.【周必大：《周益文忠公集》卷67。译者注：此据《平园续稿》卷27《神道碑七·敷文阁学士宣奉大夫赠特进汪公（大猷）神道碑》（嘉泰元年）。清道光二十八年（1848）欧阳棨瀛塘别墅刊本。】

〔2〕译者注：方逢辰：《蛟峰集》卷4《严州新定续志序》。伊懋可先生此段引文英译中的"kua-chou"似有误，应作"秀州"。

〔3〕斯波義信（1968），页160；Shiba/Elvin（1970），p.59.【吕祖谦：《东莱吕太史文集》卷3《为张严州作乞免丁钱奏状》。译者补注：此据丛书集成初编本《吕东莱集》卷1《为张岩州作乞免丁钱奏状》。】

〔4〕斯波義信（1968），页165；Shiba/Elvin（1970），p.64.【袁说友：《东塘集》卷9《又申乞禁止上流州郡遏粜疏》。】

业歉收的地方。像木材、糖、铁等其他大宗商品，在各地区之间的贸易也很频繁。因此，14世纪宁波的地方志记载："生铁出闽广，船贩常至，冶而器用。"[1]这说明工业原料能够经常经由海路从700多英里之外运来。

总体来看，地区间贸易，主要还是集中于价值较高的物品。《续资治通鉴长编》对1088年位于山东南部的板桥镇有如下描写：

> 本镇自来广南、福建、淮、浙商旅乘海船贩到香药诸杂税物，乃至京东、河北、河东等路商客般运见钱、丝绵、绫绢往来交易，买卖极为繁盛。然海商之来，凡乳香、犀、象、珍宝之物，虽于法一切禁榷，缘小人逐利，梯山航海，巧计百端，必不能无欺隐透漏之弊。……明、杭贸易止于一路，而板桥有西北数路商贾之交易，其丝绵、缣帛又蕃商所欲之货，此南北之所以交驰而奔辏者，从可知矣。[2]

四川与其他两个区域之间的贸易似乎比较有限，尽管成都等地的药市吸引了全国各地的游方道士及其他卖草药的人前往。

国际贸易（尤其是与日本和东南亚国家的贸易）也在蒸蒸日上。中国向东南亚输出铜器、铁器、瓷器、丝绢、麻布、化学制品、糖、米及书籍等，换取香料和其他罕见物品。中国农村经济有一部分已经直接与海外市场相联系，为其进行生产。这种现象可见于蔡襄的《荔枝谱》：

172

---

〔1〕 斯波義信（1968），頁301；Shiba/Elvin（1970），p.124.【《至正四明续志》卷5《器用·铁器》。】

〔2〕 斯波義信（1968），頁138；Shiba/Elvin（1970），p.48.【《续资治通鉴长编》卷409，"元祐三年三月乙丑"条。】

【在福建】初着花时，商人计林断之以立券。若后丰寡，商人知之。不计美恶，悉为红盐者，水浮陆转，以入京师。外至北戎、西夏。其东南舟行新罗、日本、琉球、大食之属，莫不爱好，重利以酬之，故商人贩益广，而乡人种益多。一岁之出，不知几千万亿。而乡人得饫食者盖鲜矣，以其断林鬻之也。品目至众，唯江家绿为州之第一。[1]

虽然我们尚未进行定量研究；但从定性研究方面大致来看，可以说那时中国经济已经商业化了。

* * * * *

这种发展的迹象之一，是商业结构日益复杂。某种管理阶层出现了，尽管这个阶层有时与其所管理钱财的主人之间有准人身依附关系。种类各异的行会范围很广，其中有些是把大小商贾聚在一起，也有些是让势均力敌的合伙人参加进来。商业的机能也更加专业化了。例如，货栈本身变为独立的行业；有的货栈非常先进，例如，杭州的货栈[2]四周环水，用以防火，有专职守卫长期看管。国家发照的经纪人（牙人）的活动，先前主要限于在房产、牲畜以及（南宋以前）人口买卖中充当中介，或进行记账、代收商税等，现在则成了关键中间人。他们住在各个市场中心，协调行商坐贾之间的交易活动。在最大的那些城市里，有专门的行首和中介人。通过他们，可以雇到几乎所有工种的工人，可以销售包括墓地在内的几乎所有种类的商品，以及提供诸 173

---

〔1〕 斯波義信（1968），頁211；Shiba/Elvin（1970），p.88.【《蔡忠惠公文集》卷30《荔枝谱》第三。】

〔2〕 译者注：即塌房（坊）。

如无所不包的邸店之类的精致服务。

优秀的商业经纪人是富人们渴望找寻的对象。洪迈记载了这样一个故事：

> 枣阳申师孟，以善商贩著干声于江湖间。富室裴氏访求得之，相与欢甚。付以本钱十万缗，听其所为。居三年，获息一倍。往输之主家，又益三十万缗。凡数岁，老裴死。归临安吊哭，仍还其赀。裴子以十分之三与之，得银二万两。[1]

与申师孟相比，大多数经纪人要受到更严密的控制；但是这一记载反映出资金使用的离散化趋势，即富人投资时，往往将资金分散使用，而不是将其财源集中到某一事业上。这种情况在当时并非罕见。只有尽可能地下放决策权，才能最有效地建立一个大商业王国。12 世纪，杨万里在一则警世寓言里的记述很能说明问题：

> 某之里中有富人焉，其田之以顷计者万焉，其货之以舟计者千焉。【上述数字不能当真，这个故事很可能是编造的，仅仅是为了说明一个寓意】其所以富者，不以己为之，而以人为之也。他日或说之曰："子知所以居其富矣，未知所以运其富也。子之田万顷，而田之入者岁五千；事之货千舟，而舟之入者岁五百。则子之利不全于主，而分于客也。"富人者于是尽取田与舟，而自耕且自商焉。不三年而贫。何昔之分而富，今之全而贫哉？其入者昔广而今隘，其出者昔省而今费也。且天下之理，岂有尽废于

---

〔1〕 斯波義信（1968），頁442；Shiba/Elvin（1970），p.191.【《夷坚三志辛》卷8《申师孟银》。】

人而并为于身哉？[1]

以平等为基础进行合作的商人们（通常是以 5 至 30 人为一伙）在 多大程度上能够协调各自的经营，对此，我们还不完全清楚。正常情况是，根据各自投入的资本数量来分红，而同伙人似乎在交易中有很大的自主权。所以，组织上的一体化仍旧十分有限。

然而，若据此认为，民间商贾当中不存在大规模合作，那就错了。南宋时，致富的汪革就是这样的一个经营者，有相当多的人在为他工作。据载：

> ……闻淮有耕冶可业，渡江至麻地，家焉。麻地去宿松（位于今安徽）三十里，有山可薪，革得之，稍招合流徙者，冶炭其中，起铁冶其居旁。又一在荆桥，使里人钱某秉德主焉……

他因举止傲慢被指控谋反；政府试图镇压他，结果他便真的起来造反：

> 分命二子，往起炭山及二冶之众。炭山皆乡农，不肯从，争进逸。惟冶下多逋逃群盗，寔从之。夜起兵，部分行伍，使其腹心龚四八、董三、董四、钱四二及二子分将之，有众五百余。[2]

如果"五百余"这个数字是在冶炼炉工作的人数，那么加上那些开矿、伐木、烧炭以及为冶炼作运输的人，总数可达几千人。可见，

---

〔1〕斯波義信（1968），頁114；Shiba/Elvin（1970），p.29.【杨万里：《诚斋集》卷63《与虞彬甫右相书》。译者补注：此据杨万里撰、辛更儒笺校：《杨万里集笺校》卷63。】

〔2〕（此段与上段引文）周藤吉之（1962），頁218-219.【岳珂：《桯史》卷6《汪革谣谶》。】

汪革铁厂的规模之大，直到 18 世纪，才被俄国乌拉尔 (Urals) 的新兴制铁业超过。宋朝的军需工厂，规模则更为庞大。而且，大规模经营还不限于金属工业。宋初李昉著述提到，唐代定州富户何明远，家有五百张织机，织绢致富。[1]

* * * * *

上述经济进步在城市革命中达到高潮。在中国东部，城市突破城墙伸展到郊区，直到最初的核心淹没于城市圈中。闽西汀州在 11 世纪中叶修建城墙时，环城直径仅半英里。但是到了南宋时期，后来建在城外的 23 个坊使得城内最初的 3 个坊相形见绌，甚至一英里半之外的原先的卫星城都被它们吞没了。州内城镇居民的比例也急速上升。12 世纪晚期，他们还只占人口总数的 6%（仅计男丁）；然而到了 13 世纪中，已经上升到 28%。这个比重，在拥有主要城市的行政区域并非个例。13 世纪初，包含镇江城在内的丹徒县居民，有 24% 是城镇居民；到 13 世纪末，这一比重继续上升到 33%。这一骤增的时间，可由医疗史方面的证据间接得到证实。在大城市中，由于人口密度大以及卫生设施方面的问题，传染病易于流行，因此居民健康没有保障。交通的改善，也使得瘟疫更为迅速地从一城传染到另一城。传染病的发生频率原先很低，到了 12 世纪增加到五年一次。也就在此时，中国医学记录上首次出现流行性感冒、斑疹伤寒等典型的 "人口密集型疾病"（crowd disease）。1232 年，最严重的瘟疫降临在开封，发生在蒙古人第一次围城撤离后不久。此瘟疫的确切性质尚不明，但据说持续了 50 到 90 天，使 90 万至 100 万居民丧生。城市革命的另一间接证据，

---

〔1〕译者注：此实出于唐代文献。见张鷟：《朝野佥载》卷3。原文为："定州何名远大富，主官中三驿。每于驿边起店停商，专以袭胡为业，赀财巨万，家有绫机五百张。"

是宋代城市房地产权开始成为一个重要的利润之源，城市房地产被指定为单独的纳税对象。

生活在城市的总人口在全国人口中所占的比例，基本上是无法确定的。正如其他大多数的经济指标一样，各地差异必然相当大。1100年，20万户以上的州有7个，其中北方有2个，江南有5个；10万户以上的州有51个，其中北方有14个，四川有2个，江南有35个。这包括了所有的大城市。假设每户5口人，我们有理由认为居住在城市的人口已经相当多。严格说，这样的计算还含有不大正确的步骤：我们将1100年的人口数字和大城市所在州的平均城市化率结合起来进行考虑，而这个平均城市化率则是由13世纪仅存的几个数字推算得出。那几个可以利用的数字为，丹徒33%，汀州28%，歙县26%，鄞县14%，汉阳军13%。其中第一、三、四是县的数字，可能以此估计州的比例会偏高。因此，考虑到前面引用的比值中没有最大的知名卫星城的数字在内，20%的比例似乎比较恰当。据此得出的结果为城市人口约为600万，约占在籍人口的6%—7.5%。这个推算结果，可能与对大城市的人口估计十分接近（大城市指有10万以上居民的城市），因为我们没有考虑那些总人口在50万以下的州。但可以肯定，600万无疑低估了大城市的人口。据12世纪叶梦得所言："建康承平时，民之籍于坊郭以口计者，十七万有奇。流寓、商贩、游手往来不与。"[1]至于城市的非在籍人口，是否比农村非在籍人口（包括无地佃户及奴仆在内）的比重还大，我们尚不能确定。另一方面，还没有人对宋代市镇以及居民在50万以下的220余州做过任何统计。虽然在20世纪30年代，市镇人口与县治一级城市人口大体相当，或比之略多，但是市镇发展的兴旺时期

---

〔1〕斯波義信（1968），頁333；Shiba/Elvin（1970），p.139.【叶梦得：《石林居士建康集》卷4《建康掩骼记》。】

是在清代，因此，我们不能假定这个比例就是宋代的比例。不过，设想就全国范围来说，认为这个比例是 10%，似乎说得通。在较发达地区，城市人口比例大概会高得多。

作定性分析的工作会容易些。13 世纪中国城市吸引了很多人的注意。马可·波罗写道："苏州城很大，周围四十里，人烟稠密，以至无法估算其数。"他形容南宋故都杭州"无疑是世界上最富丽堂皇的城市"。他还说："任何一个人见到数量如此庞大的人口，都会认为养活他们是一桩极其不可能的事。"[1] 近来，霍林顿（T. H. Hollington）对马可·波罗书中的数字进行了独到的分析，认为杭州在 13 世纪末约有500 万至 700 万居民。如果他的估计正确，那么中国的情况就比以往猜想的更令人震惊。假定每人每天吃 16 盎司的米，本书页 171 所述商人在杭州出售的粮食数量仅能养活 60 万至 70 万人，此数与本书页 82引文相符。不论这两种情况的哪一种，我们都不得不承认，当时的中国在世界上，城市化水平是最高的。

中世纪欧洲的城市要小许多，但是中国城市在历史上却没有起到中世纪欧洲城市那样的作用。中国城市既不是政治自由中心，也不是个人自由的中心，也没有特别的法律制度。其居民既没有发展出一种公民意识（与一种或许是与乡土情感相对而言的意识），也没有在市民自治军中服役。他们不是商人共同体，和性质不同于他们的农村及其统治者之间也不构成对立。庄园与市场并不冲突。农村也商业化了；大多数庄园为市场生产。似乎，正是剩余农产品的市场不断扩大，而使剥削佃农和佃客如此具有吸引力。中国与欧洲之间发生歧变的基本

---

〔1〕 Latham（1958），p.188. 比较 Moule & Pelliot（伯希和）（1938），I 324，该书引用了各种版本，列举了苏州城的周长有 9、20、40、60 里的不同说法。【译者补注：正文据原文直译，但参考了沙海昂注、冯承钧译：《马可波罗行纪》第 150 章《苏州城》，页 566、570；最后一句是关于杭州的人口描述，似不见于冯承钧译本，故完全据英文直译，特此说明。】

原因，仍是本书第一部分讨论的主题：统一的帝国结构长期存在，使得独立的城市不可能在中国发展，就像真正封建的政治和军事结构在中国不可能发展一样。只有在较长时期的分裂情况下，这些才有可能发生。当然，西方古典时期城市国家的传统，在中国也从未存在过。这个传统在罗马帝国晚期大多已经消失。如果西方帝国历史走的是中国的历程，城市国家的传统也不可能复苏。

目前，我们要自信地将宋代中国城市化的模式与清代的模式作一比较还为时尚早。但是，可以用一个假设来说明我们的观点。到 1900 年，仅有约 4% 的中国人口居住在 10 万以上人口的城市。[1] 相对而言， 178 这个比例比 13 世纪晚期的数字还要低。我们在本书第十六章将看到，市镇的总数在 18 和 19 世纪有迅猛的增加。因此，似乎在 1300 年到 1900 年之间，大城市不仅不再增加，而且还趋于减少；随着中小城市的重要性相对提升，大城市与乡村的差别不再那么突出。到目前为止，我们只是把城市增长看作农业、运输业以及其他经济领域技术进步的结果。从理论上来说，似乎我们也同样可以反过来这样说：正是由于城市增长，创造出了市场以及城市生活的吸引力，从而才促进了这些进步。[2] 所以，如果中世纪经济革命时期中国城市化的动力（大城市数量的增长）与中国传统社会晚期市镇增长的动力（市镇数量的增长）不同，很可能与中世纪时期出现了技术发明的井喷，而随后却技术相对停滞有关。这在某种程度上既是其原因，又是其结果。然而，我们暂不论证这个观点，在随后几章，我们先来进一步探讨一下技术的进步与停滞和帝国晚期的传统经济问题。

---

〔1〕 D.H. Perkins, *Agricultural Development in China, 1368—1968* (1969), pp.290-295.【译者补注：这应该是伊懋可先生根据珀金斯附录 E1（pp.292-294）估算出的结果，而非珀金斯直接给出的数值。】

〔2〕 J. Jacobs, *The Economy of Cities*（London:1970）.【译者补注：译校时未能找到此版本，此据（NewYork:1969），见"译校参考文献"。】

第十三章　科学与技术革命

　　从 10 至 14 世纪，中国来到了对自然进行系统的实验性考察的入口，并创造了世界上最早的机械化工业。以下一些例子可以阐明这些成就的范围。在数学方面，中国人发现了一元高次数字方程的解法。在天文学方面，由于铸造出比过去大得多的设备及使用改进了的水钟，因此观察的准确性达到了新水准。在医学方面，通过解剖尸体，开始形成系统的解剖学；对于疾病的描述，更加精确，同时药典里也增加了大量新药物。在冶金方面，煤（可能还有焦炭）肯定用于炼铁。在战争方面，火药由烟火的原料变成真正的爆炸物；此外还发明了喷火器[1]、毒气、霰弹（fragmentation bomb）[2]和火枪。同时，这一时期有一个日益增长的倾向，即试图将现存理论体系与几百年来收集的大量经验信息更紧密地联系起来，其中最突出的是药理学与化学。

　　这一时期是先前几个世纪以来科学和技术进步的顶峰，同时也是终点。这个进步的基础首先是 9 世纪发明出来，并在 10 世纪得到普遍应用的雕版印刷术。这些古代科学文献的传播，激发学者们掌握并超

〔1〕　译者注：应指猛火油柜。
〔2〕　译者注：应指霹雳炮。

出古代所获得的成就。它还创造出全国范围事关科学讨论的交流，有助于知识大众化，而师徒间口耳相传则越来越不那么重要了。但我们也不应夸大这些成就。南北方的科学文化仍旧有很大差距。北方的理论数学与医学理论很难传到长江流域，即使有，也只是传到实用观念较强的那些人中。14世纪名医朱震亨居住浙江，在很大程度上他都是靠自学成材的，后来有幸得一学者指点，才知道两百年前北方的医学思想。而这位学者的老师来自北方，自己也有这方面的书籍，且绝大部分是印刷的。大数学家朱世杰受教于北方学派，后来南迁扬州，他的书在扬州印出，却找不到传人。结果，他所取得的高深成就，以后几代人都理解不了。但是至少最基本的科学文献在各地都很常见。

180

这场学术复兴的主要动力是政府。唯一有可能受阻的探索领域是天文学，它被列为"保密"项目，因为其关系到星占和历法。唐律规定，任何私人占有天文书籍或私习天文，均判徒刑二年。[1]到10世纪的后周，这种惩罚减轻为仅销毁私藏书籍。宋朝时，与官府有来往的士大夫家庭可以放心地在私下研究星体。宋朝采取的政策是：除了儒家经典、诸朝史书、律例以及重要理学家的著作以外，还编辑和出版数学、医学、农业、军事方面的标准文本。政府还出资刊印一些新的著作。例如，11世纪苏颂的《本草图经》是根据各地向北宋朝廷进献植物的原始图画而作的医书。这些书或者发给地方政府，或者出售。以近代的标准来看，这些书发行量都不算大。《农桑辑要》于1273年两次刊印，每次1,500本，是发行量最大的图书之一。但这些书使全国知识水平上升到一个新高度，如第九章谈到的农书即是一例。

国家在各州府及比较重要的县治建立的教育体系，也是官方出版业的补充。虽然学校课程将文学科目和圣贤典籍放在头等重要的位置，

---

[1] 译者注：参见《唐律疏议》卷9《私有玄象器物》。

但也教授诸如行政、水利、军事、数学等枯燥却很实用的科目。太医
局作为独立系统培养国家医疗人员，有 300 个学生名额。相应的考试 ₁₈₁
既有理论内容又有实际操作：没有医治好一定比例的病人，则不能通
过考试。因此，宋元时期的官员不仅仅会舞文弄墨，而且还具备很多
有用的实践知识。

民间印刷也很兴盛，尽管政府时不时对此进行控制，甚至试图对
其加以禁止。除了佛教典籍，一开始民间印行最广的是历日[1]；这立刻
与政府发生冲突，因为政府认为只有作为"天子"的皇帝，才有权调
整世间万事万物与天体运动之间的关系，皇帝的这种权力绝不可被削
弱。据公元 835 年冯宿记述：

> 准敕禁断印历日版。剑南、两川及淮南道，皆以版印历日鬻
> 于市。每岁司天台未奏颁下新历，其印历已满天下，有乖敬授
> 之道。[2]

公元 881 年，唐僖宗因黄巢起义而避难四川之时，发现由于民间
所印历日与官方历日有异，商贾之间出现了纠纷。到了公元 935 年，
民间竞争如此激烈，以致后周政府不得不自印历日。在宋代，印书也
变得有利润可赚。1108 年，一位大臣指责某些学者印书仅为图利；但
也有些出版者是著名的文人，如姚枢。作为朱熹的信徒，他就曾用活
字来刊行理学家朱熹的著作。

民间书坊出版的书籍涉及农学、初等算术及珠算技术。1262 年出

---

〔1〕 译者注：英文中的"calendar"，即今日的日历，唐宋时期一般称"历日"。以下都以"历日"
来对译"calendar"。

〔2〕 石田義光：《唐·五代の雕印》，《集刊東洋學》10（1963），頁 60。【冯宿：《禁版印时宪书
奏》，收于彭定求等编：《全唐文》卷 624。】

版的杨辉《日用算法》是这类书籍的典型。作者说本书的目的是"少补日用之万一，亦助启蒙之观览云耳"。[1]更为高深的是朱世杰的《算学启蒙》，1299 年刊印。值得注意的是，其所举之例皆来自当时的城市日常生活。由于这些著作以及类似的书在民间可以获得，因此中世纪时代的中国是当时世界上识字率最高、算术最普及的国家。

雕版印刷属于比较原始的一种方法。每一页都要专门刻制，印刷也不是靠压印，而是将一张纸铺在蘸了墨的雕版上，然后用干刷子在上面来回刷。结果常常远不能令人满意，公元 883 年，柳批评论成都在售的字书、著作的墨迹，"印纸浸染，不可尽晓"。[2]由此可见一斑。而人们也在通过使用活版而努力加快印刷速度。沈括的《梦溪笔谈》（1086 年成书[3]）首次提到活版印刷术：

> 板印书籍，唐人尚未盛为之。自【932 年】冯瀛王始印五经，已后典籍，皆为板本。庆历中，有布衣毕昇，又为活板。其法用胶泥刻字，薄如钱唇，每字为一印，火烧令坚。先设一铁板，其上以松脂腊和纸灰之类冒之。欲印则以一铁范置铁板上，乃密布字印。满铁范为一板，持就火炀之，药稍镕，则以一平板按其面，则字平如砥。若止印三二本，未为简易，若印数十百千本，则极为神速。常作二铁板，一板印刷，一板已自布字，此印者才毕，则第二板已具，更互用之，瞬息可就。每一字皆有数印；如

---

〔1〕译者注：薮内清：《宋元时代の数学》，收于薮内清编《宋元时代の科学技术史》（1967），页 61。【《诸家算法及序记》，收于郭书春主编《中国古代科学技术典籍通汇·数学卷》第 1 分册。】

〔2〕译者注：《旧五代史》卷 43《唐书·明宗纪》引《柳氏家训》。

〔3〕译者注：关于《梦溪笔谈》成书时间，胡道静于《梦溪笔谈校证·引言》中有过分析："沈括的《梦溪笔谈》撰述于元祐年间（1086—1093），大部分是于元祐三年（1088）定居于润州（今镇江）梦溪园以后写的。"（沈括著、胡道静校证：《梦溪笔谈校证》，页 21）伊懋可先生对各种文献的成书时间的判断，主观色彩较浓，译校者就一些主要典籍的成书时间尽可能地进行了一些简单查考，但学识所限，恕不能一一指明。

"之""也"等字，每字有二十余印，以备一板内有重复者。不用则以纸帖之，每韵为一帖，木格贮之。有奇字素无备者，旋刻之，以草火烧，瞬息可成。不以木为之者，文理有疏密，沾水则高下不平，兼与药相粘不可取，不若燔土，用讫再火令药镕。[1]   183

毕昇死后，其技术并没有得到传承，虽然人们有时似乎也将泥活字放进胶泥底座，然后烧坚，但是这道工序使得印刷之后的活字无法再次使用，也无法排版。原因很可能是在烧烤过程中收缩不均，很难把字准确对齐。也有可能泥土质地吸墨太多。墨的基本成分是水而不是油，与后来的欧洲印刷不同。

13 世纪后期以降，活字版只是在大量印制时才使用。此时，王祯又发明了可转动的排字盘，这样排字时就容易拿到所需的活字了。这些后起的活字大多是木制的。也试过用锡制的，但锡不能很好地吸墨，又容易磨损，不能长期使用。不论木活字，还是金属活字，都需要固定，方法是或者用木条将其贯串，或者在字与字之间加衬垫。活字不论用刀刻还是铸造而成，都不能很精确，因此也难以将其稳固在一起。后来，先是在朝鲜，然后在中国，金属活字制作也有一定的改进。但总的来说，直到 19 世纪末以前，雕版和木活字在中国印刷业中占据主要地位。很可能是因为汉字方块字常用字有四五千字，不像用拼音文字那样，连符号算进也不到 100 个，因此进一步完善金属活字印刷似乎不是那么吸引人。

————————

〔1〕 沈括：《梦溪笔谈》卷18《技艺》。还可参见 T. F. Carter, *The Invention of Printing in China and Its Spread Westward* (NewYork: 1925) 第 2 版：L. C. Goodrich 修订（NewYork:1955），pp.212-213。【译者补注：此据沈括著、胡道静校证：《梦溪笔谈校证》卷18，第 10 条。又，本注释中卡特（T. F. Carter）的《中国印刷术的发明和它的西传》（*The Invention of Printing in China and Its Spread Westward*）一书，经核对，伊懋可先生引用的是 1955 年的修订版，1925 年版相应内容则在页 159-160。】

除了印刷，在科学和技术革命背后尚有各种动因。医学面临着新疾病的考验，这些疾病既包括对新的密集的城市人口十分有害的传染病，也包括人们所不熟悉的南方疾病，而当时，移居南方的人口越来越多。由于商业速算的需要，珠算得以介绍并推广开来。华北森林的破坏以及由此引起的木柴短缺，促进了人们用煤来做饭、取暖以及炼铁。煤烟会影响食物的味道，所以，人们又发明了焦炭，以后又将焦炭用于金属熔炼。对于武器、盔甲及制钱的需求意味着需要更高产量的铁和铜，由此推动了又一发明，即胆铜法：将薄铁片放入取自矿水的硫酸盐铜溶液[1]，从铁片上的沉积物中，以湿法来提取铜[2]。由于对布匹的需求日益增加，或许还因为华北在 12 世纪缺乏劳动力，所以产生了水力驱动的纺麻机械。不久，人们发明了多锭脚踏纺车，随之而来的，还有棉花（可能引自印度）以及轧车（轧棉机）的引进。新的审美观日益高雅，饮食日益讲究，由此导致了奇异的金鱼新品种的育成和造酒工艺的进一步成熟，还激发了人们对园艺的热情，这从梅花、菊花、牡丹和竹子的专谱中可见一斑。

宗教也起了作用。僧侣传布佛教的意图，是雕版印刷发展的直接原因（当然有一个必要的先决条件，那就是纸的存在，当时世界上仅在中国、日本和朝鲜可以造纸）。现存最早一部雕版印刷品是公元 868年刊印的《金刚经》。堪舆术（用于选择房屋、墓地的位置，意在与神秘的地力和谐的一种艺术）带来了具有磁力的指南针。道教的数字神秘主义（numerical nature mysticism）衍生出了高等代数。寻求不断变易以及变易中的永恒的秘密（也即那些假定的长生不老的关键），导致了对黄金、水银、朱砂的化学性质的探索。不仅为了实用方便，而且

184

---

〔1〕 译者注：即胆矾水。
〔2〕 译者注：即胆矾水与铁发生化学反应，水中的铜离子被铁置换而成为单质铜。

因为关系到上天与天子的联系、政治权威的象征，政府对于规范历日格外重视，这又有利于天文水钟的发展。

我们的主题牵扯到上述各个方面，下面不一一详谈，而以医学、数学及纺织作为代表，进行详细分析。

医学

宋元时代的医学既可以看作是大量知识与伪知识的结合体，又可视为人类社会组织对抗疾病的一种体系。关于前者，这个时期的显著特征是，人们不满于先前的观念，并且意识到许多疾病的性质从古至今已经发生了变化。13 世纪的一位医生张元素直率地指出：

> 平素治病不用古方。……【其说曰：】"运气不齐，古今异轨。 185
> 古方新病，不相能也。"[1]

至于后者，最突出的特征是政府决心让民众尽可能广泛地了解医药知识。确实还没有一个中国以外的中世纪国家，不论是官方还是民间，能如此清醒地意识到健康的问题。主要城市修建了大的排水系统。痰盂、皂粉、用来刷牙的药膏，以及正好在这个时期末出现的牙刷，都开始普遍使用。

中国人对新疾病的临床观察细致入微，而且实事求是，常常十分准确。对斑疹伤寒症的描述首见于《儒门事亲》，该书阐述了名医张从正的理论，由 13 世纪的麻知几执笔撰写。该书详细说明了斑疹伤寒肇端于发烧，接着发寒、头痛。作者接着补充道：

---

[1] 宫下三郎：《宋元の医疗》，载薮内清编：《宋元時代の科学技術史》（1967），页127。【《金史》卷131《张元素传》。译者补注："平素治病不用古方"非张元素自己所言。】

至四五日，瘭疹始发，先从两胁下有之。出于胁肋，次及身表，渐及四肢。[1]

流感的记载首见于南宋药典《太平惠民和剂局方》：

治时行瘟疫，壮热恶风，头痛体疼，鼻塞咽干，心胸如满，寒热往来，痰实咳嗽，涕唾稠粘。[2]

对丝虫病、血吸虫病、疟疾等类似的诊断也始于南宋。我们在这里征引杨士瀛1264年对血吸虫病的描述为证：

其候，面目青黄，力乏身痛，唇口干焦，烦躁而闷，胸胁妨满，肚胀皮坚，腹中觯觯，切痛如虫啮，又如虫行，唾吐鲜血，小便淋沥，大便脓血杂下。病人所食之物，皆变化而为虫，侵蚀脏腑，蚀尽则死矣。[3]

186

完全可以想象，水稻种植的发展，意味着人们长时间在水中赤足工作，而那里是上述这些寄生虫滋生的地方（其中有些又无疑是沉积在作为肥料的人粪当中），由此导致了这种疾病的增加。到20世纪，住在长江以南的中国人，有十分之一患有此病。如果事实真是这样，那么至少可以部分解释为什么中国南方的经济活力在传统晚期走向衰落。

---

〔1〕 宫下三郎（1967），页128，注4。【张子和（从正）：《儒门事亲》卷1《小儿疮疱丹瘭瘾疹旧蔽记五》。】

〔2〕 宫下三郎（1967），页128，注5。【太平惠民和剂局编：《太平惠民和剂局方》卷2《柴胡石膏散》。】

〔3〕 宫下三郎（1967），页131。【杨士瀛：《仁斋直指方论》卷25《蛊毒·蛊毒方论》。】

解剖学的知识也有了进步。虽然早在公元 1 世纪初王莽统治时期中国就实践过解剖，但是直到北宋才编纂绘制了比较准确说明五脏器官的示意图。这样做的一个主要动机，是将针灸技术系统化。针灸是中国特有的一种治疗方法，要将针扎入病人体内，通常很深，若位置选错，则造成重大伤害的风险显然很大。1027 年，两个青铜人体模型奉诏铸造完工，同年，唐代针灸图也得到修正。这两个模型可能是外表涂蜡，内注水银，做得相当精致，如果学生扎中穴位，水银就会流出来。

宋代第一次有记载的解剖是在 1045 年。宋朝政府将 56 个被捕的叛乱者处死，然后将其开膛破肚，以便医生和画工进行观察，并绘出其内脏图[1]。以后这些图又经修改；1113 年泗州医家杨介编纂绘制了《存真环中图》，在这些图中标示了肺、心、胃、肾等器官。尔后，此图通过波斯学者拉希德－丁－哈姆达尼 (Rashid al-Din al-Hamdani) 的著作传到西方。

病理分析也取得了进展。人们认识到了职业病的存在。这一点可见于下面一段来自《谈苑》的文字，此书的作者可能是 11 世纪的孔平仲：

> 后苑银作镀金，为水银所薰。头手俱颤。卖饼家窥炉，目皆早昏。贾谷山采石人，石末伤肺，肺焦多死。铸钱监卒无白首者，以辛苦故也。[2]

医家认为环境是引起疾病的主要原因之一，而且比较清楚地认识

¹⁸⁷

---

[1] 译者注：即《欧希范五脏图》。

[2] 宫下三郎（1967），頁 150。【孔平仲：《孔氏谈苑》卷 3《后苑镀金》。】

到疟疾的发生与死水（虽然没有考虑到蚊子）有关等诸如此类的现象。政府在牛瘟发生时期，禁止牛市买卖。这也表明他们对疾病如何传播有了最基本的知识。有时在传染病流行期（如 1181 年和 1187 年，南宋首都两次发生传染病），政府会禁止居民外出旅行。而医学理论上的主要争论在于，一派认为生病是体外有害因素侵入的结果，另一派则坚持是体内本身虚弱使得这种侵入成为可能。前一派强调直接用药，抵抗有害因素，并将其驱赶出去。他们使用各种制剂降低高烧，促人发汗、排便和呕吐。另一派认为疾病往往是以下原因所致：暴饮暴食、过度劳累、放纵性欲、情绪不安。所以他们采取增强体质的方法，主要目标在于恢复身体自身的抵抗力。

治疗实践得益于一系列本草的出版。这些药典不断得到修订与补充。中医药理的核心可追溯到汉代，记录在《神农本草》及现已失传的其他药典中。《神农本草》列出 365 种药，一年 365 天，每天一种；顺序安排的标准虽体现出某种系统化的精神，但其实并不科学。这些标准中有宇宙阴阳协调的原理，植物的根、茎、花、果与"七情""五味""四气"的相通。还有对这些草药治疗效果的详细描写。公元 500 年前后，出身于医生世家的隐士陶弘景对《神农本草》进行了全面修订。他删除了大量理论，又补充了一份与原书药物清单几乎同样长的药物列表，加进很多实用细节。例如：在何处可以找到这些药，药的外表特征如何，怎样辨别真伪，以及如何对其进行最佳储存。陶弘景的插图版《本草经集注》转而又成为《新修本草》的基础。后者由苏敬奉诏带领一批学者于公元 659 年编撰完成，配有彩色插图。也是大约在这一时期，该书和其他草本书开始介绍由几种药混合而成的简单药方。

中国第一部刊印的药典出版于公元 973 年，是苏敬著作的修订本。该书并于公元 974 年和 1061 年再版。1062 年，600 多种植物的 900 多

188

幅新插图奉诏绘制完毕并刊印。这些插图后来被加进了1061年出版的药典，此外，四川医生唐慎微还对多种资料进行挑选，为其附上了额外的说明文字。1108年，唐慎微的著作冠以《经史证类备急本草》之名刊印，8年后再版。该书介绍了约1748种基本草药，总结了当时几乎所有可见的药物。它是医药学和自然史的辞典，并以基本上是实用的形式呈现出来。

宋代医家对待比较古老的药典多持批判性的态度，对其详细审查，而非将其戴上古典的光环而加以膜拜。他们不愿接受与实践经验有冲突的权威，其典型是11世纪博学的沈括所做的评论，"况方书仍多伪杂，如《神农本草》，最为旧书，其间差误尤多"[1]。1076年，太医局下设熟药所，专门负责测试各地献上的新药。只有他们验证满意后的药物才能写在官修药典。约在这一时期生产的某些新药，证明此时化学确实已达到一定的先进程度。例如，1061年，沈括在一位经验丰富的道士的协助之下制出了类固醇激素。医生做手术时，使用曼陀罗属的植物进行全身麻醉。

12和13世纪，华北的医生试图找到一种理论体系，能把在经验上已知晓的药物特性与疾病性质整合起来。他们希望找到一种治疗方法，可以把医学从艺术上升为科学。公元1347年，南方医生朱震亨在 189
其《格致余论》一书的《序》中就表达了这一愿望：

> 震昌（亨）三十岁时，因母之患脾疼，众工束手，由是有志于医。遂取《素问》读之。三年似有所得。……至四十岁，复取而读之。顾以质钝，遂朝夕钻研，缺其所可疑，通其所可通。又四年而得罗太无讳知悌者为之师。因见河间、戴人、东垣、海藏

---

[1] 译者注：沈括著、胡道静校证：《梦溪笔谈校证》卷18《技艺》，第17条。

诸书，始悟湿热相火，为病甚多。又知医之为书，非《素问》无以立论，非《本草》无以立方。有方无论，无以识病；有论无方，何以模仿？夫假说问答，仲景之书也，而详于外感，明著性味。东垣之书也，而详于内伤。医之为书，至是始备，医之为道，至是始明，由是不能不致疑于《局方》也。《局方》流行，自宋迄今，罔间南北，翕然而成俗，岂无其故哉？[1]

事实上，这一新的综合意味着：古老的汉代医学理论，实际上在先前并未将人们对草药和疾病经验认识系统地联系起来，而直到此时才建立了这样的联系，或者说至少进行了这方面的尝试。若不做专门的研究，就不可能评价这个理论。将理论与以实用为目的而进行的观察联系起来，这种愿望到底是向前迈进了一步，还是其整个过程就是将不恰当的概念强加在丰富的资料上，从而使得其有害无益？

汉代医学理论有两点在新的综合中特别重要。一是"经络"（脉络）理论，一是"气"与"味"理论。人体全身被认为有十二经络，连接 190 头与内脏及四肢。沿这些经络，有两种"气"（一为"血气"，一为"精气"）每天在全身循环 50 次。12 和 13 世纪的药理学家按照其对哪一脉产生影响，将所有的药物进行分类。古代中医依照汉代"四气""五味"的概念建立起一个将生理和药物结合的理论。"气"分为冷、温、潮、凉，或者用刘完素的公式，即风、湿、燥、寒、热、火。"味"分为辛（即葱的味道）、甘、酸、苦、咸，有时则无味，每一种味对新陈代谢有其不同于别种味的作用。咸使硬变软，酸可促食欲，甘使急变缓，等等。[2] 各种味赋以各种具体的药物，并对应着身体的不同部位。

---

〔1〕 朱震亨：《格致余论·序》（1347）。

〔2〕 译者注：即中医通常所说的"咸软""酸收""甘缓"。

1246 年成书的《汤液本草》指出，过量的咸味阻止血液的正常流动并改变血液的颜色，而过多的甘味会伤骨脱发。[1] 药剂也分为十类，其中某些如"宣药"似乎挺有道理，但也有一些有点令人不解，如"轻药"与"重药"[2]。

在传统中国，上述这些理论没有得到充分的改进。微生物是疾病的载体，是什么原因让中国人和这一秘密失之交臂？观察到的现象与身体内部连贯性、和谐性的诸多问题，使他们重新思考其概念。直到此时，他们才进一步探求气、味与经络之间的关系，为什么会如此？原因很可能是医学过于复杂。这就好比弹道学或行星运动等欧洲人通常感兴趣的领域似乎对中国人并没有吸引力。技术进步若首先发生在一个简单点的领域，可能会比较容易。在那些后来真正取得进步的有限的几个领域，进展的取得常常是不顾以往的理论，而以全新的眼光来观察的结果。这在 17 世纪流行病学家吴有性身上体现得很明显。他认为，各种疾病是各种"杂气"为之，不同杂气因素造成不同种类（如人、牛、鸡）发生不同疾病，并且由同种类的一员传染给另一员，这已经十分接近今天的看法了。其著作《瘟疫论》是为回应 1641 年大瘟疫而写的，对刘完素仅由六气来解释病因的观点，进行了明确的批判。吴有性的思想很有潜力取得进一步的丰硕成果。很奇怪，就我所知，他后继无人。 191

在社会和组织方面，中国中世纪医学同样值得注意。公元 978 年，朝廷出版了《钦定太平圣惠方》，列有 16,000 多种处方和药物，大多源自公元 610 年成书的《诸病源候总论》。公元 992 年，该书刊印刷有 100 卷，其副本分发给各州级政府。1051 年，朝廷从该书中节选 5 卷，

---

〔1〕 译者注：参见王好古：《汤液本草》卷上《五伤》。

〔2〕 译者注：参见王好古：《汤液本草》卷上《十剂》。

以《简要济众方》为名刊印，作为乡村医生的手册。热带疾病也引起朝廷的关注。1018 年，朝廷将陈尧叟的《集验方》印发给广南路官员。由于南方缺少适宜的药物，1048 年，朝廷又专门编成《庆历善救方》。约在 11 世纪末，朝廷命全国名医将秘方上交，进行评估。此外，12 世纪早期，朝廷又编成两部新著：列有 297 种药物的《太医局方》及 5 卷本《和剂局方》，后者经过增订，成为南宋时期标准参考书。书中所列各种药剂由位于京师的官药厂来配制，第一座药厂建于 1076 年，售给百姓的价格，原则上通常是市价的三分之二。

政府还刊印了重要的医学经典。1026—1027 年印行了《黄帝内经》和另外两本早期重要著作。1057 年成立"校正医书局"；1061—1069 年出版或再版了 10 部基础医书，其中包括《伤寒论》。该书后来为北方学派的成立了提供了重要的灵感。1088 年出版的 5 部巾箱本的医学经典十分畅销，1094 年又出版的 5 部，销量也都很大。因此，在 1100 年前后，当时的中国公众一般可以接触到古往今来最好的医学知识。

同时，朝廷还有全国范围的医疗分级体系，位于其顶层的医官，在 1114 年时达到 1,000 多名，虽然这个数字没有维持很久。太医局在 192
京城招收学生有 300 个名额；1113 年，各府、州也建立了医校。考试分三级，除了最低一级，其他两级既有笔试又有临床经验的展示。10 项专门科目各设教授，包括接生、针灸、口喉眼耳疾病、战伤以及把脉等。一些官方专家还撰写专论。陈自明的《外科精要》（1263 年成书）即一例。法医学也很重要。在 1000 年前后，被认定为遭谋杀的人，一定要对其进行验尸。宋慈的《宋提刑洗冤集录》可能是世界上第一部法医学著作；之后又有几部出版，其中有名的是元代王与的《无冤录》。

宋代给旅行之人提供免费医疗的思想，可以说是另一个近代实践

的先声。李元弼《作邑自箴》载:

> 一、客旅不安,不得起遣。仰立便告报耆壮,唤就近医人看理。限当日内具病状,申县照会。如或耆壮于道路间抬异病人于店中安泊,亦须如法照顾。不管失所,候较损日,同耆壮将领赴县出头,以凭支给钱物与店户、医人等。[1]

官员们经常竭力提高其辖区内的医疗水准。刘彝(1015—1086)就任江西虔州知州时,召集当地 3,700 名医生,发给人手一本他自著的《正俗方》,期望说服他们采用可靠的医术。[2]医学是科学的领域之一,至少在中世纪时代的中国,士绅并不耻于做这个领域内的专家。

数学 193

在金、元统治下的华北地区,中国代数的发展,揭示了中世纪时代中国科学的又一个方面:它依存于地区中心城市,所以一旦这些中心遭到破坏,它也随之易受损害。追求新的数学解法,并没有带来立竿见影的实用功能,其潜在动机根植于道教思想中的数字神秘主义。因此,新的代数产生于山西南部。那里的特点是道教活跃,也是 12 世纪晚期王重阳及其全真教率先开展的道教复兴的场所。在那里,突出的基本观念是按位排列的数列思想。在按位排列的数列中,未知数 X 的幂由其在该数列中的位置指示,它们的系数用算筹码标在旁边。这

---

〔1〕 斯波義信(1968),頁414;Shiba/Elvin(1970),pp.176-177.【李元弼:《作邑自箴》卷7《膀客店户》。】

〔2〕 译者注:《宋史》卷334《刘彝传》载:"【刘彝】知虔州,俗尚巫鬼,不事医药。彝著《正俗方》以训,斥淫巫三千七百家,使以医易业,俗遂变。"

可能始于陈抟。陈氏是信奉道教的数学家，精于《易经》，在北宋早期退隐到山西南部。保存至今的最早记录则要晚许多，见于李冶的两部书：《测圆海镜》（1248 年成书）与《益古演段》（1259 年成书）。李冶前半生在位于今河北省的栾城度过，当时那里是政治与学术的中心；蒙古人征服那里之后，他游学山西。他书中的思想至少有一部分源自彭泽等山西学者；而其立论依据的则是蒋周的书，而蒋周来自平阳，也属山西。李冶的天元术（postional algebra）可处理含有一个未知数的高次方程；13 世纪下半叶又进一步，在一定条件下可解四元方程式。目前我们所知，这出自朱世杰的《四元玉鉴》（1303 年成书）。朱世杰出生于北京附近，后移居扬州。但从祖颐的序文中很清楚地看到，在李、朱二人之前的数学家绝大多数籍贯在山西南部：

> 厥后，【山西】平阳蒋周撰《益古》，【河北】博陆李文一撰《照胆》，【山西】鹿泉石道信撰《钤经》，【山西】平水刘汝谐撰《如积释锁》。绛人元裕细草之，后人始知有天元也。平阳李德载因撰《两仪群英集臻》，兼有地元。霍山邢先生颂不高弟刘大鉴润夫撰《乾坤括囊》，末仅有人元二问。吾友燕山朱汉卿先生演数有年，探三才之赜，索《九章》之隐，按天、地、人、物立成四元。[1]

194

这份目录列出了许多佚书，其作者已为人忘却，读起来着实不那么令人振奋。但它证明了数学这种活动在地理上很集中。即使像秦九韶（的确，他祖籍山东，移居四川，但他本人大部分时间生活在南京）这样的南方大数学家，也只是津津乐道于解决相对比较实际的问题，

---

[1] 薮内清（1967），页 63。【译者补注：此据朱世杰原著、李兆华校证：《松庭先生〈四元玉鉴〉后序·四元玉鉴校证》，但标点经译者调整，特此说明。】

如完善一下对历法的模糊分析，以及推广已知的技术。

到明代，已无人能读懂金代和元初的高等天元术（四元术）了；这种状况一直持续到17世纪晚期。究其原因，似乎可以解释为：在蒙古人的征服战争以及14世纪中期驱逐蒙古人的战争中，华北遭到破坏。首要的是，探求高等数学的动机一定已是不复存在了。正如以下两例所展示的那样，中国天元术中包含的思想和解法能够产生丰硕的成果：在日本，17世纪关孝和在很大程度上就是基于上述这种行列式进行了发明，而18世纪安岛直圆则基于此又发明了累圆术。当然，关孝和用的一个傍书法（written notation）也十分重要，那是他自己发明或者是从西方人那里学来的。所以，在探索和发现的过程尚未像在今天这样程序化的时期，像山西道教这类的传统，能够激发创造的灵感。但记住其脆弱性，这一点很重要。

纺织业

领先却又继之以衰落这种模式在纺织业中表现得最为明显。在北宋的某一时期，有一种机器得以完善，可用于抽丝。这个设备用踏板操作，可从浸泡于一大盆沸水里的蚕茧中，同时抽出许多绪丝来。这些绪丝穿过诸多集绪孔，挽入丝秤（ramping arm）上的送丝钩，然后又平铺在一台不断旋转的户外络丝机的宽阔皮带上。13世纪，这种丝车又应用于纺麻。但是在这种纺车上，使用纱锭以适应粗麻纱的生产。在集绪孔位置放置的卷线轴，可快速旋转将麻捻成一股细缕；整个设备可以用人力、畜力或水力来驱动。现存最早的关于这一使用机器纺织的重大突破的记载，见于王祯《农书》（1313年成书）。[1]据他所说，

〔1〕 王祯：《农书》（1313）卷22《大纺车》。【译者补注：此据《王祯农书》，北京：农业出版社，1981年点校本，下同。】

纺车的 32 个纱锭在 24 小时内可纺线 100 斤（约 130 磅重）。这个设备极大节省了劳力，"可代女工兼倍省"[1]。最好的一种是由水力驱动的，"比用陆车愈便且省"[2]。他作诗称赞道：

车纺工多日百斤，更凭水力捷如神。[3]

这些纺车使用很广泛，不像早期一些著名发明，由于经济尚未发展而未被生产者接受。王祯说，这种设备在华北"凡麻苎之乡，在在有之"[4]。对于水力驱动的纺车，他补充说，"中原麻苎之乡，凡临流处所多置之"[5]。

通过王祯对于大纺车工作原理的叙述，它所运用的技术，清晰地浮现在我们面前：

大纺车。其制，长余二丈，阔约五尺。先造地桥，木框四角立柱，各高五尺，中穿横桄，上架枋木。其枋木两头山口，卧受卷鲈长轩铁轴，次于前地柎上立长木座，座上列臼，以承鏇底铁簨（原注：大鏇用木车成篗子，长一尺二寸，围一尺二寸。计三十二枚，内受绩缠。）鏇上俱用杖头铁环，以拘鏇轴；又于额枋前排置小铁叉，分勒绩条，转上长轩，仍就左右别架车轮两座，通络皮弦，下经列鏇，上拶转轩旋鼓，或人或畜。转动左边大轮，弦随轮转，众机皆动，上下相应，缓急相宜，遂使绩条成，

198

〔1〕译者注：《王祯农书·农器图谱集》卷20《麻苎门·大纺车》。
〔2〕译者注：《王祯农书·农器图谱集》卷14《利用门·水转大纺车》。
〔3〕译者注：《王祯农书·农器图谱集》卷14《利用门·水转大纺车》。
〔4〕译者注：《王祯农书·农器图谱集》卷20《麻苎门·小纺车》。
〔5〕译者注：《王祯农书·农器图谱集》卷14《利用门·水转大纺车》。

紧缠于軖上。

王祯在其对大纺车的描述之后附上一首诗，淋漓尽致地表现了他对这一操作过程的自动化而由衷地感到兴奋：

大小车轮共一弦，一轮才动各相连。

绩随众靽方齐转，铲上长軖却自缠。[1]

示意图 1a 是根据上述记载对纺车工作原理的初步复原。

显然，这台机器的工作效率还不是很高。但如果朝着这种纺车所代表方向继续向前推进一小步的话，那么中世纪的中国就会出现一个纺织业中的真正的工业革命，将比西方早四百年。只要再做一些简单的和不太大的改进，这种机器的效率就会大大提高，然而令人不解的是，这些改进没有出现。我们来做一个比较，就可以看出这点。狄德罗（Diderot）的《百科全书》中描绘了 17 世纪末、18 世纪初欧洲出现的可用来纺亚麻纤维和纺丝的机器。其中有一个捻亚麻线的机器，也在示意图 1b 中展示出来了。它与王祯描述的大纺车何其相像，甚至使人不能不怀疑它最原始的根源在中国，完全有可能是通过意大利纺丝机仿制而成。在该亚麻纺纱机上，一条传动带带动了一排纱锭，上面是自由旋转的飞轮，纺好的纱穿过导向装置从纱锭上升，缠绕在一个敞开的卷轴上。然而，迅速成长起来的欧洲机械天才已经拥有了这种机器。原先的传动带的传动效率不高，通过使用凸轮轴（见示意图 1b 中的图形 4 [fig.4] 的标号 5）来加以改进。一个螺旋调节装置也被放了进来，使操作工人能够根据需要拉紧或放松皮带，达到皮带运

---

[1]　译者注：《王祯农书·农器图谱集》卷 20《麻苎门·大纺车》

动的规则化（见图形 5 的左侧）。纱锭与卷轴架的相对速度，由齿轮而非第二条传动带来确定。在纱锭下安装小铅坠，以此保证飞轮有规律地旋转。玻璃的轴孔向下嵌入那些碎木，即图形 4 的"i"位置。较早的机器，形状可能与中国机器更相像。当然，它们无论是否源出于中国机器，后来确实有更多的改进。例如纱锭转速不均，原因是传送带的输出动力不规则，由此致使一种新机器的发明，该机器的线轴呈环状排列，以增加磨角。再往后，当发现圆弧形排列的线轴离卷轴架距离不等而造成困难时，线轴又被排成椭圆形。[1]这些包括使用齿轮（用于水钟和水车）在内的这些简单却很有用的改进，没有一个超乎 14 世纪中国人的技术所及。但在中国却没做出这些改进，或许这种机器后来因此也逐渐废弃而最终完全消失。我们不得不下结论，至少在纺织业生产方面，这个时期之后，中国技术进步道路上的根本障碍，不是缺乏比较先进的科学知识，而肯定是推动发明与创新的经济和学术力量被削弱了。

本书最后一编将致力于解释这些含混不清而又非常重要的变化。

---

〔1〕 D. Diderot, ed. *Encyclopedie ou dictionnaire raisonne des Sciences, des Arts et des Metiers* (Neufchastel: 1765), VI 787–788.

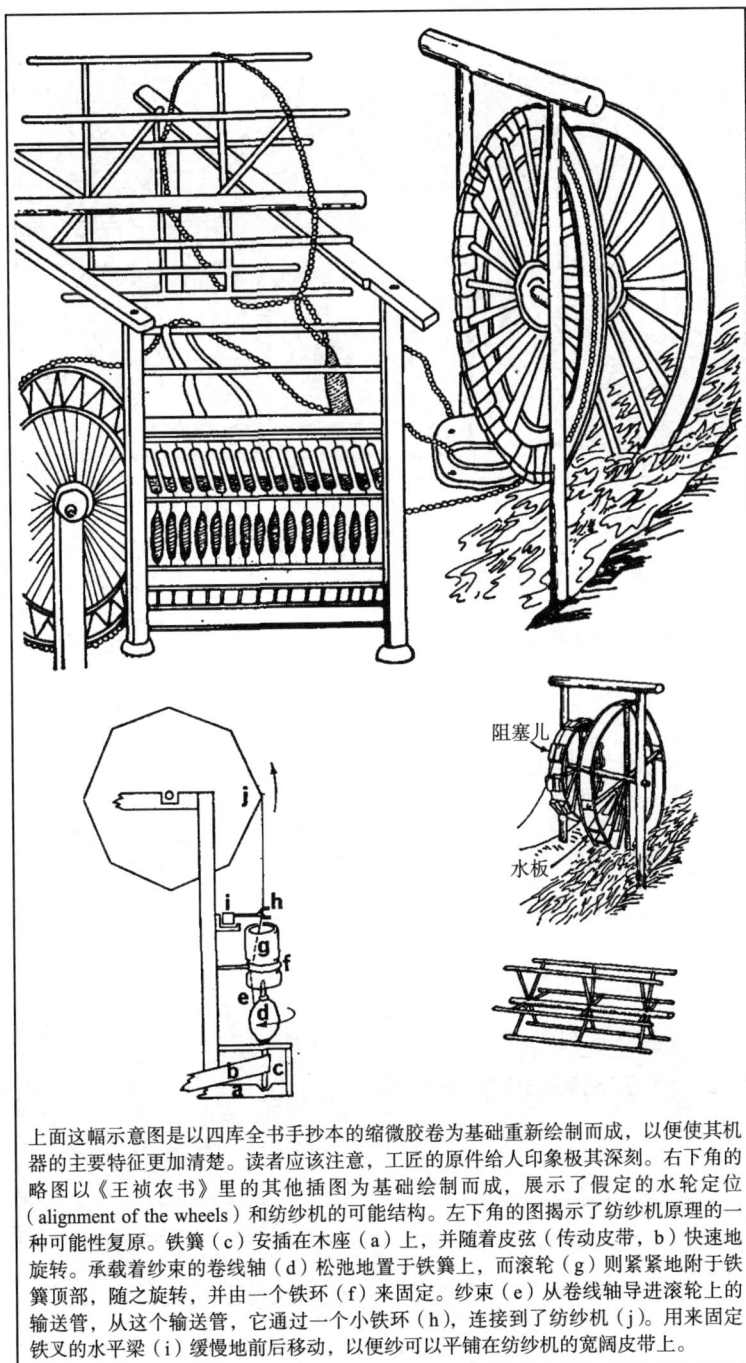

阻塞儿

水板

上面这幅示意图是以四库全书手抄本的缩微胶卷为基础重新绘制而成，以便使其机器的主要特征更加清楚。读者应该注意，工匠的原件给人印象极其深刻。右下角的略图以《王祯农书》里的其他插图为基础绘制而成，展示了假定的水轮定位（alignment of the wheels）和纺纱机的可能结构。左下角的图揭示了纺纱机原理的一种可能性复原。铁篗（c）安插在木座（a）上，并随着皮弦（传动皮带，b）快速地旋转。承载着纱束的卷线轴（d）松弛地置于铁篗上，而滚轮（g）则紧紧地附于铁篗顶部，随之旋转，并由一个铁环（f）来固定。纱束（e）从卷线轴导进滚轮上的输送管，从这个输送管，它通过一个小铁环（h），连接到了纺纱机（j）。用来固定铁叉的水平梁（i）缓慢地前后移动，以便纱可以平铺在纺纱机的宽阔皮带上。

示意图 1a　水转大纺车（王祯，1313）

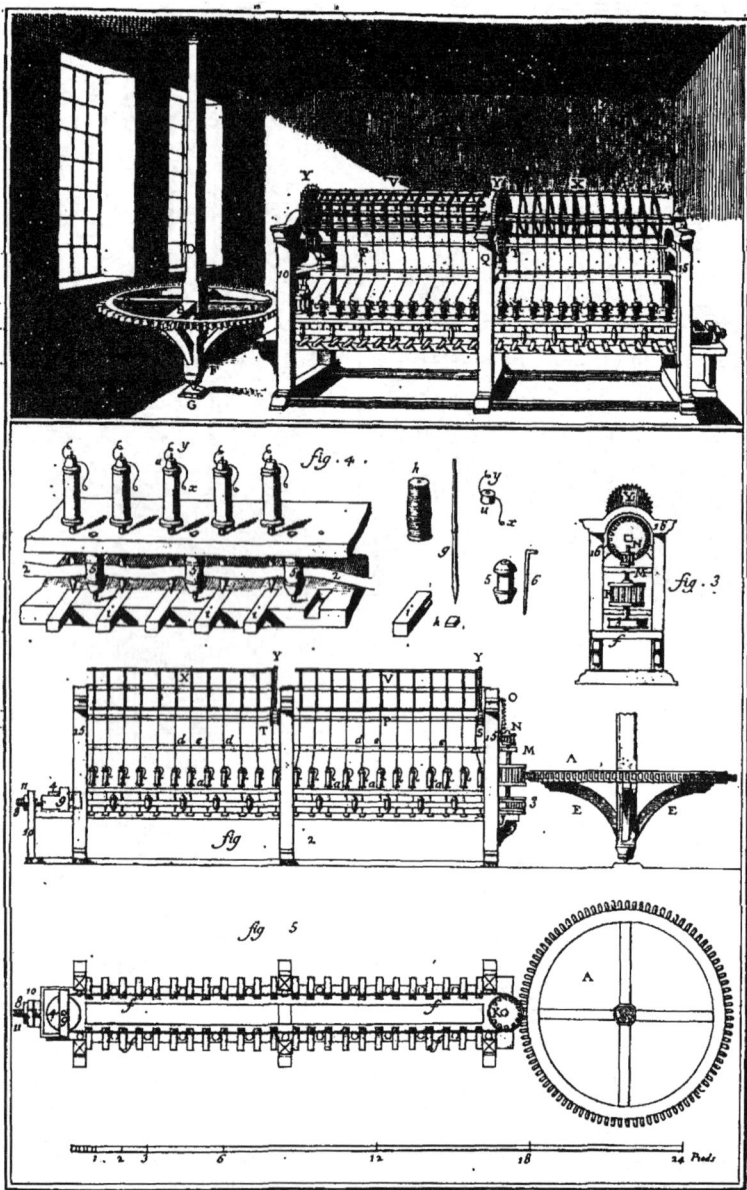

示意图 1b　18 世纪的欧洲纺织机（狄德罗《百科全书》）

下编

——————

没有技术变化的经济发展

第十四章　14 世纪的转折

中世纪经济革命并未持续下去。在约 1300—1500 年之间，出于若干至今大部分尚不能说清楚的原因，中国的经济陷入衰退，以后恢复也很缓慢。更为重要的是，在 14 世纪的某个时候，中国历史发展的内在规律开始改变了。我这样说，其意并非简单地认为 1700 年的中国社会不同于 1300 年的中国社会。这两个时期的中国社会当然有很大的差别，尽管这种差别比起西欧在这两个时期所体现出的差别要小。然而，重要的是，从长远来看，起作用的因果关系模式发生了改变。在此方面，技术是最明显或许也是最基本的例子。在中世纪经济革命时期，经济成长伴随着新的生产技术的发明；但是在 1500—1800 年间，虽然出现了新的经济强劲增长，却几乎没有技术发明。此类变化的其他一些例子（例如，在城市化方式方面发生的变化），我们在本书前几章中也曾谈到（见页 177-178）。

以下几章将要描绘传统中国后期的特征。第十五章讨论农奴制与庄园制的解体；第十六章论述市镇的倍增如何既是中国许多地方农村工业化的原因，又是其结果；第十七章则指出：对于中国之未能发展出自己的产业资本主义这一大问题，现在流行的各种解释是很不充分的。该章也提出了一种新的理论，即在此时期的经济中，出现了"高水平平衡陷阱"，从而阻碍了技术发明。

本章要讨论的是中国中世纪经济的活力是如何消失的。这个情况似乎发生在 14 世纪中叶前后的一段时间里。最重要的变化可能是：在中国的经济成长中，边疆的不断扩大，一直起着重要的作用；但在此时，不论从人口还是资源方面而言，这种边疆已经开始被"填满"。其次，在此时期，中国的海外贸易以及和外国的交往减少了。中国经济暂时没有接纳它所急需的外国白银的流入，而且中国社会变得对外部世界不那么关心了。最后，哲学家们对自然的态度也发生了变化。他们还没有转过弯，对系统的调查没有兴趣，而是依赖于内省与直觉。因此，没有科学方面的进步来激发生产技术的进步。下面，就依次对上述三个方面进行论述。

移民、资源及生产力

中国人口自北向南迁移率的上升与中世纪经济革命，二者彼此密切相关；而经济形势的逆转则与人口迁移的相对停滞期相对应。对于这种关系的基本人口证据，可见于示意图 2。图中北方人口所占百分比下降的低谷，是由女真人和蒙古人入侵引起的社会混乱所致。但是，总的变化方式非常明显，所以我们不能把这种下降简单地归咎于上述这类偶然因素。

作为这种人口与经济转变的定性证据，我们可以征引 13 世纪早期章如愚编纂的《山堂群书考索续集》中的一段话：

> 国家【南宋】抚有南夏，大江剑阁以南，泰然按堵，而又兼巴蜀江北，以为外屏。以元丰二十三路较之，户口登耗，垦田多

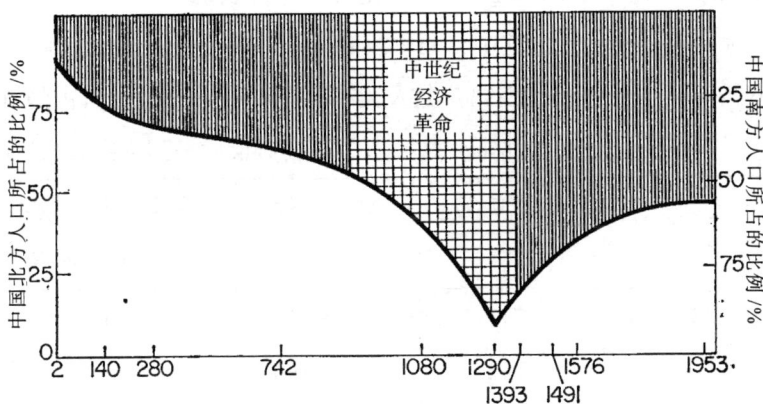

示意图 2　公元 2—1953 年中国人口的分布

寡，当天下三分之二。其道里广狭，财赋丰俭，当四分之三。彼
西北一隅之地，古当天下四分之三，方今仅当四分之一。儒学之
盛，古称邹鲁，今称闽越。机巧之利，古称青齐，今称巴蜀。枣
粟之利，古盛于北，而南夏古今无有。香茶之利，今盛于南，而
北地古今无有。兔利盛于北，鱼利盛于南，皆南北不相兼有者，
然专于北者其利鲜，专于南者其利丰。故长江剑阁以南民户虽止
当诸夏中分，而财赋所入，当三分之二。……陆海之利，今称江
浙甲于天下，关陕无闻。灌溉之利，今称浙江太湖甲于天下，河
渭无闻。[1]

早些时候，中国人口的四分之三都在北方，而上述局面则是这种
境况的一种逆转。

在当时的中国，确实还有一些易于耕作的土地可以开垦。但是即
使相对空旷的南方，这种土地也是有限的，而且随着时间的推移，边

_____

〔1〕斯波義信（1968），頁136；Shiba/Elvin（1970），pp.46-47.【章如愚：《群书考索》续集卷46
《财用门·东南财赋》。】

地也大致开垦殆尽了。现在也轮到南方较早开发的地区，开始向更边远的地区输出移民了。这个分两阶段的进程，在福建表现得特别清楚。下表按年列出了该路的在籍户数及其在全国在籍总户数中所占的百分比。[1] 南宋的疆域小于北宋，这一点当然会对最后一列数字有所影响：

时期	大致年份	福建户数	在全国总户数中所占的百分比
唐与北宋时期	713	115,311	1.4
	742	95,586	1.1
	806	74,467	3.1
	976	467,808	7.2
	1068	992,087	6.7
	1078	1,044,235	6.3
南宋时期	1131	1,330,000	11.5
	1208	1,599,214	12.6

行政单位数目也以类似的方式在增加。隋代福建只有 1 州 4 县，而到宋初则已有 8 州 45 县。土地的紧缺也就不可避免地加剧了。公元686 年，陈元光在奏表中写道："兹镇地极七闽，境连百粤，左衽居椎髻之半。可耕乃火田之余。"[2] 但是在 12 世纪初，方勺却看到：

> 七闽地狭瘠，而水源浅远，其人虽至勤俭，而所以为生之

---

〔1〕日比野丈夫：《唐宋時代に於ける福建の開發》，《東洋史研究》4：3（1939），頁8；E. H. Schafer（薛爱华），*The Empire of Min* (Rutland: 1954), p.79.【译者补注：经核对，伊懋可先生采用的是日比野丈夫的数据，薛爱华的数据与此略有出入。】

〔2〕日比野丈夫（1939），頁3.【陈元光：《请建州县表》，收于《全唐文》卷164。译者补注：此文中出现的纪年为"永淳二年八月"，故前文"公元 686 年"应作"公元 683 年"。】

具，比他处终无有甚富者。垦山陇为田，层起如阶级。[1]

正如在本书第 129 页引用方大琮的那段话所表明的那样，13 世纪　207
中，为了增加粮食供给，福建有 4 个州禁止开挖鱼塘、种植柑橘和栽
种供酿酒之用的糯稻。到 11 世纪末，福建的耕地面积在全国各路中名
列第 14 位，但人口却居第 6 位。因此，福建必须经常性地输入稻米，
这毫不令人感到奇怪。

福建的其他资源，以多种不同的方式，对中国经济做出了贡献。　208
闽茶享誉全国，产量也不断增加。蔗糖成了该地的主要输出品。到了
北宋后期，福建的矿业已经发展到了很大的规模，其白银产量超过其
他任何地方，铜的产量也很可观，而且是中国主要的铅产地。海外贸
易和造船业成为该地经济的主要支柱。12 世纪时，吕颐浩声称："故
海舟以福建为上，广东、西船次之，温、明州船又次之。"[2] 泉州是最
主要的海港。1120 年，该州知州写道：

　　泉距京师五十有四驿，连海外之国三十有六岛，城内画坊八
十，生齿无虑五十万。[3]

南宋时期，该州人口突破了百万大关。
福建在文化方面的变化，也同样迅速。9 世纪早期。刘禹锡看到：

---

〔1〕 斯波義信（1968），頁 425；Shiba/Elvin（1970），p.183.【方勺：《泊宅编》卷 3。】

〔2〕 斯波義信（1968），頁 422；Shiba/Elvin（1970），p.6.【吕颐浩：《忠穆集》卷 2《上边事善后
十策·论舟楫之利》。译者补注：此据《吕颐浩集》卷 2。】

〔3〕 日比野丈夫（1939），頁 24。【王象之：《舆地纪胜》卷 130《福建路·泉州·风俗形胜》引
《修城记》。】

闽有负海之饶，其民悍而俗鬼，居洞砦，家桴筏者，与华言不通。[1]

然而到了宋代，林尚仁却能够说：

七闽山川奇秀……故担簦负笈，来试于京者，常半天下。[2]

而且方大琮也说其故乡永福县：

农工商各教子读书，虽牧儿馌妇，亦能口诵古人语言。[3]

人地压力的增加和高水平的教育，使得许多福建人放弃了农作，或者移居各地。据曾丰说，在 12 世纪：

居今之人，自农转而为士、为道、为释、为技艺者，在在有 209
之，而惟闽为多。闽地偏，不足以衣食之也，于是散而之四方。[4]

王象之在其《舆地纪胜》中，引用了一段关于梅州（在今广东省） 210

---

[1] 日比野丈夫（1939），页8。【刘禹锡：《刘梦得文集》卷29《薛公神道碑》。译者注：此据《刘禹锡集》卷3《唐故福建等州都团练观察处置等使福州刺史兼御史中丞左散骑常侍薛公神道碑》。】

[2] 斯波義信（1968），頁424；Shiba/Elvin（1970），p.182.【林尚仁：《林尚仁端隐吟稿》，收于陈起编：《江湖小集》卷33。】

[3] 斯波義信（1968），頁423；Shiba/Elvin（1970），p.182.【方大琮：《铁庵集》卷33《永福辛卯劝农文》。】

[4] 斯波義信（1968），頁429；Shiba/Elvin（1970），p.186.【曾丰：《缘督集》卷17《送缪帐干解任诣铨改秩序》。译者补注："在在有之"，斯波先生引作"（所）在有之"，不知所本，此据文渊阁四库本。】

的史料:

> 郡土旷，民惰而业农者鲜，悉藉汀赣侨寓者耕焉。[1]

对于其他地方，他注意到:

> 化州以典质为业者，十户而闽人居其九，闽人奋空拳过岭
> 者，往往致富。[2]

中世纪经济革命开始时，曾吸收了大量北方移民的地区，此时已
经饱和了，正在向更南面的人口较稀的地方输出移民。这种人口迁移
方式，在中国南方大部分地方曾经发生过，可以视作一个缩影。

从长期来看，南方逐渐被"填满"的另一种方式，还可以通过省
际稻米流动模式的变化来追踪。[3]王炎完成于12世纪的《双溪类
稿》说:

> 两浙之地，苏、湖、秀三州号为产米去处，丰年大抵舟车
> 四出。[4]

---

〔1〕斯波義信（1968），页430; Shiba/Elvin（1970），p.185.【王象之:《舆地纪胜》卷102《广南
东路·梅州·风俗形胜》。】

〔2〕斯波義信（1968），页434; Shiba/Elvin（1970），p.189.【王象之:《舆地纪胜》卷116《广南
西路·化州·风俗形胜》。】

〔3〕译者注:省际流动，原文为"interprovincial flow of rice"，实际宋代并无严格意义的"省"
级建制，从下文来看也是指各路之间的稻米流动，今正文中姑且遵从现代汉语的一般表达习惯，
特此说明。

〔4〕斯波義信（1968），页159; Shiba/Elvin（1970），p.58.【王炎:《双溪类稿》卷21《上赵丞
相书》。】

这时的广南东路也向国内其他地区甚至向海外输出稻米。例如，1288年官方报告说：

> 广州官民，于乡村籴米伯硕阡硕至万硕者，往往般运前去海外占城诸番出粜，营求厚利。[1]

上述记载必须与后来的文献进行比对，方能表明：这些从前有余粮的地区，如今却不得不输入粮食了。由此，一道颁发于1785年的上谕说："江浙民人，素皆仰给四川、湖广客米。"[2]同样地，一份18世纪初期的奏折也指出：

> 广东户口繁多，本省所产之米，不敷民食，每藉粤西、湖南贩运接济。[3]

到了这个晚近的时候，不复有可供农民迁往的地方了。他们可去 211
之处，只有像鄂陕川边区那样的穷乡僻壤，或是位于西南边陲河谷地带的瘴疠之乡。满洲是唯一的例外，但在清代，法律禁止内地汉人移居关外，尽管也有非法移民进入东北，但数量很小，而这道禁令直到1860年才被废止。

南方构成中国主要的资源边疆[4]。这个资源边疆的开发，可能有力

---

〔1〕 斯波義信（1968），頁163；Shiba/Elvin（1970），p.63.【此据方龄贵校注：《通制条格校注》卷18《下番》。】

〔2〕 藤井宏：《新安商人の研究（一）》，《東洋學報》36：1（1953），頁26。《清高宗实录》卷1237，"乾隆五十年八月己亥"条。】

〔3〕 藤井宏：《新安商人の研究（一）》（1953），頁25。【译者注：此据《雍正朱批谕旨》《雍正四年七月二十六日广东巡抚杨文乾谨奏》。】

〔4〕 译者注：即尚未开发利用的资源。

地推进了中国的中世纪经济的发展。随着该资源边疆的消失，它对经济的推进力也逐渐减退和消失。为什么会如此？很值得分析。

让我们思考下面的这个简单模式，该模式大致近似于此时中国的情况。首先，我们设想有这样一个县，它有两个经济发展水平不同的地区。其次，假定现在出现了某种小变化（可能是某种技术的进步），使得先进地区的技术很快地传入落后地区。主要的技术传播手段是人口迁移，以及由人口迁移产生的效果（就此而言，北欧人移居北美大陆的例子，虽然与此处所论情况不是完全相似，但也颇有启发意义）。然后，我们进一步假定：先进地区的人口密度已达到临界点，越过此点，若无新的技术进步，现有劳动力增加的额外劳动，其产出将会低于平均劳动产出的水平。换言之，存在明显的人口对自然资源的压力。与此相反，在欠发达地区，早先人口稀少，若使用从先进地区传入的最佳技术，额外增加的劳动，其产出将会高于先进地区的平均劳动产出。一个历史的例证就是 20 世纪前三十年东北的情况。在这里，尽管使用的几乎全部都是传统技术，但是移民却导致了农业的繁荣。换言之，在这里有未开发和具有开发潜力的丰富资源。移民的结果，是在先进地区和落后地区都引起迅速的增长。在落后地区，产量的提高将会创造出更多的可出售的剩余产品，产生更大的需求，从而刺激内部贸易的发展，并且也可能提高储蓄率和资本形成率。欠发达地区的人口增长，使其人口对土地、水和其他资源的占有比例，下降到旧有的先进地区的水准，上述状况才会结束。

示意图 2 所提出的人口证据，暗示了为什么在 1300 年前后，农业正在丧失充当主导产业部门的能力。还有很多荒地有待开发，不少地区的农业技术也还可以加以改进。但是到 1300 年以后，耕地面积的扩大和农作的改进刚刚能够跟上人口增长，而不再能够超前于人口增长。农业的发明和创新几乎停止了。在传统后期的中国，一些新的肥料

（特别是豆饼）得到了使用；美洲粮食作物如玉米、花生、马铃薯和甘薯也得到了引种，不过，迟至 20 世纪 30 年代早期，这些作物的种植面积还只占到中国各种作物的总种植面积的 7% 左右。可能还有许多小的改进，与较晚时期农田亩均劳动投入的增加有关系。但是却没有什么进步可以和较早时期的农业革命相比。不像中世纪时期人口南迁那样带来经济革命，1300 年以后，人口的逆向迁徙（迁往北方旱作区）与劳动生产率的明显提高没有什么联系。

我们还必须从资源的角度来考虑中国的"填满"的问题。一种原料的供给忽然增加，可以促成技术进步。13 世纪轧棉器具（轧车）的发明就是一个恰当的例子。一亩棉田生产出来的棉花纤维，大约十倍于一亩麻田生产出来的麻纤维。当种麻让位于棉时，就出现了某种原棉（尚未轧花的棉）积滞的现象。王祯在 1313 年出版的《农书》中写道："昔用辗轴（从原棉中去除棉籽），今用搅车……比用辗轴，工利数倍。……凡木棉虽多，今用此法，即去子得棉，不致积滞。"[1] 类似的思考可能也适用于解释如下现象：足踏多锭纺车也是大约于此时出现在长江三角洲。

但是为什么棉布生产到此止步不前了呢？本书第十三章结尾所描述的纺麻机，若不进行大的改进，就不适合纺纤维较短的棉花。然而，既然我们已经肯定机器纺纱是可行的，那么为什么人们就没有做出决定性的和最终成功的探索，来寻求用机器纺棉（就像用他们已用机器纺麻那样）的方式呢？答案可能部分在于：原棉的相对过剩并未持续太久，其所带来的挑战和机遇，也稍纵即逝。在传统中国后期的经济条件下，又不可能再度出现这样的机会。

到了 16 世纪，在当时棉纺织业主要中心——长江下游地区，出现 213

---

[1] 王祯：《农书》（1313），卷 21，页 16 下。【译者注：此据《王祯农书·农器图谱集》卷 19《木棉·木棉搅车》。】

了严重的棉花短缺。正如嘉定的例子所示，这种短缺日益加剧。万历《嘉定县志》载：

> 昔人以治水为大政，故二百年常通流不废。正嘉之际，其遗烈犹有存者。至于今湮没者十八九，其存者如衣带而已。是以其民独托命于木棉。木棉之性喜与水田相代。而嘉定之植数十年不能易也。[1]

在诸如杭嘉湖这样的地区，由于农民专力于蚕桑，必须输入稻米：

> 县不产米，仰食四方，夏麦方熟，秋禾既登，商人载米而来者，舳舻相衔也。……倘令金鼓一震……城门十日不启，饥人号呼，得不自乱乎？[2]

到了清朝初年，嘉定县大约90%的耕地都种棉。在毗邻的上海县，棉田所占的比重是70%。然而，尽管种棉如此之多，还须从长江三角洲之外输入大量棉花。崇祯《松江府志》（上海即属于该府，而嘉定则邻近该府）说："松之布衣被海内……顾布取之吉贝，而北种为盛。"[3]关于嘉定，其县志也记载说："今楚、豫诸方皆知种艺，反以其货连舻捆载而下市于江南。"[4]一部与之时间大致相同的山东省兖州府

---

〔1〕 西嶋定生：《中國經濟史研究》（東京：1966），頁825。【王锡爵：《永折漕粮碑记》，收于万历《嘉定县志》卷19《文苑考二·文编一》。】

〔2〕 顾炎武：《天下郡国利病书》（1639—1662；四库善本版，1936），卷6，页29下。【译者注：此据顾炎武：《天下郡国利病书》（上海：2012），"苏松备录·嘉定县志·兵防考"条，页589。】

〔3〕 西嶋定生：《中国初期棉業市场の考察》，《東洋學報》31：2（1947），頁125。【崇祯《松江府志》卷6《物产》。】

〔4〕 西嶋定生（1947），頁126。【康熙《嘉定县志》卷4《物产》。】

的府志则说:

> 土宜木棉,贾人转鬻江南,为市肆居焉。五谷之利不及其半矣。[1]

东南沿海和江西甚至更加依赖棉花的输入。一部关于广东的清人 214 著作记载说:松江棉布和湖北咸宁棉布,和原棉一道,是主要的贸易商品,因为"粤地所种吉贝,不足以供十郡之用也"。[2] 18 世纪上海的植棉专家褚华写道:闽商不买布,"而止买花衣以归。楼船千百,皆装布囊累累",其原因是"盖彼中自能纺织也"。[3] 一部清初的江西新城县县志则载:"花货自河南、湖广,土人颇种,然不多。"[4] 陈宏谋为顾炎武《日知录》所作的注也谈道:陕西省的"绸帛资于江、浙,花布来自楚、豫"。[5]

17 世纪后期,华北人民发明了地窖纺纱的方法,从而克服了北方干燥的空气所引起的棉纱断线问题。[6] 棉纺织业也随之在北方发展起来了。北方棉纺织业的优势在于:它可以从本地获得原料供给,而不用支付运输费用。由于华北原棉输入的减少,长江三角洲不得不转从满洲输入。1746 年,工部报告说:旗人和民人"不知纺织之利,率皆

---

〔1〕 西嶋定生（1947），页 126。【万历《兖州府志》卷 4《风土志·郓城县》。】

〔2〕 西嶋定生（1947），页 128。【屈大均：《广东新语》卷 15《葛布》。】

〔3〕 褚华：《木棉谱》（18 世纪中期），载《上海掌故丛书》（1936），页 11b。【译者补注：此据续修四库本。】

〔4〕 西嶋定生：《明代に於ける木棉の普及について》,《史学雑誌》57：5（1948），页 28。【康熙《新城县志》卷 3《物产·棉布》。】

〔5〕 西嶋定生：《明代に於ける木棉の普及について（上）》57:4（1948），页 14。【译者补注：此据顾炎武著、黄汝成集释：《日知录集释》卷 10《纺织之利》。】

〔6〕 译者注：参见徐光启撰、石声汉校注：《农政全书校注》卷 35《蚕桑广类·木棉》。

售于商贾。既不获种棉之用，而又岁有买布之费"[1]。稍后，广东则转向印度寻求原棉供给。1785—1833 年间，广东年均进口印棉达 2,740 万磅。为了提高棉花亩产量，长江三角洲广泛运用豆饼作肥料。早在 16 世纪，长江三角洲从河南与山东输入的豆饼数量就已很大。到了 17 世纪后期，随着江南与满洲贸易的开放，已有一支庞大的船队往返于上海与南满之间，从事棉布、茶叶与大豆、豆饼、小麦的贸易。该船队约有 3500 艘船，每艘平均载货 65,000—400,000 磅，一年在两地之间往返数次。

从某种意义来说，这些原棉和肥料的跨地区流动，是关于地区专业化和商业发展的有力证据。但是从另外的意义上来说，这些流动也表明了：相对于其人口规模，中国存在着资源短缺。用于种棉的土地，是本可以用于种粮的土地。而到了 16 和 17 世纪，中国已经只有很少的土地可用于种植粮食作物之外的作物。要进一步扩大棉花供给，使其超过人口增长的速度，就只有依靠以下方法：或者是提高棉花亩产量（而当时中国的棉花亩产量在全世界已是最高的了），或者是增加粮食或棉花的进口。在 1741 年至 1771—1775 年之间，西印度群岛和南美洲出产的棉花，再加上从黎凡特地区（Levant）的进口，使得英国的棉花消费量有可能增至原来的三倍。但是中国却没有与此相当的棉花来源，中国人口的规模，决定了这种增加不可能出现；而任何类似于英国经验的非常规的局部经济效应则受阻于中国优良的商业网络，不可能长期持续。机械化的棉纺织业将不得不夺走现存的手工棉纺织业的原料供给，而其总产量却并不会比以前增加。如本书第十六章所示，其他制约发明出现的因素也在起作用。但是很显然，中国在获得

215

---

〔1〕 加藤繁：《中国经济史考证》（1954），下卷《康熙乾隆时代に於ける满洲と中国本土との通商につひて》，页 608。【译者补注：此据《中国经济史考证》第三卷，吴杰译，页 143；原文见《清高宗实录》卷 243，"乾隆十年六月甲子"条。】

原料方面一直存在困难，使得发明节约劳动的机器，似乎不可能成为迫切的必要。

中国与其外部世界的日益脱离

在中世纪经济革命时期，中国与南亚、伊斯兰世界乃至东非沿海的联系，都通过贸易而扩大了。有关外部世界的人文地理知识也蓬勃兴起。众多的外国商人在中国沿海城市定居下来，其中一些甚至还得到了官职。14世纪，官方政策是减少中国人和外国人之间的联系，并阻止中国商人到海外进行私人商业冒险。这与这个时代的经济衰落，形成了一种巧合。该政策不仅明显损害沿海各地（特别是福建）的经济发展，而且还可能使中国失去一种能够刺激新的科学技术出现的因素。托勒密的《天文学》和欧几里得的《几何学》在中国的遭遇，就是一个例子。这两部著作对于西方的传统天文学和几何学至为重要，其波斯文译本于13世纪末已传到北京。它们被用作回回司天台（建于1271年）的工作基础。然而，尽管在明代这些著作被译为中文，而且直到清代初期，回回天文学都得到朝廷的支持，但是这些著作并未对中国人的思想发挥持久的影响。[1]中国人忽视这些著作的原因尚不清楚，但是我们自然而然地想到，这是因为在传统中华帝国晚期，排外心理不断加剧，在知识方面也与外界日益隔绝。 216

14世纪晚期以后，中国政府强制推行隔绝政策，但隔绝的程度因不同时期而差异较大。在私人海外冒险被立法取缔很久之后，又出现一种由政府资助的海外探险的趋势，而且在15世纪早期臻于极盛。因此，这种从开放到闭关的政策变化何时开始，我们很难给出一个精确

---

〔1〕 薮内清（1967），页26。

的日期。下面，我们就来看一看这个驳杂纷乱的变化过程中的主要事件。

对进口货物例行征税，始于 8 世纪中期。当时，唐朝政府为此特别在广州设立一员市舶使，以监督外贸。朝廷和官员对于购买番货享有优先权，但是并不禁止普通百姓与番客打交道。公元 979 年，宋朝政府对若干指定的货物实行官营专卖，禁止私人与番客交易这些货物。但是三年之后，政府又规定：一旦所有的官方采购完成了，持有官给执照的平民亦得买卖番货。1104 年，为了防止关税流失，宋廷颁布了关于番客在华经商活动的规定，建立起了一个经营许可和例行核验的制度。然而，宋朝（特别是南宋）鼓励外贸，此种倾向可见于一道 1146 年的条例。该条例宣称："市舶之利颇助国用，宜循旧法以招徕远人，阜通货贿。"[1] 宋朝政府还立法保护那些在中国沿海遭遇海难的外国商人。

同样，宋朝政府坚持中国船只出海贸易必须取得官府的执照。1119 年，朱彧所作的《萍洲可谈》写道：

> 海舶大者数百人，小者百余人，以巨商为纲首、副纲首、杂事，市舶司给朱记，许用笞治其徒，有死亡者籍其财。[2]

如果商人未得到许可，他们的货物就有可能被扣押。

起初，元朝政府承认外贸自由。但是在 1284 年，国家却变成了有　217

---

〔1〕　Kuwabara Jitsuzo [桑原隲藏], "On P'u Shou-keng, a Man of the Western Regions . . . together with a General Sketch of Trade of the Arabs in China during the T'ang and Sung Eras", Memoirs of the Research Department of the Toyo Bunko, II（1928）VII (1935): I 24.【译者补注：《宋会要辑稿·职官门》44《市舶司》，"绍兴十五年九月二十五日"条。】

〔2〕　斯波義信（1968），頁 80；Shiba/Elvin（1970），p.15.【朱彧：《萍洲可谈》卷 2《舶船航海法》。】

权进行海外贸易的唯一合法机构。官员们资助海外冒险，但是要拿走70%的利润。但这似乎不是一种长期的制度，而主要使用的可能倒是宋代的执照制度。每一份执照都必须有一名船东来担保；必须声明航海的目的；船舶在港口停泊期间，船上的武器必须缴由当局保管。

这些转向限制政策的最初一步，出现于 14 世纪早期。这时的元朝政府不再允许中国商人在海外买卖某些货物。尔后，到了 1309 年，政府干脆禁止商人出洋；1303 年，关闭了 7 个市舶司，尽管其中的 3 个在 1314 年又随着新条例的颁布而重新开设了（这些新条例颇类似于1284 年发布的那些条例）。1320 年，政府进一步禁止商人（可能是官方控制系统之外的商人）与番客做交易。

明太祖，即明朝的建立者，将元朝控制贸易的制度改变为纯粹的朝贡贸易制度，贸易者只限于那些承认中国宗主权的国家。1371 年，政府禁止沿海居民出海。1390 年，一道诏令称：

> 今两广、浙江、福建愚民无知，往往交通外番，私易货物【金银、铜钱、段匹、兵器】，故严禁之。[1]

尽管颁布了这些禁令，私人海外贸易仍在继续。因此，明太祖于1394 年下诏禁止普通百姓使用外国香料和外国货物。1397 年，他又下了另一道严厉的诏令，规定只有那些来自他国负有朝贡使命的官船才是唯一获准进行贸易的外来船只。1375 年，他对朝贡的周期加以限制。1383 年，明朝开始实施勘合制度，以区分合法和非法商船。1401年，明朝与日本幕府将军谈判之后，中日贸易以持有"勘合"的商船为媒介开始了。这种贸易一直持续到 1549 年。此时，日本商人之间因

---

[1] 佐久間重男：《明朝の海禁政策》，《東方學》6（1953），頁45。【《明太祖实录》卷205，"洪武二十三年十月乙酉"条。】

"争贡"引起了混乱，从而导致这种贸易的废止。明廷对于海外贸易的一般看法是：准许少数民族前来贸易，是施予他们的恩典，可加以操纵，以便控制他们。16世纪，王圻写道：

> 贡舶与市舶一事也。凡外夷贡者，皆设市舶司领之，许带他 218
> 物，官设牙行与民贸易，谓之"互市"……非入贡即不许其互
> 市矣。[1]

明成祖（1402—1424年在位）基本上继承了太祖的隔绝政策。1407年，在并吞安南之后，他下诏说：

> 安南与占城百夷等处接界，宜各守疆境，毋致侵越，亦不许
> 军民人等私通境，私自下海贩鬻番货，违者依律治罪。[2]

在1433年、1449年和1452年，朝廷都颁发了新的海禁令，对违令者的处罚越来越严厉。在一个具体年月尚不清楚的时间，朝廷又将海禁令的适用范围扩大到了沿海航运，用一句有名的话来说，就是"片板不许下海"。

16世纪中，非法贸易的压力变得越来越大，它给福建等省份造成的损害也非常显著。于是，1567年在进行了禁止走私的积极尝试之后，上述海禁令部分地取消了。漳州开放为一个口岸，中国人可以从那里航行到东南亚和菲律宾群岛，交易某些商品。明亡前最后那几年，为了对付以台湾地区为基地的私商领袖郑成功，政府又重新实施对沿

---

〔1〕 李剑农（1957），页161。【《续文献通考》卷26《市籴二·市舶互市》。】

〔2〕 佐久间重男（1953），页48。【《明太宗实录》卷68，"永乐五年六月癸未"条。】

海和海外贸易的禁令。接着，清朝建立后，为封锁台湾地区的郑氏，再次施行该禁令，直至 1684 年方才废止。18 世纪曾有过一个短暂的自由贸易时期，在此之后，有关禁令又逐渐恢复了。1717 年，政府禁止中国人私自出海。显然，只有由官方赞助的中日洋铜贸易是例外。1727 年，禁止中国人在海外居住，从而将华侨与其家乡的同胞分离开来。1757 年广州成为对外贸易的唯一合法港口，而且在那里所有的交易必须经由官方认证的一小批商人中的一员来经手。这种体制一直持续到 1842 年中国被迫与英国签订《南京条约》，开放其他几个港口进 219 行自由的国际通商。

在中世纪经济革命大部分时期，采取一些措施控制对外贸易是中国政策的特点；但从整体上而言，有意识地限制对外贸易，限制对外联系，和接下来的历史时期相同步。该时期经历了经济的衰败与恢复，经济增长重新出现，但技术上却停滞不前。现在，仍需要解释一下政策的改变及其影响。

控制海外贸易的动机之一，是中国政府想要从中榨取收入。这不应和它想限制与压制贸易混淆。15 和 16 世纪明朝士大夫力图用税收的诱惑力来说服政府取消海禁。元朝实行海禁政策，最初的原因似乎是想迫使倭寇及其他海盗因断粮而屈服。13 世纪后期，海盗的掠夺破坏开始成为一个麻烦。由于海盗以掠夺为生，海盗的出现可能还是这一时期海上贸易数量膨胀的一个间接证据。这是一个猜想。但以下事实反映了海盗的重要性：在 1303 年之前的几年中，有两个归顺的海盗首领被任命为官员，负责把漕粮从长江下游督运到北京。明太祖认为"缘海之人往往私下诸番贸易香货，因诱蛮夷为盗"[1]。由于明太祖的宿敌的追随者们有一些成了海盗，他不得不对他们格外警惕；1380 年，胡惟庸企图在伪装朝贡使团的

---

〔1〕李剑农（1957），页162。【《续文献通考》卷26《市籴二·市舶互市》；译者补注：《续文献通考》此段材料，史源似来自《明太祖实录》卷231，"洪武二十七年正月甲寅"条。】

倭寇的协助下谋反，这使太祖更加坚信自己的看法。但到15世纪初，海盗的威胁基本解除。部分原因是与足利幕府将军谈判的结果，部分原因则是明军1419年摧毁了位于福建沿海望海埚（Wang-hai-t'o）[1] 的海盗巢穴。直到1446年以前，海盗仍有威胁，不过在减弱。1446—1500年间，仅有四次关于海盗的记载。[2] 将海禁仅仅看作是抵御海盗的措施并不十分令人信服，除非这是一种明显的行政惰性（administrative inertia）。

对中国海军的发展及衰落进行分析，是解释中国为何实施海禁这 220 个问题的另一途径。1281年，元朝集中了由4,400艘海船组成的舰队攻打日本。12年之后，他们又派出1,000艘战船去征爪哇。两次出征均未成功，却证明了中国海军的惊人实力。明初海军有6,450艘船，其中最大的可载500人，可能是当时世界上最强大的海上力量。其最辉煌的成就，是1405—1433年太监郑和统领下的船队多次航行至锡兰、印度、波斯、阿拉伯及东非海岸。然而此后就开始衰落，到16世纪中期，实际上已经销声匿迹了。1590年代，中国海军在朝鲜抗击丰臣秀吉的战争期间有所振兴；击败丰臣的决定因素是明朝的舰炮，而其衰落的直接原因众所周知。出洋尽管有利润，但主要是为了炫耀国威；给太监的荣誉使很多普通官僚恼怒。而且用于海军的经费，也是在内陆抵抗瓦剌所急需的。但这些都只是暂时现象。政府从海上彻底撤出，还有其他原因。没有一个依赖海运将漕粮运至北方的中国政府，会让其海上能力降到一定程度以下。所以，当海上运输仍在进行时，明朝政府在维持海军方面有着根本的利益。但随着通往北京的大运河重建工程于1411年顺利完工，主要的海上运输于1415年停止，海军第一次成了奢侈品而非必需品了。此外，海上航行很危险，尤其是搭

---

〔1〕 译者注：望海埚位于辽东，并非在福建。

〔2〕 石原道博：《倭寇》（東京：1964），頁342-356。

乘政府所造的那些船只来说更是如此，这些船只极易损坏，也许是由于造船时太过于节省。王在晋回忆道：

> 余家生长海壖，尝闻父老言："驱民转输海粟，父别子，夫别妻，生受其祭而死招其魂。浮没如萍，生死如梦。其幸而脱鲸鲵之口，则以为再世更生……"[1]

所以，政府有充分的理由不再拥有海军。

政府一旦从海上撤出后，也就不愿重返海上了，这可能就是海禁持续的原因。决策者的潜在假设可能是，大量的海外贸易（即使仅仅是沿海贸易）都会在沿海地带形成权力中心，与中央离心离德，若控制他们又需要海军的力量，这必定会很困难、很危险，而且代价很高。就经济上而言，这个政策简直就是灾难。最重要的是，只要这个政策有效，就很难缓解流通钱币的不足；或许这是 14 世纪经济萧条的一个主要原因。

按照元朝法律，商贾之间彼此只能用铜钱或官方发行的纸钞来支付。济宁路 1282 年的奏报，尽管显示这项条例并非广泛生效，却也证明当时钞法中存在的问题使商贸受到困扰：

> 诸物成交，止合价钱，并以贯钞，并不得书写金、银、丝、绢、锦、布、诸杂货物。府司照得。济宁一路，诸杂交易多写货丝价，或增或减，市色不定，以致词讼不绝。[2]

---

〔1〕星斌夫（1963），頁11；Hoshi/Elvin（1969），p.8.【陈仁锡：《皇明世法录》卷54《漕政·黎阳王在晋通漕叙言》。】

〔2〕安部健夫：《元時代の包銀制の考究》，《東方學報》24（1954），頁243。【胡祗遹：《紫山大全集》卷22《革昏田地榜文》。译者补注：安部所据何本不可知。"济宁一路"以下，文渊阁四库本作"诸杂交易多写货丝货价……市色不定……"，瞿氏铁琴铜剑楼本作"诸杂交易多写货丝价……布色不定……"。正文姑且照录安部的引文。】

元末统治者滥发不可兑换的纸钞，造成中国白银外流西亚。因此，明初经济面临着货币流通的危机，皇帝企图制定经济自给政策，而国内却没有制造钱币必需的铜、银或金的矿源。

明朝不可兑换的纸钞是其海禁政策的伴生物。这两项政策最终证明均不可行。力图强制推行这两项政策不仅带来经济上的损失，也产生了政治上的危害。它们使人民与政府之间更加疏远。1428 年规定，用银一两购物，罚钱高达一万贯（当时约 10 两银）；但次年就有御史报告：

> 多有豪猾军民居货在家，一如塌房。或就船相与交易，俱要 **222**
> 金银。[1]

为阻止这种倾向，政府沿大运河设立了专门的钞关，所有装载他人货物的船舶均须纳税。但这些对货币的管制影响商业流通，1465—1488 年间，大部分的管制由于不可行而被取消。1529 年之后，商人即使在钞关也可以银纳税。

1400 年前后，普通百姓的日常交易也只能使用纸钞。政府过量发行宝钞以应付军事远征的需要，结果使百姓饱受通货膨胀之苦。1385 年，一石米的价钱值钞两贯半，1426 年是 50 贯，1457 年则高达 200 至 250 贯。部分原因可归结为人口压力的结果，部分原因则是钞与银的运输与储藏比粮食更便宜。1436 年，政府下令允许部分税粮以银代输（折色），到 1500 年这种做法已获得推广。

通过半合法或不合法的对外贸易，货币短缺的局面有所缓解。总有一定数量的白银不断从南亚流进；明朝初年，日本成为中国白银的

---

〔1〕 佐久間重男：《明代における商税と財政との関係（一）》,《史學雜誌》65:1（1956），頁 12。【《明宣宗实录》卷 56，"宣德四年七月乙卯"条。】

主要供应者，虽然由于日本从中国输入铜钱作为交换，二者实际上互相抵消了；16世纪，西班牙、葡萄牙通过马尼拉、澳门向中国内地大量输出新大陆的白银。但是，像这种依靠走私白银来缓解货币短缺的做法，是要付出很大代价的。由于在此时期中国南方人口已饱和，若要保持中世纪经济发展的势头，唯一的出路可能就是像后来的欧洲那样积极向海外扩张。要做到这一点的办法与人力，也都已唾手可得。强悍水手的力量，原可用于海外扩张，却用于非法贸易或者和政府军队作战了。在近代早期的西方，政府与海盗或多或少有些联系。中国则不然。

唯一有力量反抗政府海禁政策的阶级是地方绅士。在15世纪晚期和16世纪早期，他们是大规模走私活动的保护者与组织者。他们从中获利极多，致使他们成为海禁政策的既得利益者——只要海禁执行不严，情况就会如此。他们之中也有人确实请求过放宽海禁，如《开海议》（*The Opening of the Seas*）的作者林希元（Lin His-yuan）[1]；但他们之中大多数无疑认识到，若海上贸易合法化，那商人们就不再需要他们的保护，他们也就会失去因提供保护而带来的好处了。正如16世纪中期王世贞指出的那样：

　　而闽浙间奸商猾民，瞷其利厚，私互市违禁器物，咸托官豪庇引，有司莫敢谁何。[2]

1547—1549年，朱纨任浙江巡抚，他的叙述更加具体：

---

〔1〕译者注：篇名系英文直译。林希元（1481—1567）虽然对海洋贸易亦持有较为开明的态度，然遍查《林次崖先生文集》，似尚未见以此为题的篇目。何乔远（1557—1631）有《开洋海议》和《请开海事疏》，分别见于《镜山全集》卷24、卷23，未知此处是否当作"何乔远"为妥。

〔2〕片山诚二郎：《明代海上密贸易と沿海地方郷紳層，朱纨の海禁政策强行とその挫折の過程通をしての一考察》，《歷史學研究》164（1953），頁26。【王世贞：《倭志》，收于陈子龙等编：《明经世文编》卷332。】

盖罢官闲住，不惜名检，招亡纳版，广布爪牙，武断乡曲，把持官府。下海通番之人，借其赀本，藉其人船，动称某府，出入无忌。船货回还，先除原借，本利相对，其余赃物平分。盖不止一年，亦不止一家矣。[1]

　　朱纨在东南严厉打击走私，引起了地方经济的动荡；而因揭露当地官员及绅士卷入违法贸易程度之深，也激怒了他们。他们通过其代理人，对朱纨进行弹劾并获得成功；他下台后不久，"倭寇"沿海掠夺变得异常频繁，1552—1563年间的某些年份竟高达100多次。其中最主要的原因仍不大清楚，也可能和中小商人集团为摆脱高居其上的绅士的控制而作的斗争有关系。当势力大的陆商和绅士不付给海商应得的报酬时，海商常常出于经济窘迫或复仇欲望而被迫成为海盗。至于绅士，有时为避免还债，还想向当局指控海商为海盗。总之，上述内容充分揭示了海禁作为安全措施徒劳无益。特别是如果考虑到这一时期明朝军事力量的状况更是如此；1567年，在福建巡抚的奏请下，海禁基本上解除了。

224

　　在海禁的最后几十年，中国人的海外冒险已经再次变得重要起来，在开关以后更进一步扩大了。崇祯年间（1628—1644）《漳州府志》有载：

　　　　漳人多造巨舰，向远夷作贾客。或中人合赀，或富人假贷。[2]

---

〔1〕　石原道博 (1964)，页211。【朱纨：《甓余杂集》卷2《阅视海防事》（嘉靖二十六年十二月二十六日）。】

〔2〕　波多野善大：《中国近代工业史的研究》（京都：1961），页58。【崇祯《漳州府志》卷26《风土志上·风俗考》。译者补注：国内通常称此志为《万历癸丑漳州府志》。此即据《万历癸丑漳州府志》卷26。】

同一时期的漳州府《海澄县志》也证明了这点：

> 富家以赀，贫人以佣，输中华之产，骋彼远国，易其方物以
> 归，博利可十倍，故民乐之。[1]

留传至今的当时中国航海手册载有几条航海路线（如广州到长崎，
亚齐到古里，古里到亚丁湾等），还有讲授如何依靠罗盘和牵星确定方
位，以及关于暗礁、陆标、海底质地的资料。[2]

很明显，政府的政策使得中国的沿海贸易和海外贸易经历了持久
的压抑，从14世纪一直持续到16世纪。在这一时期，中国的海军从
世界领先的辉煌跌落到了自己先前的阴影之中。货币问题的恶化也是
由闭关政策造成，只要是闭关政策还在起作用就无法解决。上述这些
情况的形成，再加上其他很多原因阻止了这一时期像中世纪那样的经
济成长。

我们在作结论时还应注意到，正是因为中华帝国幅员辽阔，明朝
皇帝才有可能采取这些政策。假若中华次大陆是由数个较小的独立王
国组成（比如五代十国时期那样的情况），那么没有一个政府能够做到
闭关自守。各国之间经济上的相互依赖（就像以后各区域之间的相互
依赖那样）就会消除这一可能；而且各国需要外交与军事联盟，并从
贸易中获取税收，由此，将会使得孤立主义不合时宜。假若是众多的
小国，如近代早期的西北欧，那么就会在被统治者与他们的国家及其
统治者之间产生更紧密的认同感。在近代交通方式出现之前，帝国领
土的辽阔妨碍了国家主义（nationalism）的产生。

225

----

〔1〕 片山诚二郎（1953），页24-25。【崇祯《海澄县志》卷11《风俗考》。】

〔2〕 向达校注：《两种海道针经》（北京：中华书局，1961）。

自然观的转变

最后还要说明一点（虽然这个题目实际是在我们目前讨论的领域之外），那就是在思想领域似乎也出现了一个转折。中国人如何看待世界，14世纪是一个分水岭；似乎这和哲学观缓慢的重新定向有着间接而却重要的联系。其结果，对科学和技术创造力可能是非常重要的。

马克斯·罗尔（Max Loehr）教授认为，"在表现可见世界的客观和高度分化的形象方面，宋代绘画是总结性的"，并且"具有一种差不多可以说是科学的特征"，但是在1300年前后，一个深远的变化发生了。"此后的艺术变得主观、内省，具有表现主义或者理智化的特征，不再在乎自然的，即客观真实的形象了。"在他看来，明代绘画完全是由理性（而不是感官）决定的。[1]

宋代理学一开始就对佛教的下述观点展开有力的批判，即佛教否认任何形式的永存；将形式、事物与人类仅看作是一连串有因果关系的即刻现象，并认为这些现象缺乏持久的特征，因而最终是无意义的。与此相对，理学家强调人类生活的实态、价值和仁善及其中蕴涵的本质。他们这样做的目的，是要在坚实的哲学基础之上，树立社会秩序和社会道德。他们的策略是主张自然体现了"理"（principal），即建造与运行的模式，表明了道德方面正确的人类社会之"理"。因此，理解自然是人类开始掌握这些"理"的过程的一部分，而人生的终极目标是学做圣贤。所以，这一时期科学的探索具有了哲学上的重要意义，　226

---

〔1〕　M. Loehr, "Some Fundamental Issues in the History of Chinese Paintings", *Journal of Asian Studies* 23:2 (1964), pp.192-193.

某些如医学家朱震亨这样的科学家在这方面有十分清醒的意识。[1]

但是这种方式提出了一些哲学难题。如果社会与人是这个"自然"的一部分，那么如何解释存在于其中的恶呢？如果是"自然"产生了恶，那么"自然"就不再应看作是道德之源。假设道德是"自然"的前提，人的本性作为"自然"的一部分，那一定应该是善。但是否认恶的存在，对社会来说将是灾难性的。这与哲学旨在支持的道德标准也不相符。所以，二元论中的某一要素又被人们引进来。它提出，尽管人性本善而且人人皆同，但是人人具有各种不同的"气"（substance）或"品"（disposition）。如果一个人的"气"浑浊，他就是个愚人，不开窍，或者意味着不道德；而当一个人的"气"清澈，他就是圣贤。然而，这样推断的逻辑往往把"理"从沾染了道德上含混不清的"气"的自然中驱逐出去，使之凌驾于"自然"之上，或超脱于"自然"之外，而不是"自然"所固有的。以此推之，"自然"也就不能再作为社会与道德标准的基础了。

唯一的选择，是将人自身的判断作为道德权威之源。这就是王阳明于16世纪发展起来的道德直觉论[2]的核心。他反对旧观点的支持者，而主张"自然"在任何情况下只是人类意识的衍生物。事物只是存在于人的心中。他认为"心外无理""心外无物"[3]。虽然宋人朱熹集理学之大成，提出"外心以求理"，王阳明却坚持"求理于吾心"。[4]因此，与绘画方面的转变相似，哲学发生了如下转变：从对外部自然

---

〔1〕其他科学家，尤其如沈括做探索时似乎没有哲学方面的动机。坂出祥伸甚至说沈括"不是以科学家的眼光，而是以一个伟大的技术专家的眼光来看待自然"。如此判断沈括这样一个十分重视试验、量化、建造模型的思想家是过于苛刻了；但可能有点令人窘迫的是，这个看法可能有助于解释他的思想的松散性本质。见坂出祥伸：《沈括の自然觀について》，《東方學》39（東京：1970），頁74-87。

〔2〕译者注：moral intuitionism，当指"心学"。

〔3〕译者注：《王阳明全集》卷4《与王纯甫书二》。

〔4〕译者注：《王阳明全集》卷2《答顾东桥书》

的理性把握而开始转而倾向于内省、直觉和主观。这种以新的方式对"心"的强调，虽然没有佛教那么绝对，但由于渐渐抽掉了来自感官经验世界的事实，从而贬低了科学研究的哲学意义。而且，"心"（mind）227本来有各种含义，但就作为终极的因果关系原则而言，它和"精神"（spirit）的意思相同。这阻碍了对现象进一步进行量化分析和对其机理的探索；并且暗示了，思想家和科学家个人的"心"，是心的总和的一部分，因此能够直接地接触到后者，而不必以"格物"的方式来掌握它。

方以智（1611—1671）可能是17世纪中国最有才能的科学家和思想家，上述后果从他身上可以看得格外清楚。从表面上看，他绝对深受相沿已久的百科全书式的中国传统的影响。他最有名的著述《物理小识》(1664年成书)，主要由引自前人的多篇短文组成，其主题有气、光、天文学、解剖学、矿物学、植物学、动物学及各种奇异现象。方以智不同他人之处在于，他注重方法论，对公认的观点持怀疑态度，而且还力图解释前人一般在哪些地方仅满足于记录。也有证据表明他本人做过一些简单的试验。他对当时欧洲耶稣会士带到中国的科学知识很感兴趣；他的书准确叙述了从耶稣会士的著述中了解到的关于血液循环及日食、月食的本质方面的知识。1631—1650年间是他专注于科学的时候，但是此间，他却没有做出真正的新贡献。了解其中的原因非常重要。

他关于光学的文章显示了他思想的深度。例如：

阳燧倒影。存中曰：阳燧照物皆倒，算家谓之格术，如人摇櫓，臬为之碍故也。鸢飞空中，影随鸢移，或中间为窗隙所束，则影与鸢遂相违，鸢东则影西，鸢西则影东。又如窗隙中楼台之影，中间为窗所束，亦皆倒垂，与阳燧一也。阳燧面洼，以一指 228

迫而照之则正，渐远则无所见，过此遂倒，则无所见处。正如窗隙、檐桌、腰鼓碍之，本末相格，遂成摇橹之势。故举手则影愈下，下手则影愈上，此可见阳燧面洼。向日照之，光皆聚向内，离镜一二寸，光聚为一点，大如麻菽，着物则火发，此腰鼓最细处也。段成式谓海翻则招影倒，谬也。陆放翁见福州万寿塔、成都正法塔影倒，而未言其理。智见牛首塔影寓、白门塔影楼而悟，人自不察耳。凡宝石面凸，则光成一条，有数棱，则必有一面五色。如蛾眉放光石六面也，水晶压纸三面也，烧料三面水晶，亦五色。峡日射飞泉成五色，人于回墙间向日喷水，亦成五色，故知虹蜺之彩、星月之晕、五色之云，皆同此理。[1]

沈括只是简单地描述了聚焦点这个现象，而方以智比较了燃烧镜（阳燧）和棱镜、透镜引起的效果，试图找出一条更为普遍的规律，即光折射的定律。他也很关心光和影像是通过什么方式传播的。以下摘自他写的《光论》：

光理贯明暗，犹阳之统阴阳也。火无体而因物见光以为体，犹心无体而因事见理以征几也。晦夜昏黑，地虽遮日，空自有光，人卧暗室，忽然开目，目自有光，何讶虎枭猫鼠之夜视耶？气凝为形，发为光声，犹有未凝形之空气，与之摩荡嘘吸。故形之用，止于其分，而光声之用常溢于其余，气无空隙，互相转应也。[2]

229

〔1〕 方以智：《物理小识》（1664 年成书，1884 年版）卷 8，页 13b、14a。
〔2〕 方以智（1664），卷 1，页 5b。

方以智的弟子揭暄又进一步指出："无物不含光，性以气为体。"[1]
基于这些物理概念，方以智的儿子方中通试图对倒像（image-
inversion）做更详细的分析。他写道：

> 水能摄物入其中，物近水，影在水面，物远水，影在水底，
> 故池中树木人物，悉皆倒影[2]。空气接地者属水，故能摄物，其影
> 亦倒。地上有一物，空中有一影，空中皆气故也。暗室向明，凿
> 小圆孔，垣外之物皆能摄入，壁上皆倒影，乃摄入虚空气中之倒
> 影也。[3]

按照方中通的理论，气中的影像在通过小孔之前已经倒置，那么
和观察的现象是矛盾的，因为观察到的是通过小孔的路线才影响到倒
置，如果他意识到这点，很可能就会重新考虑他对光的整个概念。但
是似乎中国人最弱之处正是缺少这样的分析；考虑到他们的论证在这
一时期一般已达到较高的水准，我们就有必要探讨一下为什么会这样。

* * * * *

答案几乎是肯定的：这样一个问题没有受到应有的重视。17 世纪
的中国科学家，若非关心的是严格意义上的实际事物，很可能就像方
以智一样，认为知识是一个有序的进展过程，即从对现象进行实验与
分析的研究开始，而以对"心"（即"精神"）的活动的直觉领悟作为
终极实现。但是这并不是知识取得进步的正途。方以智自称：

230

---

〔1〕 译者注：方以智《物理小识》卷 1，页 6a "暗曰"。

〔2〕 译者注：万有文库本"影"作"向"。

〔3〕 方以智（1664），卷 8，页 14a。

盈天地间皆物也。人受其中以生，生寓于身，身寓于世。所见所用，无非事也，事一物也。圣人制器利用以安其生，因表理以治其心。器固物也，心一物也。深而言性命，性命一物也。通观天地，天地一物也。推而至于不可知，转以可知者摄之，以费知隐，重玄一实，是物物、神神之深几也。寂感之蕴，深究其所自来，是曰"通几"。物有其故，实考究之，大而元会，小而草木毳蠕，类其性情，征其好恶，推其常变，是曰"质测"。"质测"即藏"通几"者也。有竟扫质测而冒举通几以显其宥密之神者，其流遗物。谁是合外内、贯一多而神明者乎？[1]

方中通以更强烈的言词强调科学探索的本质是一个过程，它促成了一种启蒙，但又不同于启蒙：

心平乃虚，虚乃明，明乃能烛物之理。[2]

这一点至为重要，因为方以智父子在追求的都是知识而不是道德启示。方以智在规范性法则与自然规律之间仔细地划分了界限。他认为"宋儒惟守宰理。至于考索物理时制，不达其实"。他还说，"专言治教，则宰理也。专言通几，则所以为物之至理也"。[3]

方以智视此过程的第一步为"质测"（substantive research）。我们可以认为，这一步是真真正正符合科学精神的。与他同时代的思想家王夫之等人，也认为这是方以智最重要的贡献。可是方以智自己以为

---

〔1〕 方以智（1664），《物理小识·自序》，页 1a。

〔2〕 方以智（1664）卷 2，页 33a。

〔3〕 坂出祥伸：《方以智の思想：質測と通幾をめぐって》，收于薮内清等编：《明清時代の科學技術史》（京都：1970），頁 95。【前引文出处：方以智：《通雅》卷首之一《音义杂论》；后引文出处：方以智：《通雅》卷首之三《文章薪火》。】

仅此还不够，他批评那些来中国的耶稣会士"详于质测，而拙于言通几"[1]。他对西方天文学的某些批评不是完全没有道理，但很遗憾，其余那些批评却被证明没有道理，原因是他不理解光学原理，并由此不相信望远镜。然而，他有能力进行这些批评似乎使他很满足，以致有关的方法论方面，他也根本不向西方学习。他自言：

西学不一家，各以术取捷算，于理尚膜，讵可据乎？[2]

第二步很重要。通过"质测"建立了具体的自然定律之后，这些定律应进一步用于推断普遍的"理"：

一切物皆气所为也，空皆气所实也……则以费知隐，丝毫不爽，其则也，理之可征者也。[3]

但是，从定律到普遍原理的转变（而这正是问题的关键），不可能仅仅通过分析理解来完成。我们已经注意到，方以智认为"心智"（spiritual intelligence）本身不可能融合原本不对等、不相关的实在物，即不可能"充一切虚，贯一切实"。普遍原理在性质上是属于"心"的。他曾说，对于圣人来讲，"合虚实神形而表其气中之理""彼离气执理，与扫物尊心，皆病也。理以心知，知与理来，因物则而后交格以显，岂能离气之质耶"，"神在其中矣，神而明之，知而无知"。[4]他 232
告诫弟子：

---

〔1〕 译者注：方以智（1664）《物理小识·自序》，页1a。

〔2〕 方以智（1664），卷1，页28b。

〔3〕 方以智（1664），卷1，页3b、4a。

〔4〕 方以智（1664）卷1，页4a。【译者补注：方以智《物理小识》卷1《气论》，页3b-4a。】

要之，不出阴阳。所以为阴阳者，不可知之神也。神以心知，知以不可知，就灵通而言之。孰非神，孰非心乎。精核其质，即知冒通之理。[1]

* * * * *

那么，这个"心"本身能领会什么普遍的"理"呢？

关于认知，方以智坚持这样的观点："气"本身即使存在，也不可知。"唯心识观，皆影响矣。"[2]因此，若说实在物的原理（即自然规律），只不过是"心"的原理，这并非过分。"乃知物之则，即天之则，即心之则也。"[3]然而，个人的"心"是不能任意控制其所感知，不能控制那些支配"影响"的原理。方以智引其父亲方孔劭的话证明，"气"之始与"心"之始，二者为一。在这点上，我们面临一个问题。前面已讲，根据方以智的理论，"心"是实在物，之所以这么说，他是指"唯心识观"，"心"是属于个人的。但同时，他也清楚地意识到"心"是作为一切之总和的精神方面。[4]他坚持认为自己不是二元论者：

为物不二之至理，隐不可见，质皆气也。征其端几，不离象数。彼扫器言道，离费穷隐者，偏权也。日月星辰，天悬象数如此。官肢经络，天之表人身也如此。图书卦策，圣人之冒准约几　233

---

〔1〕坂出祥伸（1970），页121。【揭暄：《璇玑遗述》卷5《三际无定》。】

〔2〕方以智（1664），《总论》，页10b。

〔3〕方以智（1664），卷2，页32b。

〔4〕在这种观念中"心"明显是指至高无上的地方，我用大写形式的"Mind"来表示。译者补注：中译本相应加了引号。

如此。无非物也，无非心也。犹二之乎？〔1〕

将宇宙的精神一面与个人的"心"这两个意义上的"心"合而为一，方以智就能够下结论，认为"惟心能通天地万物，知其原，即尽其性矣"〔2〕。但要做到这一点，"未形则无可言一形"，〔3〕不能顿悟，它必须遵循上述渐进的过程。然而，最终取得的不是依靠观察和分析得来的知识。它是一种心的状态，即"心"对于"外界-内心"（World-Mind）的因果关系萌芽的一种直观反应。正是在这里，卜筮的技术出现了，首要的是《易经》，因为它们能使人的下意识进入合乎礼义法度的状态。圣人即是有能力为其臣民的利益做到这一点的人。〔4〕

对于中国科学来说，这种哲学思想的后果是灾难性的。作为一个高度复杂的玄之又玄的结果，对任何已发生的让人迷惑的事物总有一个解释，而实际却是什么都没有解释。方以智著文谈论雷的现象时认为：

宋沈括于震木下得雷楔，似斧而无孔，鬼神幽微，不可究

---

〔1〕 方以智，（1664），卷1，页1a。

〔2〕 方以智（1664），《总论》，页2a。

〔3〕 译者注：作者这段引文原文是"negelceted the objects of existence"，可直译为"忽视万物的存在"。因为加了引号，想必是表达引用原文，译者对比上下文，认为应该是这一段，尽管和英文有一定出入。见方以智《物理小识》，《总论》，页2a。

〔4〕 译者注：这段话应该是伊懋可先生根据自己对《物理小识·总论》的理解来写就的，译成英文后已殊不易解。但正文仍据原文翻译，以期保持原貌。现将《物理小识》大致对应的段落附于此，供读者参考："圣人与民，折中日用，使之中节而已。其格致研极之精微，皆生于《易》。……圣人官天地，府万物，推历律，定制度，兴礼乐，以前民用，化至咸若。"见《物理小识·总论》，页2a-3a。

极。[1]愚者曰此亦通理，因而曰皆心也，皆鬼神也，亦冒通耳。[2]

如果是这样一种态度，那么任何不寻常的事物大概都不足以刺激人们放弃一种旧的参照系，而代之以更好的参照系。因此，这就是中国在17世纪及以后既没有创造出一个它自己的近代科学，也没有创造出一种对抗西方科学精神同化的最深之源。

---

〔1〕沈括对人类理解能力可能具有的局限抱有特别的警惕。他不相信心可"通天地"。这在他对"雷火"的讨论中体现得非常明显："人但知人境中事耳；人境之外，事有何限，欲以区区世智情识，穷测至理，不其难哉。"参见沈括《梦溪笔谈》卷20，第10节【译者注：此据胡道静《梦溪笔谈校证》卷20，第10条】。

〔2〕方以智（1664），卷2，页4b。

第十五章　佃仆制的消亡

在明代（1368—1644）和清代初期，含有佃仆制和类似佃仆制的租佃制的庄园制度，仍在农村占主导地位，虽然随着时间的推移，它已失去了活力。18世纪，庄园最终消失，一种新的不同的农村秩序形成了。地主与典商取代了庄园主；金钱关系取代了种种身份关系。士绅（gentry）阶级的成员经营着各种农村活动，此时他们已作为专业管理者，而不是那些对其劳动力的产出才有直接兴趣的地主了。农民中间的阶级意识以及社会流动都增加了；社会变得分裂而不安定，且竞争极为激烈。

明朝建立者驱逐了蒙古人，这意味着将有新的大土地所有者出现。但是改朝换代并没有对租佃制度产生重大影响。新皇帝[1]将大量庄田赐给其新封的权贵功臣，并免征全部赋税。虽然明太祖在其统治后期曾力图削减赐田的面积，因为他很清楚这会给政府财源带来损害，而且从长远观点来看会给朝廷造成政治上的威胁；但是，不论太祖还是其后继者都没能达到这一目标。庄田不断扩大，来源是皇帝的赏赐，

---

〔1〕　译者注：即明太祖。

以及购买和强占，此外还有"投献"的做法，即农民将土地登记在地主名下以期逃避课税。

结果，一些庄田变得非常之大。15世纪初期，太监刘永成通过不正当的手段扩大庄田，年收入15万石米、4,000两银。据海瑞所言，16世纪"江以南贫富相倾，弱者率投献田地【豪家】"[1]。这一说法似乎有些极端，但1567年调查显示，仅苏州、松江、常州、镇江四府即有190万亩"投献田"和330万亩登记不实的土地，使得大地产看起来较小一点。《明太祖实录》载，"两浙富民……往往以田产诡托亲邻、佃仆"[2]；可以设想，这一做法仍旧在继续。后来，万历皇帝（1563—1620）赐予爱子福王河南庄田四万顷，作为对后者未被立为太子的一种安抚。据估计，河南土地半数属亲王的封地。在明朝灭亡前夕，湖南长沙、善化二县百分之七八十的农田都在英宗（1457—1464[3]）七子吉王的子孙手上。[4]我们很难判断合法的与实际的免税封地的确切数字，但它们所占比例无疑是相当大的。

成为明代权贵或高官的庄园上的一名佃客，很可能意味着和对方建立人身依附关系。《明史》记载，1371年，李善长以病致仕时，明太祖不但赏赐给他土地，而且还附带1,500家佃户，这只能说明这些人是附着于土地的。政府认为理所当然这些佃仆随田"投献"而去。万历《会典》载有一道谕旨：

> 出榜晓谕，禁约军民人等。敢有投托势要之家，充为家人，

---

〔1〕译者注：梁云龙：《海忠介公行状》，收于《海瑞集》附录一《传记》。译者补注：此非海瑞之言，而是梁云龙之语。

〔2〕译者注：《明太祖实录》卷180，"洪武二十年二月戊子"条。

〔3〕译者注：这是指英宗天顺年间。

〔4〕清水泰次：《明代土地制度史研究》（東京：1968），頁16—33、64—71、385—458。

236

及通同旗校管庄人等，妄将民间地土投献者，事发，悉照天顺并成化十五年钦奉敕旨事例，问发边卫，永远充军。[1]

正如《明律疏议》指出："恐功臣家，多恃势力，广置田宅，容占人口。"[2]为了更详细了解这类官员以及富裕百姓占有土地的状况，我们还必须参看非官方的史料。

明代中叶，有一处不算特殊的庄园。该庄园归属龚孺人（即名臣王世贞的伯母）所有。据说：

> 孺人质明盥栉，坐寝堂。男女大小数千指旅见，各报所业。　237
> 孺人摘其尤惰者与朴，而勤者为劳苦，手治卮酒，调髓修饮之，
> 既退，其饮者忻忻动颜色，相勉亡负。其见朴者，望而自质责
> 曰：奈何不与主人姆力作，而欲壹卮酒得乎？即孺人所任使，亡
> 弗称材。陆字畜特蹄角以百计，水孳鱼鳖以石计，圃人治果蓏芥
> 蔬以顷计。[3]

从记载来看，这些时期，很多庄园主都是"躬率僮仆治田亩"[4]。名臣何良俊的父亲可能躬耕于1500年前后，对于他的父亲，何良俊有如下记述：

---

〔1〕 清水泰次（1968），页386。【申时行等编：《大明会典》卷17《田土》。译者补注：此谕旨为弘治三年。】

〔2〕 清水泰次（1968），页407-408。【《明律疏议》卷5《盗卖田宅》。译者补注：此据张楷：《律条疏议》卷5《盗卖田宅》。】

〔3〕 傅衣凌：《明代江南市民经济试探》（上海：1963），页61。【王世贞：《弇州山人四部稿》卷85《龚孺人小传》。译者补注：《明代江南市民经济试探》在1963年有过一次重印，仍为1957年版，经比对，内容上也无差异，以下径改为"1957"年版。】

〔4〕 译者注：亢思谦：《慎修堂集》卷18《寿官肖溪赵公墓志铭》。

府君视丰美田产，多买僮仆。岁时督课耕种，艾辟灌莽，筑堤防，修通水渠。自岁旦以至穷冬，无风雨寒暑，恒身自临视之，未尝一日怠废。任使僮客，各有方略，有劳苦即劝老周悉，能中人隐曲，故亦无不人人乐于推诚劝功。由是收息渐广，十倍于前。[1]

明代也有一些大地产可能是雇人管理的。时人对谭晓、谭照两兄弟在江苏常熟耕种的描写可以为证：

居湖乡，田多洼芜。乡之民皆逃农而渔，于是田之弃弗治者以万计。晓与照薄其值买之，佣乡民百余人，给之食，凿其最洼者为池，余则周以高塍，辟而耕之，岁入视平壤三倍。池以百计，皆畜鱼。池之上架以梁为茇舍，畜鸡豕其中，鱼食其粪又易肥。塍之上植梅桃诸果属，其污泽则种菰茈菱芡，可畦者以艺四时诸蔬，皆以千计。凡鸟凫、昆虫之属，悉罗取而售之。室中置数十瓯，日以其入分投之，若某瓯鱼入，某瓯果入，盈乃发之。月发者数焉，视田之入又三倍。晓、照俱纤啬惮费，不纨绮服，非大故不宰割，于是资日益饶。[2]

我们不能将上述这些雇工视作必然是完全"自由"的。1588年，《明律》增加了"奴婢殴家长"的新题例：

今后官民之家，凡倩工作之人，立有文券、议有年限者，以

---

[1] 傅衣凌（1957），页33。【何良俊：《何翰林集》卷24《先府君讷轩先生行状》。】

[2] 傅衣凌（1957），页63。【光绪《常昭合志稿》卷48《轶闻志》。译者补注：标点此段史料时参考了傅衣凌：《明代江南市民经济试探》（北京：2007），页273。】

雇工人论。止是短雇月日、受值不多者，依凡论。[1]

在法律上，长工的身份在一定程度上和佃仆一样。其经济地位低下也可从王道隆的一段评论反映出来。对于 16 世纪前期湖州的"【终岁不休】无产者"，王氏形容他们是"抑心殚力"[2]。

佃仆制在长江下游地区持续到清代，康熙《嘉定县志》有例可证：

> 主仆之分，嘉邑甚严。盖仆之婚配衣食，皆仰给于主，故也。[3]

乾隆年间（1736—1795），邻近的宝山县在所修县志中也有类似描写。

* * * * *

要对这一时期佃仆在中国的比例进行估计，主要存在两个障碍。其一，有时"佃户"似乎被看作是佃仆。康熙《江南通志》告诉我们："【凤颍】大家将佃户称为庄奴……不容他适。"[4]换言之，他们被束缚在土地上。其二，依据明朝法律，除了官员阶层的成员外，任何人不得拥有僮仆。王孟箕在家训中谈得很清楚：

239

---

〔1〕細野浩二：《明末清初江南における地主奴僕關係：家訓にみられるその新展開をめぐって》，《東洋學報》50:3（1967），頁28。【舒化等纂：《明律集解附例》卷20《刑律·斗殴·奴婢殴家长》。】

〔2〕译者注：同治《湖州府志》卷29《舆地略·风俗·总述》引王道隆《菰城文献》。

〔3〕細野浩二（1967），頁11。【康熙《嘉定县志》卷4《风俗》。译者补注：此据上海市地方志办公室，上海市嘉定区地方志办公室编：《上海府县旧志丛书·嘉定县卷》第1册，标点亦暂从之。】

〔4〕傅衣凌（1961），頁91。【徐国相《特参势豪勒诈疏》，收于康熙《江南通志》卷65《艺文》。】

律有入官为奴之条，士庶之家，安得有奴。故仆曰"义男"，婢曰"义媳"，幼者曰"义女"，皆与己之儿媳子女同称。虽有贵贱，非犬马之与我不同类者……[1]

然而，在"僮仆"和"养子"之间有着细微却又一直存在的区别。15世纪早期，某官员写道：

其所谓大户苞荫者：豪势富贵之家，或以私债准折人丁男，或以威力强夺人子息。或全家佣作，或分房托居。赐之姓而目为义男者有之，更其名而命为仆隶者有之。凡此之人，既得为其役属，不复更其粮差。甘心依附，莫敢谁何。[2]

1558—1562年间，海瑞出任浙江淳安知县。他力图改善当地居民对"养子"的待遇：

奴仆。率土之滨，皆天下之民也。律止功臣之家赐之以奴。其余庶人之家，止有雇工人，有乞养义男。雇工人月日满则止。谓之义男，与己为男也。与己为男，则当与己子论年，列为兄弟，与己孙列为伯叔侄。服劳奉养，理所当然。虽不能兼爱，然衣食婚丧与己子孙不宜甚至相远。闻之建德县待义男稍合律法。淳俗不然，直以奴仆待之，所当改革。[3]

240

---

〔1〕细野浩二（1967），页26。【译者补注：此据《王孟箕家训·御下篇》，收于陈弘谋辑：《五种遗规·教女遗规》卷下。】

〔2〕傅衣凌（1961），页79。【周忱：《与行在户部诸公书》，收于程敏政编：《明文衡》卷27。】

〔3〕细野浩二（1967），页27。【海瑞：《海中介公文集》卷6《淳安政事·户属·兴革条例》。译者补注：此据《海瑞集》上篇三《淳安知县时期》，"兴革条例·户属"条。】

所以，暗含于收养关系之中的亲属关系便具有了一些实质意义。但迄今为止，它只是佃仆在法律上的保护伞，然而，却模糊了这一制度的范围。

另一复杂的情况是佃仆总数的波动。嘉庆《上海县志·祥异志》记载：

> 明季缙绅多收奴仆，世隶之，邑几无王民。然主势一衰，跛
> 扈而去，甚有反占主田产，抗主赀财，转献新贵有势，因而投牒
> 兴讼者，有司亦唯力是视而已。物极必反，以是顾六【叛乱者】
> 一呼，从者猬起。后奉功，令乡绅自好，积弊已清。然而子孙世
> 隶，未之改也。[1]

有趣的是，方志编纂者将奴变和蝗灾或者是畸胎归为一类，作为自然秩序的反常现象。然而，除了这个主题之外，这段引文还暗示了，明代中期佃仆的数目要少一些。1630年编修的《松江府志》（上海县属松江府）引录的一份1568年赈灾公文在某种程度上也可证实这一点。该公文说："敝乡贫民【即"佃仆"】皆佃种富民之田，如令富民毋计利吝施，各自贷其租户。"[2]其中第二句暗示了，庄园主早期可能有责任救济他的佃仆，本书页70所引朱熹有关赈济的筹划也可证明这一点，然而，这个责任到后来却不存在了。也许，那时起主要作用的已经是钱财而不再是身份关系。这些人应看作是佃户（tenant）而非佃仆（tenant-serf）了。若果真如此，他们的地位可能是在16世纪后期恶化的，但证据太单薄，无法做出任何肯定的结论。

---

〔1〕嘉庆《上海县志》（上海：1814），卷19，页27b。【译者补注：此据嘉庆《上海县志》卷19《祥异》，《浙江图书馆藏稀见方志丛刊》第7册，页618】

〔2〕译者注：崇祯《松江府志》卷13《荒政》引《徐文贞与吕沃州代巡书》。

佃仆的身份通常有书面契约，由主人保存。一本著者佚名的明代史籍记载：

> 吾娄风俗，极重主仆。男子入富家为奴，即立身契，修身不敢雁行立；有役呼之，不敢失尺寸；而子孙累世，不得脱籍。间有富厚者，多以金赎之，即名赎而终不得与等肩。此制驭人奴之律令也。[1]

起码在以后的时期，在没有这样一种契约束缚的条件下，佃仆关系似乎在法律上不可能维持下去了。

16世纪，庄园主对于佃仆的态度逐渐发生了变化。这源自较广泛意义上的主仆关系的不稳定，以及主人在宽严之间平衡的需要。对于分析晚明的材料而言，胡宏12世纪的一段话，是一个有用的标准：

> 主户于客户，当为之安立生业，劝其耕耨，平其收敛，哀其忧而贺其喜，使之生足乐而死无憾，则世世服役，虽逐之不去矣。若主户者，不知保爱客户，呼之以奴狗，用之以牛羊，致其父母妻子盼盼相视，愕然丧其乐生之心，忘其怀土重迁之真性，惟恐去之不速者，则主户之罪也。夫如是者，官当戒斥主户，不受其诉。[2]

242

---

〔1〕傅衣凌（1961），页81-82。【译者补注：此据佚名：《研堂见闻杂记》。又，此书一般被认为是清人著作。】

〔2〕周藤吉之（1954），页119-120。【胡宏：《五峰胡先生文集》卷2《与刘信叔书五首》。译者补注：文渊阁四库本，"盼盼"作"盻盻"，若作"盻盻"，则当为殷切貌解，于上下文不通，周藤吉之引用的《五峰集》可能是陆香圃三间草堂抄本，但"愕然"，周藤又引作"枵然"，同文渊阁四库本，今据陆香圃三间草堂抄本统一校改。】

明代著述《庸行编》中也引述了与此大同小异的一个观点：

> 御下者，未可全威势也。官之使隶，主之使仆，有道存焉。……若主之使仆……分虽当严也，而恩德亦宜推。力虽所用也，而甘苦亦宜恤。如专以威势临之，怒骂随之，督责楚之，则己德日损，下心日离。[1]

这里提出的要注意体恤下者，是一种新的看法，在《庭训笔记》中更为明确：

> 驭家人，不可不严。不严，则伊等直能代我作恶。然平日亦必有恩以接之。徒威用亦无当也。[2]

以往以身份地位决定秩序，此时已不再那么保险，也不能一成不变了，在明代另一家训中也出现了这样的告诫：

> 凡富家，久则衰倾。由无功而食人之食……是谓厉民自养。凡厉民自养，则有天殃。故久享富佚，则致衰倾，甚则为奴仆、为牛马。是子侄不可不力农作。[3]

对于奴仆的管理也变得更加细致复杂了。在 17 世纪上半叶成书的《沈氏农书》中，作者指出：

---

〔1〕 細野浩二（1967），頁 16.【牟允中补辑：《庸行编》卷 6《体恤类》。】

〔2〕 細野浩二（1967），頁 16.【阴振猷辑：《庭训笔记》。】

〔3〕 細野浩二（1967），頁 4.【霍韬：《霍渭涯家训》卷 1《汇训上》。】

旧规：……俗柔顺而主令尊；今人骄惰成风，非酒食不能劝，比百年前，大不同矣。……供给之法，亦宜优厚。炎天日长，午后必饥；冬日严寒，空腹难早出。夏必加下点心，冬必与以早粥。若冬月雨天，篙泥必早，与热酒饱其饮食，然后责其工程；彼既无词谢我，我亦有颜诘之。至于妇女丫鬟，虽不甚攻苦，亦须略与滋味。乌有经月不知肉味，而能无染指侵克者！……旧规：夏秋一日荤【即肉】，两日素；今宜间之，重难生活连日荤。春冬一日荤，三日素；今间二日，重难生活加荤。旧规：不论忙闲，三人共酒一勺。今宜论生活起：重难生活，每人酒一勺；中等生活，每人酒半勺；轻省及阴雨留家，全无。[1]

接下来他继续谈论时代变迁在其他方面的细节。

另一本书在评论对奴仆的惩罚时，则劝荐：

子弟，不得自打僮仆。妇女，不得自打婢妾。有过，则告之家长。为之善遣。家长亦不可亲自鞭打，恐一时怒气所激。鞭打之数必数，当观其过之轻重。徐徐责问，不惟养威，而仆婢亦自畏惧矣。[2]

对于婢女，主人被告诫应该琢磨"凡其心曲中所欲得，与心曲中

---

〔1〕傅衣凌（1957），页71；《沈氏农书》，载《学海类编》（上海：1920）卷104《运田地法》，页 19ab。【译者补注：此据张履祥辑补：《沈氏农书》（也称《补农书》）卷上《运田地法》，北京：中华书局，1956 年点校本。】

〔2〕细野浩二（1967），页19。【《愿体广类集》卷1《治家章》。译者补注：李仲麟辑《新增愿体广类集》卷1《治家》（影印乾隆三十年刻本）与细野浩二的引文略有出入，该本作："……家长亦不可亲自鞭打，恐一时怒气所激，鞭打之数必不计。当观其过之轻重，徐徐责问，不惟养威，而仆婢亦自畏惧矣。"虽文意相类，但断句必不同。正文姑且用细野的引文。】

所不愿而不敢声言者"[1]。一位官员在《人生必读书》中对此又加上一
些建议：

> 彪曰：凡婢仆，虽至贱，亦当养其耻心。……数责频詈，虽
> 辱不耻。廉耻既无，斯不可用矣。故驭婢仆，以养廉耻为先也。[2]

如此周到而入微，强调的是主人要清楚他们到底在多大程度上需
要奴仆，以及他们对奴仆掌管的不确定性。在《王孟箕家训》中，我
们读到：

> 凡人家道稍温，必蓄仆婢。彼资我之养，我资彼之力，盖相
> 依而成人家。彼既有力，何处不可依人。而谓彼非我则无以维生
> 者，误也。[3]

若奴仆不满意，要改换主人，似乎也并非不可能。

奴仆们也变得越来越桀骜不驯。18 世纪大型丛书《古今图书集
成》的"皇舆图"中引用了李大泌对湖北京山县的一段记述：

> 李大泌尝言，成化、弘治以前，县之俗椎鲁少机械……长老
> 有事，后生小子为之执役。若子弟童奴，其忠厚少文如此。自后
> 声名渐辟，文物转盛，生齿繁多，机心猬起，强弱之势一分，侵
> 蚀之计丛出。甚或巧文舞断，愚氓敛手……盖在壬午、癸未

---

〔1〕 译者注：细野浩二（1967），页 18。【屈成霖编：《习是编》上卷之六《驭下》。】

〔2〕 细野浩二（1967），页 20。【唐彪：《人生必读书》卷 8《治家中篇》。】

〔3〕 细野浩二（1967），页 11-12。【《王孟箕家训·御下篇》，收于陈弘谋辑：《五种遗规·教女
遗规》卷下。】

（1522—1523）之间，县之风俗实一变矣。自后密迩郡邑，车马繁会，五方奇巧之选，递相慕尚，加之商贾负贩，坐食富厚，百工技艺，杂然并集，盖在丙午、丁未（1546—1547）之间，县之风俗又一变矣。[1]

另有材料暗示，佃户和奴仆之所以不驯服，和商业增长以及市场 245 网络的形成有关，以下引文见于万历《泉州府志》：

> 佃农所获朝登陇亩，夕贸市廛，至有豫相约言，不许输租巨室者，及今此风未改。其尤黠者，或串通胥役，以为庇护，而食租者难矣。[2]

本书下一章暗示了，16和17世纪民间集市网开始变得密集。如果这是正确的，那么我们似乎可以认为，佃户和奴仆定期在集市上相遇会使他们感觉到作为一个阶级，有共同的利益，而且那些不满的人可以看到，他们不只是要反对哪一个特定的主人或哪一家，而是一个制度。

17世纪之前佃户和奴仆造反，如1448年福建"铲平王"邓茂七起义，似乎没有留下什么久远的影响。然而，邓茂七起义的确标志着，农民中的阶级意识明显地向前迈进了一步。邓茂七是行政保甲制的一名保长；身居此职，他尽力确保减少佃户的负担。当官府下令来要捉他时，他便起来反抗了。上文（页253-254）讨论的福建土地双重所

---

〔1〕傅衣凌（1957），页2。【《古今图书集成·职方典》卷1142《安陆府部汇考八·安陆府风俗考·京山县》。】

〔2〕傅衣凌（1961），页172。【道光《福建通志》卷56《风俗志》。译者补注：此据乾隆《泉州府志》卷20《风俗·同安县》引《万历府志》。】

有权的根源，或许可以追溯到这次起义。我们看到，在1630—1640年代爆发的起义中，很多起义都明确地要求推翻现有的身份秩序。这些起义对于结束佃仆制度确实意义重大。以下是对江西一次小型起义的叙述，很能说明起义的一般性质：

> 初，甲申、乙酉间，吉州一大变也。苍头蜂起，佃甲厮役群不逞者从之。刲牛屠豕聚会，睢盱跳梁。每村千百人，各有渠魁，裂裳为旗，销锄为刃，皆僭号"铲平王"，谓铲主仆、贵贱、贫富而平之也。诸奴各袭主人衣冠，入高门，分据其宅，发仓廪散之，缚其主于柱，加鞭笞焉。每群饮则命主跪而酌酒，批其颊，数之曰："均人也，奈何以奴呼我，今而后得反之也。"[1]

这些起义的共同特征，是要求拿回或销毁服役契约。据乾隆《宝山县志》：

> 明时申酉之际，【仆】乘机谋叛，始于江东瞿氏之仆，沿及江西祝家库，大肆其毒，千百成群，焚庐劫契，烟销蔽天。臧厮踞坐，家主供馈，稍有难色，按地予杖，真千年未有之变也。[2]

在嘉定县，"黠奴聚党，向家长索还身契，稍迟则抢掠焚劫"。[3]
在上海县则是：

〔1〕 傅衣凌（1961），页109。【同治《永新县志》卷15《武备志·武事》。】

〔2〕 傅衣凌（1961），页95。【乾隆《宝山县志》卷1《风俗志》。译者注：傅氏引文作"臧获踞坐"，今据乾隆《宝山县卷》卷1《风俗》校改。】

〔3〕 叶梦珠：《阅世编》（手抄本，上海：17世纪晚期），载《上海掌故丛编》卷1，页10下。【译者补注：此据叶梦珠：《阅世编》卷1《灾祥》，北京：中华书局，2007年点校本。以下皆据此版本。】

246

【上海廿三保】祝圣尧家群奴持刀，弑主父子，立时焚烬。延至各乡大户，无不烧抢。又有顾六等倡率各家奴辈入城，先至绅家索鬻身文契，其家立成齑粉，主被殴辱，急书退契，焚劫。大家为之一空。[1]

根据后来编纂的《湖北通志》所引的一条资料：

楚士大夫仆隶之盛甲天下，麻城尤甲全楚，梅、刘、田、李，强宗右族，家僮不下三四千人，雄长里间。明末流寇大作，家自为备，听其奴纠率同党，坎牲为盟，曰"里仁会"，竞饰衣甲，以夸耀之。诸奴遂炮烙衣冠，推刃其主，蕲、黄凶黠少年多归之。[2]

尽管如此，在麻城还是爆发了多次奴变。

类似事件也发生在广东。例如，在开平县，【奴隶】故乘机作乱，欲脱奴籍耳"。[3] 1646年在顺德县，"奴弑其主，因而攻城劫库"[4]。还有证据（尽管证据不是很多）表明，在四川、河南、山东发生了零星的奴变。这是一个范围很广的运动，席卷了华南、华中大部分地区。

为什么起义能够成功地瓦解佃仆制度，其中有几个原因。首先，

〔1〕 傅衣凌（1961），页95。【孙之騄：《二申野录》卷8，"崇祯甲申六月十日"条。译者补注："【 】"为译者据文献增补，以使文意更加完整。】

〔2〕 傅衣凌（1961），页102。【光绪《湖北通志》卷69《武备七·兵事》。译者补注：光绪《湖北通志》实际成书于民国初年（1919），通行版常作民国十年《湖北通志》。此即据民国《湖北通志》卷69《武备七·兵事·麻城家奴之变》引《湖北旧闻录》校改。伊懋可先生将引文最后一句话翻译为"After this, all the serfs roasted meat and wore fine apparel to the same extent as did their masters"，似有误读。傅衣凌先生引文中的"推及其主"，经核，"及"确为"刃"字无误。】

〔3〕 译者注：傅衣凌（1961），页120。【民国《开平县志》卷20《前事略二》。】

〔4〕 傅衣凌（1961），页120。【咸丰《顺德县志》卷31《前事略》。】

它们与西北流寇起事几乎同时，这些流寇首领以李自成、张献忠最为有名。他们不像南方领袖那样表现为一种社会正义的诉求，而是明朝政府机构日渐式微的征兆。所以，没有理由将西北的造反运动称作"农民起义"（peasant rebellion）。尽管以下这一点也值得注意，李自成的父亲或许曾当过农民，由于极端贫困携带全家转迁到乡绅掌握的官庄。这些流寇的掠夺破坏，加上满人在东北边疆的军事压力，使得明朝被推翻，也部分地为广布各地的奴仆斗争创造了条件。奴主被杀进一步说明上层阶级拥有奴仆是很危险的，而对新的清政权来说，这也是社会和政治薄弱的一个原因。1681 年，康熙皇帝在安徽巡抚的奏疏上面批示："嗣后业主买卖田地，应听佃户自便，不许随田转卖，勒令服役。"[1] 18 世纪初，雍正皇帝（1722—1735 年在位）放免了所有仅存的世袭职业集团，也包括某些类型的奴仆，从而完成了奴仆解放的任务。[2]

原因之二，是经济和社会的意义深远的发展，削弱了庄园制度。其中最重要的是投资方式改变了。人们有了钱以后不再像以前那样投入土地。贸易、当铺、城镇房地产可以带来高得多的资本回收。明代谢肇淛撰写的《五杂组》云："江南大贾强半无田，盖利息薄而赋役重也。"[3] 耿橘对于苏州风俗的评论，可以说是总结出来的至理名言：

> 农事之获利倍而劳最，愚懦之民为之；工之获利二而劳多，雕巧之民为之；商贾之获利三而劳轻，心计之民为之；贩盐之获

248

---

〔1〕 小山正明：《明末清初の大土地所有（一）：とくに江南デルタ地帯を中心にして》，《史學雜誌》66:12（1957），頁 16。【徐国相《特参势豪勒诈疏》，收于康熙《江南通志》卷 65《艺文》。】

〔2〕 寺田隆信：《雍正帝の賤民開放令について》，《東洋史研究》18:3（1959）。

〔3〕 傅衣凌（1957），頁 44。【谢肇淛：《五杂组》卷 4《地部二》。】

利五而无劳，豪猾之民为之。[1]

到 18 世纪，我们对少数几项财富的构成已知道得比较详细。在其中，农田排位甚低，大概仅 2%—20%。[2]土地比较保值。17 世纪初，张英在《恒产琐言》中说：

> 天下之物，有新则必有故。屋久而颓，衣久而敝，臧获牛马，服役久而老且死。……独田之为物，虽百年千年而常新。……亘古及今，无有朽蠹颓坏之虑，逃亡耗缺之忧。……天下货财所积，则时时有水火盗贼之忧。至珍异之物，尤易招尤速祸。……独有田产，不忧水火，不忧盗贼，……不劳一人守护。即有兵燹离乱，背井去乡，事定归来，室庐畜聚，一无可问，独此一块土，张姓者仍属张，李姓者仍属李，芟夷垦辟，仍为殷实之家。
>
> 吾友陆子……浙江人。……以经济自许。在京师日，常与之过从。一日，从容谈及谋生，毕竟以何者为胜？陆子思之良久，曰：予阅世故多矣，典质、贸易、权子母，断无久而不弊之理。始虽乍获厚利，终必化为子虚。惟田产、房屋二者，可持以久远。以二者较之，房舍又不如田产。[3]

即使像张氏这样主张投资于土地的人也并不认为其利润高。在传统中国晚期，一个很明智的策略，可能也是人们最普遍采取的策略，是将自己资金的一小部分投到土地作为可靠的储备基金，但是到别的

〔1〕 波多野善大 (1961)，页 1.【顾炎武:《天下郡国利病书》,"苏州备录上·常熟县·郊聚"条。】

〔2〕 波多野善大 (1961)，页 16-17。

〔3〕 波多野善大 (1961)，页 67-68，注 23。【译者补注：张英《恒产琐言》，昭代丛书戊集续编本。】

领域去求利。如南京商人徐怀全（音译）所说，"吾家以末致富，以本守之"。

正如我们在本书页 245 所见，土地收入常常较低的另一个原因，是佃户越来越倾向于抗租。到了 18 世纪中叶，江苏佃户动辄抗租已成"惯例"。在我们知道的例子中，有的田主需要借钱来上缴其田税，也常听说"以收租为畏途"。另一方面，庄园制的崩溃又开辟了新的剥削农民的方式，即典当业。典当业纳税比土地低得多，因此很有吸引力。由于农作收获周期长，一些耕种者总会遭受季节性困难之苦。这些困难，以前是由庄园组织负责解决，而现在则要预借带息的钱或粮。此时有了新的出路，这就是在 18 世纪当铺数目猛增的原因。17 世纪一位文人的评论很有趣，他说佃农"宁负田主租，不敢负谷主债，恐塞下年揭借之路者"[1]。18 世纪有人写道，"今夫富人之于农也，善行假贷之法"。[2] 所以在农村，在土地所有权之外的财源，在很多方面正在成为更重要的社会和经济力量的资源。 250

* * * * *

这一现象的结果意义重大。对投资土地热情的减少还意味着，由于中国男性继承人均分家产的制度，大地产会分裂，每一代成功的富人不再重建大庄园。因此到 19 世纪初，中国农村普遍存在的是小土地所有者，即自耕农和小地主，一般来说，他们占有的土地仅比手头宽裕的农民多那么一点而已。

与此同时，商业活动的增加，或许还有城市生活的惬意，将那

---

〔1〕 译者注：周之夔：《弃草集·文集》卷 5《广积谷以固闽圉议》。

〔2〕 傅衣凌（1961），页 156。【乾隆《仙游县志》卷 20《赋役志·常平仓义田租谷》。】

些重要一点的地主都吸引到城镇。一本 18 世纪关于苏州府甫里镇的书记载："上田半归于郡城之富户。"[1] 道光《苏州府志》有一段类似的叙述：

> 江南烟户业田多，而聚居城郭者十之四五，聚居市镇者十之三四，散处乡村者十之一二。[2]

有很多材料表明佃户和僮仆将城市看作是地主势力的中心。以下引文描述的是 1645 年宁化县发生的事件，是一个很生动的例证：

> 城中大户与诸乡佃丁，相嫉如仇。会黄族复毁通父流名之骨，而夷其墓，【黄】通时时有入城复仇之语。诸佃客亦思入城快泄其平时之小怨，共怂恿通。凡邑民之贸食四方者，遇通党皆困之，四乡之薪米，旧输县者，通皆禁阻之。城中不胜愤且苦，而无赖市狙复阴输城中情形于通，因以为利。及是，乃潜由安乐突入邑北门，城中愕不知所为。通等乃杀仇掠富，诸佃客各快报其睚眦，焚城外围馆几尽，摧堕城垣十数丈，抬去佛郎机二门，破城中赀财不可算。[3]

251

---

〔1〕小山正明（1957），页 1。【乾隆《吴郡甫里志》卷 5《风俗》。】

〔2〕小山正明（1957），页 1。【译者补注：这段引文系小山正明整理。据小山正明提供线索，"江南烟户业田多，而聚居城郭者十之四五"取自道光《苏州府志》卷 10《田赋》引邵锡孝《徭役议》；且"十"作"什"，今统一录作"十"。"十之四五"后面的文字系据民国《吴县志》卷 49《田赋六》引《昭和志》补。】

〔3〕傅衣凌（1961），页 179。【康熙《宁化县志》卷 7《寇变志》。译者补注：傅衣凌先生的引文中将"凡邑民之贸食四方者"中的"食"录为"易"，导致伊懋可先生将此段翻译为"whenever any of the inhabitants of the country capital who were engaged in trade with other parts"。今核对原文，确为"贸食"。"贸"同"牟"，贸食者当指不劳而食的地主，在此语境中似更通。】

地主从农村搬出后，对为其劳动的人的控制也就减弱了。19世纪初，福建一部方志写得很清楚，"近郭农民尚畏法，不敢阻抗特有三四乡落，预约田主起耕，不许乡内承顶，外乡来佃辄阻种、抢收，几不可制"[1]。租佃的性质改变了，身份关系削弱，而经济关系则发展了，亦即不因私人感情好坏而改变态度。此时，大地主即使到农村来，也只是在收获季节。否则，他的佃农只有在进城交租的时候才见得到他本人。有时地主也把粮仓建在乡村，佃农不必远道交租，在这种情况下佃农就只能见到地主的管家了。苏北山阳县有一部文集谈收租，其中一份档案形象地反映出地主与土地分离的现象：

> 佃户欠租霸产，全恃图总【看起来似乎接近于一村之长的职位】等役包庇。本图佃农素为熟习，兼以夏秋两季各佃送麦米柴薪以为乡规。因地总【即图总】与佃农日益亲洽，彼此固结，甚或勾串佃户欺侮业户，安心吞欠。……各图向有催甲，专司分散租田催完租米。本系为业户催租之役。惟缘地保既有乡规，因而催甲……亦多勾串。盖业户所酬之脚米，岁有定额，而佃户利其照应，资助每至加倍。是以催租之人，转为抗吞之蠹。亦应严其责成，始可破其积弊。[2]

这段引文中某些观点并不完全明确，但暗示了个别的外居地主一般任用地方政府的小吏来收租，这样他们就可以避免和佃农打任何交道，不必劳神了。这个解释很可能是正确的，因为我们已经知道在稍

252

---

[1] 傅衣凌（1961），页189。【道光《龙岩州志》卷7《风俗志》。译者补注：英文原著中在"不敢阻抗"后，用的是"as if they were the landlords"，应该是伊懋可先生汉译英时按照自己的理解来翻译，且似有缺文，今据上下文，将引文补充完整。】

[2] 今堀诚二：《清代の抗租について》，《史学杂誌》76: 9 (1967)，页41，注6。【《江南征租计开详定规条》，收于李程儒辑《江苏山阳收租全案》。】

后一些时候的江苏，就有由地主的租栈或其他收租机构来收租的做法。

16 和 17 世纪佃仆和佃农独立性的加强，还有一些其他因素。例如，根据一个多世纪后日本的水稻生产的经验，[1]相比于那些像以劳动大军这种较大单位生产的大批不自由的劳动力，以家庭为单位进行劳作的自由佃农的劳动生产率更高。在很多情况下，地主肯定发现：若将佃仆变为这样的佃农，其所得利润则会更大些，但我目前尚未发现支持上述观点的直接例证。最具提示性的一条线索见于 17 世纪有关长江下游农业的一段文字：

> 计管地四亩，包价值四两【一年】；种田八亩，除租额外，上好盈米八石，平价算银八两。此外又有田壅、短工【农忙季节】之费，以春花、稻草抵之。俗所谓"条对条"，全无赢息，落得许多早起晏眠，费心劳力，特以非此劳碌不成人家耳。西乡地尽出租，宴然享安逸之利，岂不甚美！但本处地无租例；有地，不得不种田，不得不唤长年，终岁勤动，亦万不得已而然。[2]   253

在庄园以及经营地主的地产趋于消亡的转折时期，这样一种状况可能很典型。

土地占有状况也变得更加支离。道光《苏州府志》言：

> 若乃江南泽国，舟楫可通行，故住此图者，多兼业彼图田。住城郭者，多兼业各图田。即田不过数十亩，亦多分散。[3]

---

〔1〕 T. C. Smith, *The Agrarian Origins of Modern Japan* (Stanford:1959)，第八至九章。

〔2〕 傅衣凌（1937），页74；《沈氏农书》，页22上下。【译者补注：此据张履祥辑补：《沈氏农书》卷上《运田地法》。】

〔3〕 小山正明：《明末清初の大土地所有（二）：特に江南デルタ地帶を中心として》，《史學雜誌》67：1（1958），页61。【道光《苏州府志》卷10《田赋考·徭役》引赵锡晓《徭役议》。】

佃农同时从不止一个地主那里租种土地。在这种情况下，对于他们来说，不可能有协调一致的管理与严格的纪律。

全职的或兼职的手工业收入更高一些，也使得那些无地农民不必依靠地主发善心来维持生计（下一章我们会讨论手工业的问题）。这一点可以由对 18 世纪无锡和金匮二县的记述证明：

> 常郡五邑，惟吾邑不种草棉，而棉布之利独盛于吾邑，为他邑所莫及。乡民食于田者，惟冬三月，及还租已毕，则以所余米舂白而置于囷。……春月则阖户纺织，以布易米而食，家无余粒也。及五月田事迫，则又取冬衣易所质米归。……及秋稍有雨泽，则机杼声又遍村落，抱布贸米以食矣。故吾邑虽遇凶年，苟他处棉花成熟，则乡民不致大困。[1]

最后，地主外居这种现象还带来其常见的伴生物：永佃制以及多重地权。在华南的很多地方，原来的所有者拥有所谓"田骨"[2]，而永佃农拥有"田皮"[3]，这两者可以分别出售。这是怎么产生的还不完全清楚。有时田主也授予佃农永佃权，以激励他们更有效率地耕种以及做更多的改进；但最简单的解释可能是中国的一句谚语"久佃成业"。从福建某州 19 世纪初的地方志中的一段虽不明确却又引人联想的文字中，我们能感觉到这样一种力量正在起作用：

> 【龙】岩地山多田少，耕农者众，往往视田亩租额有赢余者，多出资钱，私相承顶。至赀本渐积，余利渐微，偶逢歉岁，

254

---

〔1〕 小山正明（1958），页 59。【乾隆《锡金识小录》卷 1《备参上·力作之利》。】

〔2〕 译者注：亦称"田底"。

〔3〕 译者注：亦称"田面"。

即恳减租，既乃丰岁亦且拖延，迨积年短欠，则田主起耕。近郭农民尚畏法不敢阻抗。特有三四乡落，预约田主起耕，不许乡内承顶，外乡来佃辄阻种、抢收，几不可制。迩来业户因抗租霸耕，控者甚夥。前雁石乡经官惩创，顽佃稍戢。然他乡似此恶习未尽革除，若各族祖遗、祭产，授耕多年，佃直据为世业，其间辗转流顶，有更数姓不闻业主，小租加倍原租者，尤为积重之势。[1]

这种类似的现象可能也存在于江苏。上文提到的山阳县资料说明新佃要与地主、地方官签三方契约。倘若佃农不交租，地方官有理由将其驱逐，尽管在实践中他们也常常得到地方官保护。不仅如此，"勿许自向旧佃私相授受【租佃权】"。[2]到20世纪前期，在长江下游，无论什么成因，佃农所耕作的土地中，约三分之一到五分之二是永佃田。

1930年代初期，政治观点迥然不同的诸多组织收集的数据[3]，都表明了这一稳定转变过程的结果。据当时南京大学卜凯（John Buck）的调查，此时华北平原五分之四以上的耕地都是自耕农耕种，在长江流域，相应的比例是约五分之三。在广东和四川这一数字略超过一半。耕种的平均面积为3.31英亩。那些不是由地主自己耕作的土地明显少之又少，不能作为一个充分的基础，来划出一个显著的在社会上起主要作用的阶级。这样的局面由同一时期江西省土改的档案得到证实。"地主""富农""中农""贫农"之间的差别甚微，以致在给人们

255

---

〔1〕 傅衣凌（1961），页188-189。【道光《龙岩州志》卷7《风俗志》】。

〔2〕 今堀诚二（1967），页39，注7。【《江南征租计开详定规条》，收于李程儒辑：《江苏山阳收租全案》。】

〔3〕 John Lossing Buck, *Land Utilization in China* (Chicago:1937) 3vols; T. L. Hsiao, *The Land Revolution in China, 1930—1934. A Study of Documents* (Seattle: 1969). 也可参看伊懋可的书评："Early Communist Land Reform and the Kiangsi Rural Economy", *Modern Asian Studies* 4:2 (1970)，pp.165-169。

准确定成分时经常遇到困难。例如，在胜利县，最初调查有 1,576 户"地主"和"富农"。接着又发现 536 户"地主""富农"。然而，后来在定为地主富农的 2,112 户的新数目中，有 941 户设法摘除了他们的帽子。[1]

庄园制终结的社会与政治后果

庄园制、佃仆制及类佃仆制（serflike tenancy）的消亡，对中国社会的发展有深远的影响。1580 年，中国人口为 2 亿，1850 年，达到约 4.1 亿，人口增长的浪潮与此有一定关系。它大大增加了人们的社会流动和在更大地理空间上的流动，同时也可能有助于提高农业生产力，使之有能力养活极度膨胀的人口。更明显的是，从本质上来说，它还意味着从社会底层形成一种新型权力结构：乡村权力并非与土地占有状况相连，而更多取决于其基本政治地位（institutional position）或财力大小，而且这种权力结构也存在于市镇和城市。目前还不能如愿地以文献证明上述因果关系，但其逻辑是有说服力的。

我们先来看看人口问题。前面（页 238）讲了，奴仆婚嫁要靠主人的好心帮助。用乾隆《宝山县志》的话说，"盖仆之婚配衣食，皆仰给于主家"。[2] 在田地相对缺乏的情况下，从主人利益的角度考虑，他们不见得希望奴仆的生育率增长过快，在没有一个完善的儿童买卖市场的情况下，尤其如此。文献中提及的儿童买卖，似乎都只是发生在处于经济压力逼迫之下的那些父母身上。编纂于乾隆时期的浙江《象

256

---

〔1〕译者注：上述数字参见王观澜：《继续开展查田运动与无情的镇压地主富农的反攻》（1934 年 3 月 20 日），本书选编组：《第二次国内革命战争时期土地革命文献选编（一九二七——一九三七）》，北京：中共中央党校出版社，1987 年，页 748。

〔2〕細野浩二 (1967)，頁 11。【乾隆《宝山县志》卷 1《风俗》。】

山县志》谈到那里的父母的时候说：

> 其男女虽极贫苦，不肯鬻为僮仆为婢。间有年荒鬻子，富家
> 亦以义男畜之。[1]

如果一个小康之家有意将僮仆与其子女分开，也会引起巨大震动。
从《蒋氏家训》中可知，僮仆生儿育女，其主人没有或几乎没有任何
好处：

> 女婢二十岁以内，即遣嫁，或配与僮仆，或择偶嫁之，不得
> 贪利。[2]

事实上，主人常常不肯放弃让婢女劳动的权力。明代后期，上海
人姚永济的传记就说明了这点：

> 俗，豪家婢女，白首不得婚配。永济下教。凡婢女年二十以
> 上无夫者，罪其主。匿不告者，罪其邻。恶俗顿改。[3]

同时我们也知道张公的婢女"终身不嫁，终身礼遇"[4]。吉安（位
于赣南）的一部府志云：

---

〔1〕 細野浩二 (1967)，頁 26。【乾隆《象山县志》卷 1《风俗》。】

〔2〕 細野浩二 (1967)，頁 18。【蒋伊：《蒋氏家训》。】

〔3〕 細野浩二 (1967)，頁 18。【乾隆《上海县志》卷 10《名臣》。】

〔4〕 译者注：細野浩二 (1967)，頁 18。【《朱文肃公集·墓志铭·省堂张公墓志铭》。译者补注：
此据朱国祯：《朱国祯诗文集·墓志铭·省堂张公墓志铭》。】

【安福】乡俗，庄佃中育女者，许字时必先馈银田主，名曰²⁵⁷
河例。以故佃人多溺女。[1]

所以，佃仆制度的消亡增加了生育妇女的比例，可能也增加了可
生育的男人数量。

或许，从长远来看，还有一些其他的人口控制也削弱了。12 世纪
某官员在福建看到：

> 生齿既滋，家有三丁，率一人或二人舍俗入寺观。[2]

和尚当然要遵守保持贞洁并禁欲的誓言，但出家为僧是否对人口
状况有重大影响呢？这很难确认。就全国各地而言，福建人最信佛，
所以这可能是一个特殊的例子。1817 年，江苏《松江府志》所引
1341—1367 年间的数字显示，当时该府共有 177,348 户，其中有 6,566
名僧道（分布于 667 座寺观之中）。同时期的人户之比为 5.4，说明僧
侣占人口总数的 0.7%，或者可以说僧道占成人的比例为 1% 或略多。
以这样低的一个百分比说明宗教生活是生育控制的一种重要形式，并
不十分具有说服力。但如果这是事实，为什么明太祖认为还有必要取
缔新建的民间寺观，在各级行政区限额颁发度牒，并通过强制合并的
手段来减少寺观的数量呢？ 15 世纪晚期，皇帝下旨惩罚那些户内丁不
足三口，却出家为僧的人，可以设想，其原因在于这样的家庭很难纳
税。差不多与此同时，皇帝又下一道圣旨，限制福建寺观的地产，规
定每家不得超过百亩。上述这些措施都暗示了政府对此问题的重视。

---

〔1〕 傅衣凌（1961），页 83。【光绪《吉安府志》卷 36《人物志·义行·贺鳌》。】

〔2〕 斯波義信（1968），頁 429；Shiba/Elvin（1970），p.185.【汪应辰：《文定集》卷 12《请免寺
观趣剩田书》。译者补注：此据《文定集》卷 13，丛书集成初编本。】

然而，到 1486 年，据报告，全国僧尼数字仅增加到 25 万—50 万（1372 年正式登记者仅有 5.72 万，低得令人难以置信）；但即使是这样，也很难超过成年人的 1%。然而，寺院的经济地位可能与和尚、尼姑的数目不成比例。例如，1525 年，福建所缴税米为 84.9 万石，而寺庙出租的土地收租达 12.8 万石。按照已知的官田与民田比例，这个数字表明寺院所占土地达到了可耕地的 15%。这可能可以解释为什么政府关心这个问题，为什么政府颁布限制寺院占有土地（尽管这种限制显然无效）的法令。从人口学角度来看，还应该记住，人们年老时出家十分普遍。那时他们不再想或已没有能力生育子女。有些人削发为僧并非出自虔诚而是逃避国家徭役，据说他们仍有妻妾。所以，关于出家一直起到抑制人口增长的作用的说法，很难给人留下哪怕一点点印象。似乎可以肯定的是，到了 17 和 18 世纪，政府对寺院的限制逐渐减弱，最后几乎不存在了；而且几乎在佃仆制趋于消亡的同时，寺庙的土地以及僧尼数目也都在减少。[1]

佃仆制与类佃仆制的减少和消失如何增进了社会流动，这个问题几乎不需详细说明。只有一点要提醒：有时制度本身即是上升型社会流动的一种手段。明代有几本著述，建议主人不要让僮仆随己姓。其中一个说，"数年过后，子孙倍增，势必与真正的本家族后人相混淆，而造成继承制度无秩序"。若某奴仆能力强，可使他成为其主人的纪纲仆。他可以比许多自由人更富裕，更有权势。[2] 但是，大多数作者对

---

〔1〕 清水泰次（1968），頁 205-220。

〔2〕 C. M. Wiens（居蜜），"Bondservants and their Revolts during the Late Ming"（1970 年 6 月），这篇未发表的论文对此有极好的说明。译者补注：译者未能找到此文，前文引号中当为史料，亦无法还原，正文姑且据英文直译。但居蜜先生在《十九、二十世纪中国地主制溯源》（英文稿，收于《沈伯刚先生八秩荣庆论文集》[台北：1976]，页 285-344）中可能表达了类似的观点，该文中引用的清代唐彪《人生必读书》卷 8《治家》中的两段史料或可参考："仆从不可随主姓，久之则彼迷其姓，而我亦渎吾姓。"《湛氏家训》曰，每见富贵之家，于僮仆便捷有才干，能营聚财货，则以为纲纪之仆而信用之。"

258

这一主题的通常想法则是：奴仆是劳动者，所以，上述这种情况必定只能被认为是例外。

19 和 20 世纪初，中国农村社会是世界上流动性最强的社会，没有任何身份制或等级制的束缚，而身份制或等级制正是前近代晚期日本或印度社会的特点。20 世纪 30 年代的土改文件再次证实这一点。根据当时的一项规定，仅需三年便可成为"地主"或"富农"的身份；还有一些人在很短时期内就成了地主。有一些资料涉及处理这些人的问题。例如周宗仁用 20 年时间，从雇佣工变为地主和高利贷者即是一个典型。[1] 一份关于"富农问题"的档案指出，"初期性富农……他们虽不收租，也不剥削雇佣劳动，但他们放高利贷，并且高价乘危出卖剩余粮食……这种富农靠了上述两种剥削，逐渐积累资本，跑向资本主义性和半地主性的两种富农队伍里去"[2]。其他档案谈到间接雇佣劳力即"剥削"，以及因"好运"而成为"地主"的农民。竞争时时处处存在，但无益于整个社会，只是个别农民家庭持续致富，另一些则不断潦倒。这是一个既平等又被相互嫉妒所分裂的社会。剥削者与被剥削者在经济上的密切接触，以及彼此在社会的差异方面缺乏任何意识形态制约，导致了彼此的敌视而非和睦。

在农村，土地所有权虽然有用，但并非是上升型社会流动所不可缺少的。例如，受命管理属于家族、寺庙、行会的集体性质的土地也可以致富。根据 20 世纪 30 年代初所下的命令："【管理各种祠庙、会社的土地财产，叫作管公堂。】管公堂无疑是剥削的一种，特别是地主

259

---

〔1〕译者注：参见《中央土地人民委员部为查田运动给瑞金黄柏区苏的一封信》（1933 年 7 月 13 日），见：《第二次国内革命战争时期土地革命文献选编（一九二七——一九三七）》，北京：中共中央党校出版社，1987 年，页 672。

〔2〕译者注：《富农问题——前委闽西特委联席会议决议（一九三○年六月）》，见中共中央党校党史教研室选编：《中共党史参考资料》第 3 册《第二次国内革命战争时期》，北京：人民出版社，1979 年，页 68。

阶级及富农，备着公堂，集中大量土地财产，成为剥削的主要方式之一。凡属这种为少数人把持操纵有大量剥削收入的公堂，管理公堂的行为，当然是构成管理者阶级成分的一个因素。但有些小的公堂，为工农贫民群众轮流管理，剥削数量极小，【则不能构成管理者阶级成分的一个因素】。"[1] 放债与经商也很重要。据一份文件："各种富农对于贫苦群众的剥削有两种共同的方式：第一种就是高利贷（钱利、谷利、猪利、牛利、油利）和商业性的出卖粮食；……此外各种富农中有许多是兼营商业的——开小商店及贩卖产品，则是用商业资本方式剥削贫苦群众。"[2] 农村商业化将是下一章的主题。

* * * * *

最后，当庄园制消失后，乡村权力的性质也改变了。从广义来讲，这个变化的主要特征是位于乡村的地主的权力，转变为基本上住在城镇、负责管理的士绅和下层官僚的权力。直到 17 世纪，维持秩序、征收赋税以及领导那些规模尚未大到要国家投资的水利工程等任务，还都是有权势的地主的责任。而在这之后，真正的大地主不再像过去那样住在乡村；由于土地所有权的碎片化及其在地理分布上的离散化，很难让一个地主专门负责一个行政区（见页 253《苏州府志》引文），因此这些职责由知县任命的地方政府的书吏及各种衙役、甲长接管下来。18 世纪，地方"士绅"（指那些有官品但赋闲在家或拥有学衔的人）进而协同收税，安排地方工程，稍后又负责经营像善堂这类的地

---

[1] 译者注：《苏维埃共和国中央政府关于土地斗争中一些问题的决定（一九三三年十月十日）》，见中共中央党校党史教研室选编：《中共党史参考资料》第 3 册《第二次国内革命战争时期》，页 130。"【 】"为伊懋可先生所未引用的部分，为保证意思完整而补。

[2] 译者注：《富农问题——前委闽西特委联席会议决议（一九三〇年六月）》，见中共中央党校党史教研室选编：《中共党史参考资料》第 3 册《第二次国内革命战争时期》，页 67。

方机构，这些善堂在 1800 年左右及此后大量涌现。从这个意义上来说，士绅们尽管从正式的行政部门的日常琐事中脱身，但对本地事务却十分积极，有如以前的地主。那时，作为职业的管理者，他们常常没有土地，或者仅有极少一点土地，在官方监督下进行运作。这一改变可能很微妙。事实上，它对于晚期传统中国社会结构的演进来说是必不可少的。

《明实录》(1381 年条) 对于明朝地方行政的基本制度描述如下：

> 以一百一十户为里，一里之中推丁粮多者十人为之长，余百户为十甲，甲凡十人。岁役里长一人、甲首十人，管摄一里之事。[1]

换言之，正式行政权力掌管在最大的地主手中（见页 80 宋朝制度的梗概）。由于需要漕粮供应京城食用，明太祖从"殷实户粮多丁众者"中，[2] 挑选粮长。起码在最初时期授予他们很大的特权。如，1375 年明太祖下旨：

> 自今粮长有杂犯死罪及徒、流者，止杖之。[3]

《嘉定县志》云：

---

〔1〕　O. B. van der Sprenkel, "Population Statistics of Ming China", *Bulletin of the School of Oriental and African Studies* 15:2 (1953), p.309.译文略有改动。【译者补注：此据《明太祖实录》卷135，"洪武十四年正月"条。】

〔2〕　译者注：朱健：《古今治平略》卷 1《国朝田赋》。

〔3〕　星斌夫（1963），頁 148；Hoshi/Elvin(1969)，p.30.【《明太祖实录》卷102，"洪武八年十二月癸巳"条。】

高皇帝念赋税关国重计，凡民既富方谷，乃以殷实户充粮长，督其乡租税。多者万石，少者乃数千石。……当时父兄之训其子弟，以能充粮长者为贤，而不慕科第之荣，盖有累世相承不易者。[1]

1435 年，常熟知县谴责了"致奸弊不一"的粮长之后，要求"选丁多殷实，为众所服者充役"。[2]

这些被征派的管理者一般不属于正式的士绅阶级，而是富有并占有土地的平民。17 世纪叶梦珠所作《阅世编》对此说得很明确（至少在他的家乡上海县是如此）：

【明代】皆以有土之民充之，而缙绅例有优免，不与焉。贡、监、生员优免不过百余亩。自优免而外，田多家富者亦并承充。大约两榜乡绅，无论官阶及田之多寡，决无签役之事。乙榜则视其官崇卑，多者可免二、三千亩，少者亦千亩。贡生出仕者，亦视其官，多者可免千亩，少者不过三、五百亩。监生未仕者与生员等，即就选，所赢亦无几也。[3]

262

一部晚明的《松江府志》对税收组织和蓄水工程的组织有如下描写：

---

〔1〕星斌夫（1963），頁150；Hoshi/Elvin(1969), pp.30-31.《天下郡国利病书》卷20《江南八·嘉定县志·徭役》。译者补注：此据万历《嘉定县志》卷6《田赋考中·徭役》。经核，两者文字完全相同。】

〔2〕译者注：《明英宗实录》卷5，"宣德十年五月辛卯"条。

〔3〕叶梦珠：《阅世编》卷6，页12b。【译者补注：此据叶梦珠：《阅世编》卷6《徭役》，页166。】

里长一万四千三百五十人，俱从黄册编定，岁轮一千四百三十五人为见役，其余为排年。老人一千四百三十五人，选高年有行止者充。粮长二百九人，选丁粮相应有行止者充。塘长二百九人。[1]

每县辖保若干【似乎与行政区相同】，每保辖区若干，区领图若干，多寡不等。每图分十年为十甲。每甲编审经催一名，或独充，或二户、三户朋充。……亦谓排年论甲，年分专责催办本图人户本、折银米。假如于第一甲甲年分承充经催，先一年第十甲癸年分即为该年，又先一年第九甲壬年分为总甲。该年承应起夫浚河、运泥、棘刺等差使。……每年遇有开河、水利等役，督率各图该年勾当公务。[2]

在某些细节方面，松江是一个例外，但以此说明这一制度的精神却完全具有代表性。

在 16 世纪晚期和 17 世纪，明代地方行政结构瓦解，虽然在不同的地方，瓦解的时间并不一样。1667 年，在上海县施行了改革，"粮既各自输纳，不须他人催办"，[3] 塘长被废止是基于这样的假设，"间有万不得已之差，亦必照田均派"，[4] 这对每一个士绅来讲显然意味着必须实行平等，因为曾有过"乃缙绅有嫌其贵贱无别……复里役者"。[5] 改革的直接原因是县衙中官吏的腐败现象剧增，导致富人想方设法不去当曾经受人尊重的粮长，因为如今担任此职不得不受制于各种不公

---

〔1〕译者注：顾炎武：《天下郡国利病书》，"苏松备录·松江府志·里役"条。

〔2〕顾炎武（1639—1662），卷8，页74b-76b。【译者补注，此据顾炎武：《天下郡国利病书》，"苏松备录·松江府志·五年编审粮役之数"条。】

〔3〕叶梦珠：《阅世编》卷6，页18a。【叶梦珠：《阅世编》卷6《徭役》，页172。】

〔4〕译者注：叶梦珠：《阅世编》卷6《徭役》，页172。

〔5〕译者注：叶梦珠：《阅世编》卷6《徭役》，页172。

平、不合理的要求。在嘉靖时期（1522—1566）粮长的职位不再限于地方豪强，也可以由那些不甚富有者担任，并以此作为"抑强扶弱"的一种方式，这无意之中鼓励了胥吏的侵蚀。弱小者当然不敌胥吏。然而，这种制度之所以瓦解，而新生的清王朝，生机勃勃却不能恢复旧有制度，其根本原因则是：在农村，适合且有资格运作这一制度的地主越来越少了。

＊＊＊＊＊

取代它的是什么制度呢？

最明显的一些变化见于地方水利工程的管理上。所以我们以此作为整个变化模式的例证。上海县可以再次说明这个问题。[1] 1678 年上海本地籍的某官员提议，"分委佐贰，同乡绅"一起掌管本县水道的疏浚事宜。[2] 士绅实际参与水利工程的记载，最早出现在 1684 年的一部地方志里，但这指的是几年之前发生的事。然而这些都是孤立的事件，在以后的几百年，大多数围垦工程的管理，主要仍旧在道员（official deputies）[3] 和州县胥吏手中。他们充其量只是即将发生之事的征兆。

1720 年，又有人建议负责水利工程的官员应该"举里中绅士公平 264 才干者数人，以佐下风"[4]。我们再次发现，在 1753 年，这类服务由当地士绅提供。1763 年，新的制度终于形成。这是根据官方人士张世友

---

〔1〕 以下征引文献，参见伊懋可："Market Towns and Waterways. The County of Shang-hai from 1480 to 1910"，载 G. W. Skinner, *The City in Late Imperial China*（Stanford: 即将出版）。【译者补注：已于 1977 年出版，中译本见马克·埃尔文：《市镇与水道：1480-1910 年的上海县》，收于施坚雅主编：《中华帝国晚期的城市》，叶光庭等译，北京：中华书局，2000 年，页 527-564；译者已经根据该文的线索及自行寻找的其他线索，还原了大部分相关史料。】

〔2〕 译者注：同治《上海县志》卷 4《水道下·历代治绩》引《张锡怿条例》。

〔3〕 道员（Deputies）是委任到某一省的官员。他们主要通过这类工作获得其行政经验。

〔4〕 译者注：同治《上海县志》卷 4《水道下·历代治绩》引《邑人曹一士浚肇嘉浜议略》。

的提议，他称这个方案是"开浚及时，纲举目张之法"：

> 其道有三……请帑者令该地方官承修，而以本府州厅董责之，则呼应灵而督理专，庶大工易就。按图计亩者，令该邑绅士集议，公举领办。以地方官督治之，则人情习而公私不扰。每岁轮修者，另各图业自行修浚，地方官酌定章程。[1]

据同治《上海县志》，1775年，清理县城大小水道，"是年始由绅士捐浚，其后凡城市河工俱如前议"[2]。本年及翌年士绅在乡村主管了两项工程。为避上海县特殊之嫌，还是应该强调一下，同时期，这种现象在中国其他地方也出现了。例如，《桑园围志》记述广东省桑园围大型围海造田的情况如下：

> 岁修诸事办理。伊始桑园一围，地分【十四堡】……向归十四段业户经理。今每堡责成绅士议定晓事者两人帮查其事，凡一切兴动，应听基局商议。[3]

到19世纪初期，管理水利工程的士绅，不论是独立的或协同官派的，都被称作"绅董"，这是一个新术语，他们的专业组织者身份得到了认可，而不被看作是与此有利害关系或需要对此负责的地主。 265

与那些被征派的前人不同，这些"绅董"不是被迫管理水利工程的。虽然可以得到国家的正式支持，但正如张世友所指出的那样，他

---

〔1〕译者注：同治《上海县志》卷4《水道下·历代治绩》引《张世友书略》。

〔2〕译者注：同治《上海县志》卷4《水道下·历代治绩》引《乾隆四十年巡道李奉翰檄知县尚确开浚城内大小河道两月竣事》。

〔3〕译者注：光绪《重辑桑园围志》卷11《章程·嘉庆二十三年署南海县仲公振履明定章程》。

们有能力行使这样的权力实际在于"人情"（the network of personal obligations）。正因为如此，每当他们在水利政策方面遇到难题或是违背了公认的惯例之时，他们都可以通过磋商解决问题：要么与知县，要么是他们彼此之间，再不然就是与地主、商贩以至普通百姓来商讨。1870年疏浚肇家浜的例子很有代表性，就是"乡董"采纳众议之后向当局汇报：

> 署县朱凤梯邀集城乡董保，议得道光十六年通县按亩出夫，不给土方工价。惟局费出之官捐。咸丰八年，则方价、局费皆取之捐罚闲款，于通县业佃，不累分文。……近岁情形，官民交绌，惟减赋后民力普存。……请照华亭海塘捐例，派出亩捐。……每亩派捐钱六十六文，随漕收纳。……其市河、盘湾、沰沙、荻埠等处，向号繁难者，照方价不敷，向由承挑捆董赔垫。[1]

还有其他一些例子：知县召集士绅，听取他们对于水利工程的意见；而他们的建议往往无一例外被采纳。

士绅对地方决策的发言权并非为上海县所独有。1902年，康有为写道：

> 且今各省、府、州、县，常有公局，有绅士聚而议之，又有大事则开明伦堂而公议，有司亦常委人焉……吾粤尤久行之。……局绅皆由绅举而官允许者，亦有不请于官者。有大事则凡列绅士者得预议焉，甚类于各国议员。……但国家未为定制，而议员局长不由民举，故时有世家巨绅盘踞武断之弊，而小民尚

266

---

[1] 译者注：同治《上海县志》卷4《水道下·历代治绩》

蒙压制愚抑之害而不得伸。[1]

商议程序可能也包括地位不高的里长和甲首，他们受知县指派，来处理"苦差事"，进行日常管理。一个例子是无锡县和金匮县称作"乡约局"的机构。这些机构开始是要向群众宣讲，教化人民，但后来却成为政府的辅助机构。其规则作为有关慈善基金文件汇编的一部分于1869年发布，间接反映出这一点。据此，当知县和"乡董"定期到一个地区视察时，乡绅与百姓"应听完宣讲之后再当场讨论公务，考虑哪些有用，哪些应当去做，哪些对当地有益等等"[2]。职位较低的专业人员当地称作"乡约长"，稍后他们与士绅之间有了联系：

> 乡董必轮流赴局，以便会议也。每扇一年分两季到局。……届期扇董于赴局前一日，约齐本扇各图董事及城乡各乡约长，在本扇公所先行会议地方一切除弊兴利等事。至期扇董约同图董四五人及城乡约长，同赴总局，将各图所议之事报明以便商酌举行。[3]

仅仅根据这几个数字，上文中被称为"董事"的人似乎不可能都有科举功名；但他们肯定或有功名，或因其他原因而受到尊重。至于"乡约长"，若与上海县的甲首情况类似，很可能是那些社会地位不高

---

〔1〕《辛亥革命前十年间时论选集》（香港：1962）第1卷，页174、182。【译者补注：此据康有为：《公民自治篇》，收于张枬、王忍之编：《辛亥革命前十年间时论选集》（北京：1960），页174、182。】

〔2〕译者注：这段文字原文加了引号，似亦是出自吴云《得一录》卷14《附锡金乡约局规条》，遍查全文，未能对应。故只好英文直译。

〔3〕吴云《得一录》卷14《附锡金乡约局规条》，页18b-19a。龙彼得（Piet van der Loon）提醒我注意这部极有用的书，谨在此深表感谢。

而用钱财买来职位的人，他们靠压榨百姓为生。

士绅在税收中也起了很重要的作用。从《清实录》1806年的一条记载可以很清楚看出来：

> 外省地方官于收漕时，例外浮加，虑劣衿从中挟制，先采访绅士中平素好事者，豫行贿嘱，许其包漕若干，其余乡曲贫民，因得任意浮收，重受其累。[1]

1827年，曾因改革榷盐政策而闻名的官员陶澍对这种做法有如下评论：

> 竟有田无一亩，而包揽至数百石者；亦有米无升合，而白食漕规自数十两至数百两者。人数最多之处，生监或至三四百名，漕规竟有二三万两。[2]

很可能，富裕的粮商也包收税。当然他们可以是当地的重要人物。1814年，一名给事中报告：

> 该省庐州六安毗连之双河镇三河镇一带，有吕姓米商，修盖仓房，沿河七十余里，盘踞多年。每岁积谷百余万石，贱买贵卖。[3]

---

〔1〕译者注：《清仁宗实录》卷158，"嘉庆十一年三月甲戌"条。

〔2〕中原晃雄：《清代における漕糧の商品化について：漕運研究の一齣》，《史學研究》70（1958），頁47，50。【陶澍：《陶文毅公全集》卷7《严禁衿棍包漕横索陋规附片》。】

〔3〕中原晃雄（1958），頁51。【《清仁宗实录》卷295，"嘉庆十九年八月乙亥"条。】

显然，农村的权力还能在土地所有权中有所反映。然而这种权力却不再是仅仅掌握在土地所有者的手中，甚至主要不在他们的手中了。

那么，权力主要在哪里呢？简单的回答是：在贸易、金融、教育、官职里面，它们的重要性如序上升；但要完整地回答这个问题，则必须先读完以下两章。

第十六章　农村市场与农村工业

　　我们刚才看到：就经济成长赖以出现的社会基质而言，前近代中国的第二个经济持续成长期，大异于第一个经济持续成长期。本章将要说明的是：在组织基质方面，上述两个成长期也各不相同；不仅如此，这种不同还对于所出现的经济成长的类型，有着深远的意义。

　　17 世纪的某段时间，至少就中国经济上较为发达的地区而言，市镇的数量开始大大增加，其速度超过人口增速。这个现象，可以见诸上海县的情况。斯波义信教授新近的研究表明：浙江北部宁波府的情况与此大致相同，人们可以推测中国许多地区情况亦如此。明代后期的《吴风录》载：

　　　　大村名镇，必张开百货之肆，以榷管其利，而村镇之负担者俱困。[1]

　　令人感兴趣的是，上海市镇的增加与行会的兴起，二者似乎彼此

_____

〔1〕　傅衣凌（1957），页 39。【黄省曾：《吴风录》。】

相关。这些行会都位于县城，且与跨地区贸易有关，其数量增加的情况，见示意图 3。何炳棣教授已指出：在 18 和 19 世纪，这类行会增加越来越快（这在上海的事例中是很明显的），这大概是全国性的现象。[1] 在此方面，上海并非例外。

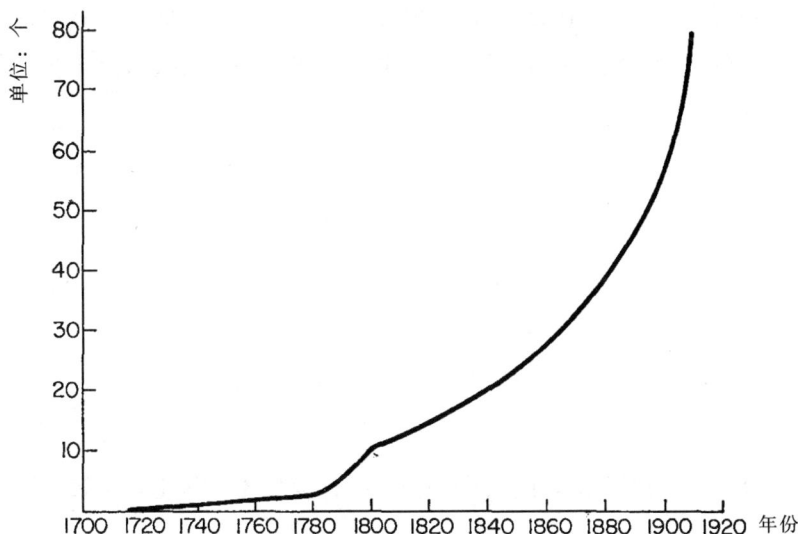

示意图 3　上海行会数量的增长

这些市镇起源各异。有些市镇兴起于寺庙的附近，或是在大地主的庄园、大商人的乡间住所乃至诸如制陶业之类的工业企业的周围；有些市镇则出现于十字路口、桥头、水道交汇处、重要水路沿线的休息场所以及"商人所必经"的钞关所在地。有时市镇的形成，是官营盐铺、军营与武库的附产品；而有时则是由显要人物精心策划后建立起来的。在另外一些事例中，市镇的出现只是偶然事件的结果，例如在一个地区，居民因歉收不得不转而经商；或者是在战乱中，有一个村子侥幸地逃过了叛乱者对这一带的洗劫。有些市镇跨越了县界。所

269

━━━━━━━━━

〔1〕 何炳棣：《中国会馆史论》（台北：1966），特别是页 38-64，102-112。

有这些市镇，都有助于人员、货物、资金及思想方面的交流，包括地方性的、区域性的和全国性的交流。如果有谁想象中国晚期传统农村经济是"封闭的"、"自给自足的"或"非商业化的"经济，那么他只要看看市镇的网络和密度，就会理解这些术语是何等不适用于中国。

这里我们引证两段史料，作为进一步的定性的证据，以显示日用品贸易的范围。第一段史料出自17世纪前期一位调查人员之手，与中国南部的钞关有关：

> 夫江南诸府州县，何处无河？何处无水道？何处无土著？何处无交易？今不论内外，尽归统属，则举留都各府县之河埠，细及米盐鸡豕，粗及柴炭蔬果之类，无物不税，无处不税，无人不税。将县无宁村，村无宁家，内外骚动，贫富并扰。[1]

第二段史料引自嘉靖《河间府志》，该府位于今河北省北部，原文如下：

> 河间行货之商，皆贩缯、贩粟、贩盐铁木植之人。贩缯者，至自南京、苏州、临清。贩粟者，至自卫辉、磁州，并天津沿河一带，间以岁之丰歉，或籴之使来，粜之使去，皆辇致之。贩铁者，农器居多，至自临清、泊头，皆驾小车而来。贩盐者，至自沧州、天津。贩木植者，至自真定。其诸贩磁器、漆器之类，至自饶州、徽州。至于居货之贾，大抵河北郡县，俱谓之铺户。货物既通，府州县间亦有征之者。其有售粟于京师者，青县、沧州、故城、兴济、东光、景州、献县等处，皆漕挽。河间肃宁、

270

---

〔1〕佐久間重男：《明代における商税と財政との関係（一）》（1956），頁23。【《续文献通考》卷18《征榷考·征商》引叶永盛《论税使疏》。】

阜城、任丘等处，皆陆运，间亦以舟运之。其为市者，以其所有易其所无也。日中为市，人皆依期而集。在州县者，一月期日五六集。在乡镇者，一月期日二三集。府城日一集。[1]

这些位于府、县治的市场，可能是为行商和小贩提供货物，而他们又将这些货物运到许许多多的较小的定期集市上去出售。在有条件的地方，这些定期集市的交易日期都被错开，以免临近的两个集市的集期重合。

第二段史料以及一些其他证据暗示了：在许多地方，市场仍然是一种相对来说较新出现的现象。因此万历《绍兴府志》在注明"大市乃府县治之市，每日为市"之后，又说成化（1465—1487）以后，新昌县县治仅有一市。该志接着又说：农村集市（乡市）每十日开市一次或二次。与此同时，在最发达的地区，这种定期集市已发展为每日为市的固定市场。[2]

定期集市转变为固定市场，对于作为农民副业的农村手工业的结构具有深远意义。这一点，可见诸棉纺织业。在传统晚期，棉纺织业可能是中国最大的单一工业部门，而且也常以特别清晰的形式，表现出许多在其他工业部门中也普遍存在，却不明显的特征。此外，由于在大多数发达国家中，棉纺织业是首先实现机械化的部门之一，所以在工业化问题的研究方面，它也特别令人感兴趣。

到了 17 和 18 世纪，农村纺纱或织布的人们，每天去市场购买原

---

〔1〕 傅衣凌（1957），页17。【嘉靖《河间府志》卷7《风土志·风俗·末俗》。】

〔2〕 译者注：这段文字中，有些地方伊懋可先生基本为间接引用《绍兴府志》的原文，但却使用了引号。而且其对史料的理解与原文似乎有距离，今将万历《绍兴府志》卷1《疆域志·市》相应的文字赘引如下，供读者参考："以上诸市，大约城内外者日聚。乡则旬中一二日或二八日或三七日聚，然秖日用常物耳，无珍奇。府城内外最为盛，次余姚，次萧山、上虞。若新昌，则故无市，成化中，余姚王金三始兴之，后稍稍凑集。"

料，普通寻常。一部明代后期湖州的地方志载：

> 商贾从旁郡贩棉花，列肆吾土。小民以纺织所成，或纱或布，侵晨入市，易棉花以归。[1]

这可能只是指孤立的农村供货点而非市场，但是乾隆《上海县志》 273
所说的情况就不同了：

> 纺织不止乡落，虽城市亦然。里媪晨抱纱入市，易木棉以归，明旦复抱纱以出，无顷刻间织者。[2]

明人董宪良在其《织布谣》中，描绘了市场对农家纺织业补充原
料的作用：

> 朝拾园中花，暮作机上纱。
> 妇织不停手，姑纺不停车。
> 园中花有尽，虫蠹兼风损。
> 苟通商贩来，腾踊价无准。
> 经多愁纬少，买花连夜造。[3]

徐献忠的《布赋》，反映了16世纪中叶上海县的情况，其中即有
关于农民依赖市场的生动描写：

---

〔1〕 傅衣凌（1957），页42。【雍正《浙江通志》卷102《物产二·嘉兴府·木棉纱布》引朱国祯《涌幢小品》。】

〔2〕《上海县志》（1750），卷1，页21a。【乾隆《上海县志》卷1《风俗》，页34。】

〔3〕 西嶋定生 (1966)，页846。【乾隆《金山县志》卷19《艺文》引董宪良《织布谣》。】

子何不伤其劳而徒羡其美？……子亦欲闻其劳且病乎？若乃铁木相轧，手挽足压，且倭且扨，出絮吐核，张弓柱弦，弦急声喧，牵条络车，呀哑错杂，借光于膏，继夜于日，心急忘寐，力疲歌发，衾簟空寒，漏水寂溢。……凝寒弄杼，流苏绾综，一伏一起，踏蹴相次，上下不已，缕断苦接。……长夜凄然，得尺望咫，寒鸡喔喔，解轴趋市……不顾夫匹怀饥，奔走长路，持莽莽者以入市，恐精粗之不中数，饰粉傅脂，护持风露，摩肩臂以授人，腾口说而售我，思得金之如攫，媚贾师以如父，幸而入选，如脱重负。[1]

274

因此，农村副业性的手工业对市场网络的依赖，乃是这一时期的特征。

我们还记得，在宋代的农村麻纺织业中，已经存在一种较大规模的包买制（见本书页162）。与此相比，明代农民手工业对市场的依赖，具有更重要的意义。在前近代经济发展的第二个阶段，包买制似乎消失了。这可能是因为明代的市场机制已充分完善，使得包买不复必要。如果一个实际上没有流动资本的农民，每天都能在市场上得到其所需的原料，那么包买制就没有存在的余地了。由于缺乏反证，所以颇难证实明代没有包买。从董宏度的《织妇叹》中，我们看到了地主和税吏施加的重压，但却未见包买主来收取产品：

饥亦织，

冻亦织，

一梭一梭复一梭，

---

[1]《上海县志》（1750），卷5，页69b-70a。【译者补注：乾隆《上海县志》卷5《土产·布》引徐献忠《布赋》。】

日短天寒难成匹。

豪户征租吏征粮，

两两叩门如火急。

丈夫欲催未忍催，

向屋无言向机立。

……

努力窃成力况瘁，

回头忍泪聊相慰。

犹胜邻家贱且穷，

织机卖却卖儿童。[1]

关于棉纺织业中的包买制，我们所见的唯一的可能证据是 17 世纪后期王琬撰写的棉商席舍人的墓志铭，可惜这条最佳材料在有关组织的性质方面又很含糊不清。该文写道：

> 予数游洞庭之东山……时山中妇女无他业，每空手坐食以为恒最。后织作声殷然接衢巷。问谁为之？则又曰："舍人募邻郡女工所教也。"问絮本及纺车、织床诸具，安所取乎？则又曰："舍人所给也。"[2]

这是一种单纯的慈善行为，还是延续不断的商业经营？这段文字未加说明。以下这段 18 世纪早期浙江《泰顺县志》中的文字亦如此：

---

〔1〕《上海县志》（1750），卷 1，页 22 下 23 上。【译者补注：乾隆《上海县志》卷 1《风俗》。】

〔2〕波多野善大（1961），页 42，80。轉引自寺田隆信：《蘇・松地方に於ける都市の棉業商人について》，《史林》41：6（1958），页 63。【汪琬：《尧峰文钞》卷 15《席舍人墓志铭》。】

"或贫不能买棉苧，则为人分纺分织，以资其生。"[1] 范濂关于松江暑袜业的记述，也谈到包买制，尽管这段文字谈的是缝制而非纺织。他说：

松江旧无暑袜店，暑月间穿毡袜者甚众。万历以来，用尤墩 276
布为单暑袜，极轻美，远方争来购之。故郡治西郊广开暑袜店百
余家，合郡男妇皆以做袜为生，从店中给筹取值，亦便民新务。[2]

19 世纪末才首次出现了关于棉纺织业中包买制的无可争议的证据，而这已不属于前近代中国经济史的范畴了。

如果上述关于 17 和 18 世纪中国农村棉纺织业的分析是正确的话，那么我们就会得出当时中国农村棉纺织业中没有技术进步的结论。该棉纺织业主要建立在副业劳动的基础之上，通常带有显著的季节性（见本书页 253 关于无锡与金匮二县的引文）。因此纺织所得，仅构成农户总收入的一个部分，而且农户简陋的纺织生产设备在一年中有好几个月闲置不用。所有这类农户加总在一起，就构成了闲置生产能力的巨额储备。不仅如此，这个棉纺织业是由商人通过市场机制来协调的，而这些商人本身并不直接介入生产过程。因此，在棉纺织业中，对棉纺织品需求的起落给技术所造成的压力都要小得多。相比之下，在那些工人全日劳动并通过包买主或工厂主来协调的工业中，压力则大得多。[3] 可以想见，当棉布需求上升时，储存于千家万户中的巨大后备生产能力就会投入生产。由于价格水平决定劳动的边际报酬，所以需要将劳动从农业转移到棉纺织业。相反，当需求下降时，所造成

---

〔1〕 译者注：雍正《泰顺县志》卷 2《风俗·织》。

〔2〕 傅衣凌：《明清时代商人及商业资本》（北京：1956），页11。【范濂：《云间据目抄》卷2《纪风俗》。】

〔3〕 中国当时有一些工厂，最有名的是广州周边的茶叶加工厂。

的损失仅涉及农户总收入的一部分；不仅如此，这个损失甚至还会因农民将劳动转回农业而减轻。因此，在繁荣时期，对发明家来说，并没有预期的丰厚回报；而在萧条时期，也罕有足够的惩罚，可以将该行业中的低效生产者永远地驱除在外。

其次，市场机制的优越性，致使棉布商人没有必要直接卷入生产。他们能够以较易变现的形式拥有其几乎全部资本，将其作为流动资本（working capital）而非作为固定资本（fixed capital）来使用。这不仅大大增加了他们活动的潜力，而且使得他们不用再担心纺织者挪用原料。舍此则无利可图，所以采用这种做法是非常符合商人天性的。

因此，虽然有些人敏锐地察觉到了市场的力量和新发明所必需的资本与技术，但是他们所处的境地，却很可能使他们没有浓厚的个人兴趣去研究如何制造其产品，也不知道如何去改进其产品。就农村棉纺织业所具有的这种结构而言，人们可以提出一个悖论性的命题：中国的农村是过度地工业化和过度地商业化了。

城市的棉纺织业组织与乡村的不同吗？

我们有理由推测城市棉纺织业可能与农村棉纺织业不同。至少，在丝、麻纺织业中，存在使用雇佣劳动的机坊。例如，明代后期的杭州人张瀚说：

> 毅庵祖家道中微，以酤酒为业。成化末年值水灾……因罢酤酒业，购机一张，织诸色纻币，备极精工。每一下机，人争鬻之，计获利当五之一。积两旬，复增一机，后增至二十余。商贾所货者，常满户外，尚不能应，自是家业大饶。后四祖继业，各富至数万金。[1]

---

〔1〕 傅衣凌（1957），页 46-47。【张瀚：《松窗梦语》卷 6《异闻纪》。】

此段文字很可能是指城市生产，当然这一点并不确定。如果曹时聘关于 1601 年苏州织工暴动的上疏可信的话，那么在丝织业中确实有可与张瀚所言多少相似的情况存在。曹时聘上疏言：

> 吴民生齿最烦，恒产绝少，家杼轴而户纂组，机户出资，机工出力，相依为命久矣。……【除了设置税关，干涉贸易之外，兼理税务的太监孙隆的参随】又妄议每机一张，税银三钱，人情汹汹，讹言四起。于是机户皆杜门罢织，而织工皆自分饿死，一呼响应【发生暴动】……浮食奇民，朝不谋夕，得业则生，失业则死。臣所睹记，染坊罢而染工散者数千人，机户罢而织工散者又数千人，此皆自食其力之良民也。[1]

此时苏州和常州存在的这种日工市场，也表明在丝织业中广泛使用雇佣劳动。[2]

然而，在江南的城市棉纺织业中，我们尚未有无可争议的证据说明也存在相类的制度。在这方面，最具提示性的原始资料见诸一位 19 世纪初的作者所写下的下述文字：

> 新安汪氏，设益美字号于吴阊，巧为居奇，密嘱衣工，有以本号机头缴者，给银二分。缝人贪得小利，遂群誉布美，用者竞市，计一年销布，约以百万匹，论匹赢利百文，如派机头多二万两，而增息二十万贯矣。十年富贾甲诸商，而布更遍行天下。嗣汪以宦游辍业，属其戚程。程后复归于汪，二百年间，滇南漠

279

---

〔1〕 傅衣凌（1957），页 89-90。【《明神宗实录》卷 361，"万历二十九年七月丁未"条。】
〔2〕 波多野善大（1961），页 74；藤井宏（1953），（一），页 18。

北，无地不以益美为美也。[1]

我们差不多可以肯定：此段文字中的数字是虚构而非真实的。17世纪前半叶，即汪氏如日中天之时，一匹松江细布的价格在 0.15 至 0.18 两银之间。明末钱银比价的急剧上升，使人只能确定某些特殊年份中以百钱计的利润百分比。1628 年前后，在这些地区的钱银比价是 100 文钱值 0.09 两银，因此每匹布价 0.18 两，就意味着超过百分之百的利润。这个比率尽管并非不可能，但高得令人惊异。

这段文字清楚地表明：要生产汪氏通常一年出售的 100 万匹布，大约需要 4000 名织工和数倍于此的纺工。这是因为织 40 码长的标准棉布，需要一个织工工作 1 至 2 日。除非益美号的声誉仅只是依赖于汪氏的公关手腕，否则他就必须对生产实行某种质量控制，这样才能保证他出售的棉布一直畅销不衰。这种控制一直延伸到织的过程中了吗？还是他只是依靠其布庄代理高超的本领去收购合乎要求的坯布而自己则只关心对于染色和研光的安排呢？几乎可以肯定是后者。汪氏是苏州阊门外的许多布商之一，而染色和研光的筹办似乎是他们的主要业务。

进而言之，这种染色业和研光业的体系，似乎也是为了阻止商人直接介入生产而精心设计出来的。1730 年，浙江总督李卫上了一道奏折，就阐述了这种体系的本质：

苏郡……各省青蓝布匹，俱于此地兑买。染色之后，必用大石脚踹研光。即有一种之人，名曰"包头"，置备菱角样式巨石、280 木滚、家伙、房屋，招集踹匠居住，垫发柴米银钱，向客店领布

---

[1] 傅衣凌（1957），页130；寺田隆信(1958)，页66-67。【许仲元：《三异笔谈》卷3《布利》。】

发碾。每匹工价银一分一厘三毫，皆系各匠所得，按名逐月给包头银三钱六分，以偿房租、家伙之费。……从前各坊不过七八千人……现在细查苏州阊门一带充包头者，共有三百四十余人，设立踹坊四百五十余处，每坊容匠各数十人不等。查其踹石尺有一万九百余块，人数称是。[1]

因此，生产过程涉及三个主要的集团：布商（棉布批发商）、包头和工匠。此外，可能还有第四个集团，或可称为外围的集团，即拥有并出租工作场所的地主（或房东）。这三个（或四个）集团之间的关系，是组织分化和结构刚性的一种混合体，十分古怪。

高踞于这座金字塔顶端的，是苏州的布商（例如汪氏）。在 18 世纪初的苏州，这类批发商大约有 70 家。他们出售的棉布，或是源自其布庄的分号收购，或是通过在主要市镇（例如唯亭镇）的布贩来获得。根据一部 19 世纪初期的地方志，"布庄在唯亭东市。各处客贩及阊门字号店，皆坐庄买收，漂染俱精"[2]。可见苏州阊门的布商，是通过在较小的市镇上活动的商人来获得棉布的。因此，19 世纪初期的一块碑文写道：

> 松郡为产布之区，上海县各乡镇人家，织成布匹，销售谋生。……为此示谕各乡布庄、贩卖人等，嗣后毋许将面粉涂饰布

---

〔1〕 横山英：《清代における踹布業の経営型態（上）》，《東洋史研究》19：3（1960），頁337-338。【《雍正朱批諭旨》，李卫，"雍正八年七月二十五日"。】

〔2〕 横山英：《清代における踹布業の経営型態（下）》，《東洋史研究》19：4（1961），頁460。【道光《元和唯亭志》卷3《储用之属》。】

上。其布行、布号，毋许收买粉饰之布。[1]

可见，在苏州的棉布批发商和织工之间，通常存在两级市场结构。

布商也和通过包头完成矴光的那些人相分离。上述这些中间人合
法垄断了向织工分配工作之权。除非得到一直从事此业的人们的担保，
否则谁也不能进入这个行业。作为对此特权的回报，包头也必须对委
托他们经手的布匹负有完全的责任。据一通 1644 年的碑文，"至于踹
匠如有拐窃盗逃，为非作歹，责成保头，与字号、染坊店主无涉"[2]。
约在 50 年之后的一块碑文强调，"故择有身家之人，踹坊领布转给，
则踹匠之来历，货物之失错，悉与布商无预，责有攸归"[3]。

这种安排似乎是布商们自己发明的。他们是殷实的生意人，对地
方官员具有很大的影响力。19 世纪 60 年代的某个时期以前，他们付
给包头和织工两者的总费用，其比率一直固定在有利于布商的某种水
平上。布商依靠在包头之间制造矛盾，从而获得最佳服务。19 世纪早
期，以物价上涨所带来的困难为由，包头要求布商为即将开展的工作
预支资金，从而使其经营活动具有更大的可预见性。但是他们的这种
要求，却受到布商的极力抵制。1834 年，布商公定：

---

〔1〕横山英：《清代における踹布業の経営型態（下）》（1961），頁460。《上海县禁止各乡贩布
人将面粉涂布并布行号收买粉饰碑（咸丰八年七月）》，收于江苏省博物馆编：《江苏省明清以来碑
刻资料选集》。译者补注：据此，则前文"19 世纪初期"（early nineteenth-century）似应作"19 世
纪中叶"。】

〔2〕横山英：《清代における踹布業の経営型態（上）》（1960），頁339。《苏州府处理踹匠罗贵
等聚众行凶肆凶科敛一案并规定以后踹布工价数目碑（康熙三十二年十二月）》，收于江苏省博物
馆编：《江苏省明清以来碑刻资料选集》。译者补注：正文此处纪年，容或作者笔误。】

〔3〕横山英：《清代における踹布業の経営型態（上）》（1960），頁342。《苏州府处理踹匠罗贵
等聚众行凶肆凶科敛一案并规定以后踹布工价数目碑（康熙三十二年十二月）》，收于江苏省博物
馆编：《江苏省明清以来碑刻资料选集》。译者补注：此段引文与上一段引文应同为康熙三十二年
碑刻。】

且查坊户向号揽端布匹，是犹佃户向业【主】揽种田亩。佃户拖欠租籽，尚得退佃另召。坊匠端不光明，岂竟不能更换？[1]

这是一个商业取代经营管理的显著事例。它表明：商人关注市场，工匠关注生产，但这两种关注之间存在着一道鸿沟，而此情况在帝国晚期中国的棉纺织业中非常突出。张瀚的先人张毅庵生意兴隆，拥有20部麻布织机。在城市的棉织业者中，肯定也有与此相似的人。但是总的来说，情况很可能是：这个总量巨大的工业，并非因扩大生产单位的规模而产生，而是通过市场机制，以棉纺织业体系中各个部分之间最低限度的直接功能整合的方式，将日益增加的众多小生产者联系起来，从而加以实现。

282

那么，对于整个中国的工业来说，棉纺织业具有多大的代表性呢？一般而言，棉纺织业似乎确实是整个中国工业的代表。只有在市场竞争非常剧烈、商人们需要预先确保得到货源，或者是在原料价格昂贵之时，商人们才会将资金投入生产。而这便意味着他们已经不得不这样做了。在丝织业和制茶业中，即有这种情况存在。

中国的出口茶业，我们已了解得最为清楚。[2]大部分出口茶产于福建、江西、浙江和安徽的边远山区。这些地区虽然并不靠近江南密集的市场网络，但是其茶叶商品生产的规模也颇引人瞩目。在茶叶的生产与加工中，有三个主要的集团，即"山户"、"茶庄（茶号）"和"行商"[3]。"山户"以家庭为单位，对他们来说，种茶只是一种副业。"行商"则是享有官方授予的外贸特许权的一小部分广州商人。18 世

---

〔1〕 横山英：《清代における端布業の經營型態（下）》（1961），页463。【《苏州府为布商坊户应照章听号择坊发端不得无端另换省碍贫民生计出示碑记》（道光十四年十二月三十日），收于江苏省博物馆编：《江苏省明清以来碑刻资料选集》。译者补注：据此则立碑时间当在1835年初。】

〔2〕 波多野善大（1961），页86及以下。

〔3〕 译者注：这里的"行（háng）商"是指公行里的商人。

纪，茶树主要由山户种植。但是在 19 世纪，由于海外需求的刺激，大片的山地出租给茶庄经营，尽管经营体制如何现在还不清楚。为了确保茶叶供给，茶庄也经常向山户预支金钱或粮食，以维持生计，直到茶叶收获。这种资助常常进一步追溯到行商那里，因为他们同样也想要确保茶叶的供给。

最劣的茶叶的加工和大部分较优茶叶的粗加工，通常是由山户雇佣云游的手艺人来进行，或者是山户自家来完成。较细致的加工，则在茶庄中进行。茶庄最大的棚舍，可以容纳上百工人工作。更进一步的加工，又在主要的制茶业中心或这些中心附近来完成，广州是其中最重要的一个。这是在真正的工厂里完成。在最大的工厂中，有数百工人，分别从事炒茶、分级、揉制和包装等工作。在这个最后的生产阶段，行商也参加，可能是因为他们也跟质量控制有利害关系。很显然，在茶业贸易中，商业与生产的分离，并未达到棉纺织业那种程度。但是，以下假设将是危险的：茶庄的生产管理一定是一种直接的管理或综合的管理。在我们了解得更多的丝织业中，我们就知道其中的原 283
因了。

低级的丝绸产于农村，其生产情况与棉布生产大致相同。较高级的丝绸大多产于城市，而且是由较为复杂的组织来完成的。这是生丝的费用较为昂贵，以及织高级丝绸所用织机较为复杂之故（这种织机需要两三个人才能操作）。由于生丝产量的增加必须依靠桑树的栽培生长，而这需要较长的时间，所以生丝的供给比较缺乏弹性。18 世纪，由于国内人口增加和海外市场扩大，对中国丝绸的需求迅速上升。这似乎使得拥有 3 到 20 部织机的单打独斗的城市丝织工厂更加难以维持。这些工厂的流动资本太少，难以支付上涨的原料费用。其结果是转向一种由所谓"账房"出资的包买制。在这些账房中，有的掌握着五六百部织机。然而，这是一种有特色的包买制，即中国式的包买制。

17 世纪，丝织业中最常见的是使用雇佣劳动的小作坊，即"机户"。这种情况可见于 1601 年苏州丝织工人暴动的官方报告（原文见本书页 278 所引的段落）。到了尔后某个时候，大多数机户变成了账房的附庸。但是直到 19 世纪后半期，仍然没有关于这方面情况的明确记述。这类记载中最突出的一段文字，见于刘坤一于 1896 年上的一道奏折，从中可以看到在 17 与 19 世纪后期之间，情况发生了多么大的变化。该奏折说：

> 凡贾人自置经纬，发交机户领织，谓之帐房。机户之于帐房，犹佃户之于业户。[1]

然而，这是一个关键之处：账房也与实际生产分离，二者之间隔着一级（有时是两级）的所谓"包头"。这些处于中介地位的包头，依照行会的规定，负责处理账房与机户之间的所有业务往来，特别是在账房与机户刚刚开始建立关系时，包头要为他们在行会公堂所缔结的合同作担保。一通 1891 年的碑文说："各号无论生意好歹……统归一律开账，不准自行搭找料户。"此外，"凡为承管者，须认真访查其人之行为手艺，可织何样缎匹？切勿以他人血本，敷衍其事，自己受累"[2]。此种制度在市场与技术之间设立了障碍，显然，其本质与前面所描述的踹布业中的几乎并无二致。人们也可以推测：在茶庄的种植园和加工棚中，管理方式也与此相似，尽管没有此方面的记载保留至今。

284

---

〔1〕横山英：《清代の都市絹織物業の生産形態（下）》，《史學研究》105(1968)，頁 54。【《刘坤一遗集·奏疏》卷 26《遵查被核道员据实覆陈折》（光绪二十二年七月二十九日）。】

〔2〕横山英（1968），頁 56。【《江宁县缎机业行规碑》（光绪十七年七月初七日），收于江苏省博物馆编：《江苏省明清以来碑刻资料选集》，页 466—468。】

城市丝织业中的这种包买制首次变得重要起来，可能是在 18 世纪。民国《吴县志》说："经营此项纱缎业者，谓之账房……其开设年期有远自二百余年者。"[1] 19 世纪初的碑文，也提到了包买制以及使用"包头"来掌握对设备和原料的贷款款项。最后，原先不准任何一个工厂控制 100 部以上织机的禁令，也在康熙朝（1662—1722）解除了，由此暗示了经营的规模在扩大。

因此，我们可以得出以下结论：在前近代的最后三个世纪，在中国的私有经济组织中，出现了比以往规模大得多的单位；这里的变化，既是量变，又是质变。特别是农村工业，是通过密度迅速增加的市场网络来加以调节的。而城市工业，则通过这个市场网络获取原料和顾客，从而发展出了新的结构，以支配更大数量的雇员。从某种意义上来说，这是一个"进步"；但是另一方面，正如我们所见，这种组织方法，却倾向于将从事商业的人们和从事生产的人们分开。因此，基于迄今的所有证据，认为中国那时在走向一场工业革命，这种假设是没有根据的。中国在这一时期所取得的技术进步，少于中国此前二千年历史上的几乎任何一个时期。至少从学习过欧洲历史的人的立场来看，这相当矛盾、令人费解。然而，这个矛盾还有着更深的意义。除了上文已提供的证据，还有更多的证据表明：从 16 世纪后期以来，中国经济活动的节奏在加快。这不禁迫使我们发问：为什么中国没有在与欧洲大略相同的时候，实现突破，进入近代经济发展呢？

---

〔1〕 波多野善大 (1961)，頁 36。【民国《吴县志》卷 51《物产二·工作之属·织作》。】

第十七章　量的增长与质的停滞

在阅读近代之前两三百年的中国文献时，我们有时很难相信中国没有开始一场工业革命。王世懋对中国制陶业中心景德镇的描述，便会马上使人产生这样的幻觉：

> 万杵之声殷地，火光烛天，夜令人不能寝。戏目之曰：四时雷电镇。[1]

严如煜对于鄂川陕边区制铁业的记述，也引起同样的感觉：

> 铁炉高一丈七八尺，四面椽木作栅，方形，坚筑土泥，中空，上有洞放烟，下层放炭，中安矿石。矿石几百斤，用炭若干斤，皆有分两，不可增减。旁用风箱，十数人轮流曳之，日夜不断火。炉底有桥，矿碴分出。矿之化为铁者，流出成铁板。每炉匠人一名，辨火候，别铁色成分，通计匠佣工每十数人，可给一

---

[1] 傅衣凌（1956），页13。【王世懋：《二酉委谭摘录》。】

炉。其用人最多，则黑山之运木装窑，红山开石挖矿，运矿炭路之远近不等，供给一炉所用人夫，须百数十人。如有六七炉，则匠作佣工不下千人。铁既成板，或就近作锅厂，作农器。匠作搬运之人又必千数百人。故铁炉川等稍大厂分常川有二三千人；小厂分三四炉，亦必有千人数百人。[1]

在广东，我们看到人们用水碓舂制香料，"不费筋力"[2]。而在江西，据一部省志所载，类似的水碓则用于舂米：

> 今多于要津商旅辏集处所，可作连屋，置百余具者，以供往来稻船，货枭粳糯，及所在上农之家，用米既多，尤宜置之。[3]

在福建，人们将桨轮固定在船的两侧，再将船停泊在水流湍急的涧水中，借助水力转动大锤来舂捣纸浆造纸，"如飞舂声【在舟】"[4]。然而，奇怪的是，除了这种近代以前的技术普及外，似乎没有进一步的技术进步出现。

在过去，不同的人对此已提出了许多解释。在此，虽然我尽力避免作针对个人的批评，但是我还是要说：这些解释全都难以令人满意。

---

〔1〕傅衣凌（1956），页14。【严如煜：《三省边防备览》卷9《山货》。译者补注："亦必有千人数百人"中"千人"的"人"当为衍字。】

〔2〕译者注：此亦见于傅衣凌（1956），页6。【屈大均：《广东新语》卷16《器语·香碓》。】

〔3〕傅衣凌（1956），页6。【徐光启：《农政全书》卷23《农器》。译者补注：此据石声汉校注：《农政全书校注》卷23《农器》。据此文，此碓"始于浙人，故又名'浙碓'"；又其史料来源为农书，而非方志。】

〔4〕译者注：此亦见于傅衣凌（1956），页6。【王世懋：《闽部疏》。译者补注："【】"为译者据原文补出。】

是资本不充足和市场受限制吗？

例如，是否存在资金短缺，因而导致拉格纳尔·努尔克斯（Ragnar Nurkse）所假设的那种低水平平衡（low-level equilibrium）呢？我们可以回忆一下努尔克斯的观点：有两个相互联系着的恶性循环过程：资本短缺导致生产率低下，从而导致收入低下，由此导致储蓄能力很小，最后导致了资本短缺。不仅如此，生产率低下引起大众购买力低下，而这又引起投资动机的低下。投资动机低下，则又是引起资本短缺以及由资本短缺所导致的生产率低下的另外一个原因。进而言之，"投资动机为市场的规模所限制"。[1] 但是，人们很难知道如何才能将努尔克斯的上述观点与中国的实际状况联系起来。在中国，商人不仅掌握了大众消费品的广大市场，而且还集中了大量资本。其情形，正如叶梦珠对 17 世纪上海的描述所示：

> 棉花布，吾邑所产，已有三等……上阔尖细者，曰标布，出于三林塘者为最精，周浦次之，邑城为下，俱走秦、晋、京边诸 287路……其较标布稍狭而长者，曰中机，走湖广、江西、两广诸路，价与标布等。
>
> 前朝【明朝】标布盛行，富商巨贾，操重资而来市者，白银动以数万计，多或数十万两，少亦以万计，以故牙行奉布商如王侯，而争布商如对垒，牙行非藉势要之家不能立也。中机客少，资本亦微，而所出之布亦无几。

---

〔1〕 R. Nurkse, *Problems of Capital Formation in Underdeveloped Countries* (Oxford:1953)，pp.5-6.

至本朝而标客巨商罕至，近来多者所挟不过万金，少者或二三千金，利亦微矣。而中机之行转盛，而昔日之作标客者，今俱改为中机……更有最狭短者，曰小布，阔不过尺余，长不过十六尺，单行于江西之饶州等处……【康熙】八年己酉以后，饶商不至，此种小布遂绝。[1]

传统工业对于市场力量起伏的反应是显而易见的。传统工业的规模对于市场变化的反应亦然。由于上海只不过是江南众多重要棉纺织业中心之一，所以地理范围的问题也应当注意。上海的棉布畅销南北八百英里的地域，从西欧的标准来看，这已经是一个兴旺的国际出口工业了。

因此，中国传统棉纺织业中没有发明新的机械，其原因不能归结为市场狭小或商业影响弱。同样的结论也适用于其他许多工业部门，例如，佛山的铁锅制造业、苏州的丝织业、景德镇的制瓷业等等。资本短缺也不是致命弱点。如前所述，棉布商人手中的资本数量已经很大，但是还有比此更大规模的资本集中。明代后期的盐商，普遍拥有数十万两银，有时更有过百万两者。据晚明人谢肇淛所言：

288

新安大贾，鱼盐为业，藏镪有至百万者，其他二三十万则中贾耳。山右或盐，或丝，或转贩，或窖粟，其富甚于新安。[2]

18 世纪的大盐商和垄断外贸的行商，多有资本数百万两。[3]不论

---

〔1〕叶梦珠（17世纪晚期）：《阅世编》卷7，页5a-6a。【译者注：此据叶梦珠：《阅世编》卷7《食货五》，页179。】

〔2〕藤井宏：《新安商人の研究（二）》（1953），頁3。【谢肇淛：《五杂组》卷4《地部二》。】

〔3〕藤井宏：《新安商人の研究（三）》（1953），頁76；波多野善大（1961），頁51。

我们在纺织业中所见的情况如何，商人们也并非总是不愿投资于生产设备与工具。严如煜曾这样描述大圆木厂的出资人：

> 开厂出赀本商人住西安、鳌屋、汉中城，其总理总管之人曰掌柜，曰当家；挂记账目、经营包揽承赁字据曰书办；水次揽运头人曰领岸；水陆领夫之人曰包头。计大圆木厂匠作水陆挽运之人，不下三五千，其开伐以渐而进，平时进止皆有号令，号曰某营，与行军同。商人操奇赢厚赀，必山内丰登，包谷值贱，则厂开愈大，人聚益众。如值包谷清风价值大贵，则歇厂停工。[1]

万历年间（1573—1620）刊行的一部关于新安家族的著作，谈到一位名叫朱云沾的人：

> 少从兄贾浙……丧毕则又从兄贾闽，盖课铁冶山中。诸佣人率多处士长者，争力作以称处士，业大饶。[2]

因为有这样的证据，所以我们很难相信：在当时的中国，没有足够的资本来资助那些适合于当时条件的简单技术进步，或是没有足够大的市场以使得投资于这类技术改进具有吸引力。 289

是政治阻碍了经济成长吗？

另一种乍看起来貌似合理的解释是：商人所面临的政治风险是经

---

〔1〕 傅衣凌（1956），页31。【严如煜：《三省边防备览》卷9《山货》。】

〔2〕 藤井宏：《新安商人の研究（二）》（1953），页41。【汪道昆：《太函集》卷47《海阳新溪朱处士墓志铭》。】

济成长的制约因素。持此观点的学者认为：政府的掠夺，加上政府无力保障商人免遭叛乱骚动之害，使得商人以有目共睹的方式集中财富变得很危险。对于他们来说，将其财产秘密地分散到许多不同的投资中，无疑更为明智。不仅如此，这种方针的继续，就是商人生活的风险，使得那些能干的商人去追寻一种弃商为官的长期投资战略。结果是：如果他们成功地当上了官，那么他们也就会受制于官员不得经商的法律禁令。他们的聪明才智，也因此转向与当权者拉关系，因为这比改进生产技术更为有利可图。因此，我们要问：政府的政策和缺陷，到底在多大程度上阻碍了近代型的经济成长？

当历史上腐败盛行的时候，中国的官员及其下属经常"鱼肉百姓"。这一点，是无可怀疑的。而在被"鱼肉"的百姓中，也包括那些没有官方保护人的商人。在此方面，一个例子是本书页 269 所引用的一段关于地方税关的史料。另一例子，则见于曹时聘关于 1601 年苏州织工暴动的官方报告：

> 往者税务初兴，民咸罢市。【税监】孙隆在吴日久，习知民情，分别九则，设立五关，止榷行商，不征坐贾，一时民心始定。然榷网之设，密如秋茶。原奏参随本地光棍，以榷征为奇货，吴中之转贩日稀，织户之机张日减。……五月初旬，隆入苏会议五关之税，额数不敷，暂借库银挪解。参随黄建节，交通本地棍徒汤莘、徐成等十二家，乘委查税，擅自加增。又妄议每机一张，税银三钱，人情汹汹，讹言四起，于是机户皆杜门罢织，而织工皆自分饿死。一呼响应，毙黄建节于乱石之下，付汤莘等家于烈焰之中，而乡宦丁元复家亦与焉。[1]

290

---

〔1〕 傅衣凌（1957），页 89-90。【《明神宗实录》卷 361，"万历二十九年七月丁未"条。】

除了关税之外，自由的商品流动还有其他障碍。18 世纪之前，华北与长江流域之间沿大运河的长途贸易，实际上几乎一直被官营的漕船所垄断。漕船配备了武器，运丁有时在诸如搜寻被盗货物之类的借口下劫掠普通商船。《清实录》"道光十三年（1833）"条载：

> 据称江浙内河一带，长亘七百余里。每年漕船归次之后，凡商民船只经过，小则讹诈钱文，大则肆行抢夺。其讹诈之法，或将漕船横截河中，往来船只，非给钱不能放行，名曰买渡钱；或择河道浅窄之处，两船直长并泊，使南北船只俱不能行，必积至千百号之多，阻滞至三四日之久。有沿河地棍，名曰河快，向各船科敛钱文，给付漕船。[1]

因此，商人们想方设法将其货物装到漕船运载，将此视为祛除晦运的"护身符"，这种现象并不令人奇怪。

起初，明代政府默认护送漕船的运军在所运漕粮之外，有权夹带少量的免税货物，目的在于少支付他们一些工资，节省国家开支。到了清代，不论是从合法还是非法的方面来说，这种情况都进一步发展了。1731 年，江西巡抚谢旻对"定例"做了以下描述：

> 每只粮船准带土宜一百担，头舵、水手人等亦准带二十六担，统计粮船七千只，约带土宜一百万担。[2]

这是一种保守的估计。1799 年有人断言：每船所载之货在 1000　291

---

〔1〕 中原晃雄（1958），页 45。【《清宣宗实录》卷 247，"道光十三年十二月甲子"条。】

〔2〕 中原晃雄：《清代漕船による商品流通について》，《史学研究》72（1959），页 69。【《雍正朱批谕旨》，谢旻，"雍正九年正月二十四日上奏"。】

至 2000 担之间。换言之，近乎漕船的总载量。漕粮运输对于民间航运享有的优势如此之大，以至于有报告说，到 1824 年，在位于大运河北段的大都市临清，"近来货物，多系粮船夹带，客贩稀少"[1]。税关官员很少到漕船上搜查，唯恐被诬告为稽误漕运。但是尽管如此，漕船上超过定额的私货，在 1772 年以前一直都是要课税的。1772 年以后，超额货物都被视为走私货物。但是这项法令对于漕船的实际载货，只有极为有限的影响。例如，在一个发生于 1834 年的大案中，有官员坐镇的漕船，为了逃避盘查，竟然公开闯关。因此，显而易见，中国官方政策和官府劫掠对经济生活的影响，不能轻易漏过。但是，由于那些枉法或违法得逞之人总是有厚利可得，人们的精力和才智便误入歧途了。

以下假设也是错误的：经商和拥有官衔官职，二者实际不可得兼。确实有商人因进入政界而放弃其商业利益，本书页 278 所谈到的新安汪氏的情况，就是一个很好的例子。但是同样真实的是，有许多官员利用其职权来经商。1789 年，一位御史的一道奏折亦可证实这一点：

> 湖北帮船行走迟延，查因通帮洒带臬司李天培桅木一千八百根……该员有自用木植，理应自行运解，何得派令粮船分带？冀省脚价，并透漏关税，以致漕运迟滞。[2]

最普遍的策略，可能是通过代理人来经商。例如明代后期有名的新安商人中的一位，情况即是如此，"当他入仕为官，便不再亲自到镇

---

〔1〕中原晃雄（1959），页 70。【《清宣宗圣训》卷 122，"道光四年二月辛酉"条。译者补注：此据《清宣宗实录》卷 65，"道光四年二月辛酉"条。】

〔2〕中原晃雄（1959），页 71。【王先谦：《东华续录》乾隆 109，"乾隆五十四年闰五月乙巳"条。译者补注：据《清高宗实录》卷 1331，"乾隆五十四年闰五月乙巳"条，"粮舵"当作"粮船"，正文径改。】

江和杭州，而是像役使牛羊那样雇佣他人"[1]。有些官员积累起了可用于投资的资金，但却没有经商的背景，他们常常把这些资金委托给重要的商人去经营。这种做法，在清代非常流行。我们可以从《清实录》乾隆十一年（1746）的记载中举出一个例子：

> 白钟山在总河任内，办理河工，种种滥用，应赔帑银甚多。查伊在京房产所值不过数千金，闻其宦资，皆寄顿于淮阳盐商之家，代为营运。朕降旨与吉庆，令其访察奏闻。今据吉庆奏称：有淮北商人程致中，收存白钟山银二万两。又程致中女婿汪绍衣，在清江开当铺，收存白钟山银四万两。又商人程容德，收存白钟山银二万两。又商人程迁益，收存白钟山银二万两，代为生运等语……[2]

因此，在官僚和商人之间，存在一种共生关系。

至迟到 19 世纪初，许多重要的商人都已通过科举或捐纳而获得了功名和官衔。1826 年，大运河暂时壅塞，清政府不得不将每年 150 万石以上的漕粮交付海运。政府将此项任务交给 46 个商人去办理。有记载表明：这 46 个商人全都以上海为基地，其中 26 人是举人、监生、贡生，或者拥有捐纳的官职，换言之，都是"士绅"。[3] 为了获得功名而十年寒窗，所需费用是颇为可观的。而由于自 17 世纪以来大地产的

---

〔1〕译者注：伊懋可先生未注明出处。经多方查考，较能与之相合的是汪道昆《太函集》卷67《明赠承德郎南京兵驾司署员外郎主事江公暨安人郑氏合葬墓碑》的一段记载："中官毕真出镇浙，牛羊用人。"但这里的"中官"指的是"宦官"，不是指"中（zhòng）"官，即做官的意思。如果确实是这段引文，那么伊懋可先生对原文的理解是有误的，故正文暂据英文直译。

〔2〕藤井宏《新安商人の研究（三）》（1953），页73。【《清高宗实录》卷270，"乾隆十一年七月己酉"条。】

〔3〕山口廸子：《清代の漕運と船商》，《東洋史研究》17:2，（1958），頁62。

衰落，追求功名的士人数量不断增加，在此背后，商业财富肯定起了很大作用。因此，将"商"与"官"一分为二，会令人产生误解。

这个时代也是商人的政治力量不断增长的时代。商人政治力量最明显的形式，是行会联盟。19 世纪，行会联盟在许多城市里已成了自治政府。从历史上来看，这种机构是以下列两种方式出现的。第一种方式是：有时一个由移民形成的"大行"，当成员人数增加时，分化为不同行业和地点的下属行会。例如，在联结蒙古和新疆的北方贸易重心——归绥（呼和浩特），情况即是如此。[1] 第二种方式则是：同乡的 293商人组成的独立会馆，结合成为一个无所不包的联合会。湖南西部市镇洪江的"十馆"和四川东部重庆的"八省会馆"，都起源于此。[2] 在19 世纪 50 年代由太平天国起义所致的危机时期，上述两种行会联盟都发挥了政府的职能。它们的责任包括福利事业、教育、治安与自卫军管理、收集某些税款、赈灾、统一度量衡、解决成员之间的争端、向当局提出建议等等。沙市、汕头和嘉定也拥有类似组织。可能还有更多的其他城市也如此。

然而，行会联盟并不仅仅是商人的机构。一份 1888 年的文献提到洪江的"十馆绅商"，而重庆几乎所有的"会首"商人都拥有官衔或功名。不仅如此，随着时间的推移，不同籍贯的移民之间的差别也趋向于消失。这种差别只有通过其供奉的神祇才能体现出来。行会联盟的职能，也从为其成员提供服务，扩大到为社会提供服务。尽管行会联盟及其下属行会的起源，似乎常常与跨地区贸易及跨地区移民有联系，

---

〔1〕 今崛诚二：《中国封建社会の机构：帰绥（呼和浩特）における社会集団の实态调查》（东京：1955）第三章。马若孟（Ramon Myers）教授提醒我注意此书，在此深表感谢。【译者补注：此据汲古书院 2002 年影印本。】

〔2〕 仁井田陞：《清代湖南のギルドマーチャント：洪江の十馆首の场合》，《东洋史研究》21：3（1962），页 79-91；窦季良：《同乡组织之研究》（重庆：1943），特别是第二章。傅因彻（John Fincher）教授提醒我注意此书，在此深表感谢。

但是 19 世纪的行会联盟，已不再是有钱有势的外地人的组织了。这种行会联盟，也不再是单纯地保护商人免遭士绅侵扰的组织了。它们代表着新的城市精英人物的力量凝集。这种力量对商业依赖的程度，至少与其对地产的依赖程度相同。传统中国后期的商人，并非弱势阶层的一员，而是受人尊敬、颇有势力的市民。

最后，在金融政策方面，政府权力的运用，总的来说是明智的和具有建设性的。明初统治者思考不周，曾强迫人民接受一种不可兑换和急剧贬值的纸币，但后来这种做法也被废止了。中国不仅发现并开采新的银矿和铜矿，而且在 18 世纪早期，还从日本进口铜。中国贸易和人口的增长，使得纸币的使用又成为必需，但这基本上是通过私人的渠道来进行的。最重要的票据是由钱庄发行的"钱票"。这类票据似乎最早出现于 17 世纪。到了 19 世纪初期，它们已是许多省份的经济的一个组成部分。1838 年有人提议禁用钱票，山西巡抚即上疏反对，并获得皇帝认可：

> 查民间贸易货物，用银处少，用钱处多，是以江、浙、闽、广等省，行用洋钱。直隶、河南、山东、山西省，则用钱票。若一旦禁绝钱票，势必概用洋钱，更受外洋折耗。再各省藩库，所存制钱无多，民间藏钱，亦不充足。今将钱票禁止，则现钱必日见其少，恐致商民交困……[1]

除了钱票之外，还有银票。但银票基本上是一种短期信贷，而且常常附带利息。它们在发达地区商业中的重要性，或可见诸以下引文。该文是 6 位上海绅商于 1841 年向该县知县呈交的一份请愿书。其文如下：

---

[1] 杨端六：《清代货币金融史稿》（北京：1962），页 147【《清宣宗实录》卷 312，"道光十八年七月庚子"条。】

生等在治钱庄生意，或买卖豆麦花布，皆凭银票往来。或到期转换，或收划银钱。[1]

钱庄发行的票据通常超过其白银储备，因此提供了更多可流通的货币。

危害中国传统后期金融制度的弊端之一，是多种形式的银锭、铜钱和票据同时流通。这需要大批的人居中从事这些通货的鉴别和兑换。但是如果没有这么多种形式，就会引起货币流动性的不足，与此相较，上述问题显得微乎其微。虽然一种管理妥善的统一纸币无疑更加可取，但是我们并没有很令人信服的理由去批评中国政府，说它没有朝此方向努力。维持这样一种通货十分困难，因此，自由放任的货币政策，当然是更加明智的一种选择。

因此，似乎可以得出这样的结论：在传统中国后期，政治对于经济成长的阻碍，是十分微小的。

是企业规模小和寿命短吗？ 295

为什么传统中国后期错过了工业革命？人们有时还会提出第三种解释。这种解释依赖于以下论点，即断言中国人没有能力创建大型的私有经济组织。据说，这种情况部分地是由于在中国，或许除了力量强大的行会有时会颁发商业法规之外，并没有名副其实的商法。此外，中国人觉得非亲非故的人难以信任。因此，中国人的工商业活动，倾

---

〔1〕加藤繁：《中国經濟史考證》卷下（1954），頁469。【译者补注：《中国经济史考证》，吴杰译，第三卷中，加藤繁并未提及碑刻名称。此据《上海县规定拾取庄号往来银票者即行送还听凭照议酬谢毋许多论少碑（道光二十一年闰三月二十一日）》，收于江苏省博物馆编：《江苏省明清以来碑刻资料选集》。】

向于停留在狭小局促的地理范围内；他们与顾客、雇员和其他有关人员打交道，也经常要通过捎客、保人、包头或者其他某种类型的中介人。这些说法，的确也包含着一定的真理，但需要多方面的修正。至少，就下面一点来说是如此：法庭能够强制执行商业契约。因此，我们知道一位名叫洪什的徽商的故事：

> 处士客巴陵，主乡人胡琯。琯故年少，处士推毂，琯起家。琯贷千金者三，无所问。处士还歙，家监讼之有司。处士叱曰："宁琯负吾，吾不负琯。"遂赴有司出琯，欢如初。[1]

同样，家族纽带和合伙关系也能够成为大企业的基础。我们了解到，16 世纪有一位名叫程锁的徽商，事业颇为发达：

> 长公乃结举宗贤豪者，得十人，俱人持三百缗为合从，贾吴兴新市。时诸程鼎盛，诸侠少奢溢相高。长公与十人者盟，务负俗攻苦……久之业骎骎起，十人者皆致不赀。[2]

商业中的学徒制，也被用作进一步扩大业务范围的手段。因此，一位 16 世纪上海的放债人——汪通保，"处士与诸子弟约，居他县，毋操利权出母钱，毋以苦杂良，毋短少收子钱，毋入奇羡，毋以日计取盈。于是人人归市如流，旁郡邑皆至。居有顷，乃大饶"。[3] 这里特

296

---

〔1〕 藤井宏：《新安商人の研究（三）》（1953），頁80。【汪道昆：《太函集》卷46《明故处士洪君配吴氏合葬墓志铭》。】

〔2〕 藤井宏：《新安商人の研究（三）》（1953），頁66。【汪道昆：《太函集》卷61《明处士休宁程长公墓表》。】

〔3〕 藤井宏：《新安商人の研究（三）》（1953），頁81。【汪道昆：《太函集》卷28《汪处士传》。】

别令人感兴趣的是，汪氏的分店扩展到了好几个县。这种方法名为"合伙"，也广泛为山西商人所采用。据沈思孝16世纪后半叶所写的《晋录》：

> 平阳泽潞，豪商大贾甲天下，非数十万不称富，其居室之法善也。其人以行止相高，其合伙而商者，名曰伙计。一人出本，众伙共而商之，虽不誓而无私藏。祖父或以子母息勾贷于人而道亡，贷者业舍之数十年矣。子孙生而有知，更焦劳强作，以还其贷。则他大有居积者，争欲得斯人以为伙计，谓其不忘死，肯背生也，则斯人输少息于前，而获大利于后。故有本无本者，咸得以为生。且富者蓄藏不于家，而尽散之于伙计。估人产者，但数其大小伙计若干，则数十百万产可屈指矣。所以富者不能遽贫，贫者可以立富。[1]

这种商业组织方法的运用，在18世纪建立的著名山西票号达到了登峰造极的程度。这些票号拥有一个分号网络，使得它们能够将款项从中国的一端汇到另一端。八家最大的票号，仅在中国国内，每家就拥有30家以上的这类分号；到了19世纪后期，它们还在日本、俄国和新加坡建立了分号。这些票号的主顾是商人、金融家和官员。这些传统的合伙企业提供资本，而所有的合伙人都对此负有全权责任，每三四年分红一次。决策主要依靠代表资本所有者的首席账房，以及分号的掌柜。当一个人被任命为分号掌柜时，其家人即被留在总号作为人质，以使其规矩行事。他写给家人的书信，也要被总号审阅。他没有薪水，但是有关支出可以报销。三四年后，他要回山西交账，接受

297

---

〔1〕 傅衣凌（1956），页 27-28。【沈思孝：《晋录》。】

上司的盘问。如果一切都好，他将得到褒奖，并得与其家人团聚。如果出了差错，他将用其私产抵偿，其家人也将被扣留，直到总号满意之时，才予释放。在诚信方面，票号中的伙计，会因微过细故而被解雇；而他们一旦被解雇，没有别的票号会再雇佣他们。因此极少有伙计行为不端。其诚信度堪称传奇。一直到20世纪后很长一段时间，还未听说有什么欺诈行为。

因此，以下结论很清楚：当中国的私营企业组织跨越东亚次大陆各地时，它们需要各种非常手段，而这绝没有超出传统后期的中国人的能力。因此，在很大程度上，中国经济和技术的停滞，并不能归因于中国近代以前企业规模小。中国有太多企业，规模一点都不小。

我们也不应假设中国工商企业总是短命的。本书页278所谈到的那位手段高明的徽商汪氏，其创立的企业延续了两百多年。另有一位孙春阳，约在16世纪末于苏州经营了一个大货铺，销售各种干货和药材。据记载，历经234年之后，"子孙尚食其利，无他姓顶代者"。[1]在前一章中谈到的一些经营丝绸业的账房，其历史也差不多同样悠久。

因此，这些常见的解释，似乎没有一个能够令人信服地告诉人们：为什么在一个总的来说是繁荣昌盛的经济扩张时期，却没有技术进步？几乎每一种常被历史学家们视为促使西北欧发生工业革命的基本要素，也都在中国出现了。在社会关系方面（至少是在农村社会关系方面），中国在这一时期也发生过一场革命，但是这场革命对于生产技术并没有发生重大作用。中国只是没有伽利略-牛顿的科学，不过在短时期内这一点并不重要。如果中国人具有或者能发展一种如同17世纪欧洲人对于机械的修理和改进那样的狂热，他们一定能够根据王祯所描绘的那种原始的纺织机，轻而易举地制造出一种有效的纺纱机器

298

---

〔1〕 傅衣凌（1957），页43。【钱泳：《履园丛话》卷24《杂记下·孙春阳》。】

（见本书第十三章末有关18世纪中期以前欧洲对亚麻再纺机所做的许多小改进的讨论）。发明蒸汽机可能更加困难，但是对于一个早在宋代就已制造双动活塞喷火器[1]的民族来说，这也不会是不可克服的困难。关键是无人去尝试。除了农业之外的大多数领域内，早在基础科学知识的匮乏成为严重障碍之前很久，中国的技术进步就已停止了。

因此，我们完全可以暂且集中讨论技术发明的经济层面。我们需要一个理论来解释传统后期的中国和近代早期的欧洲在技术创新方面的差异，同时这个理论一定要很好地符合史实。这能做到吗？本章的后半部分，就力图表明这是能够做到的。

高水平平衡陷阱

这个问题很难。整个明清时代，在所有通常与发明相关的活动中，中国人都表现出了聪明才智。他们对西方技术的接受和传播，在许多方面也很可观。例如，玉米、花生、番薯、马铃薯和烟草等美洲农作物，在中国安家落户；种类比较简单的西方火炮、手枪、钟表、望远镜和显微镜等，在中国成功仿制。这一事实，充分说明了中国最佳手工艺所达到的品质之高。在人们所熟悉的本土技术方面，也有若干较小的，然而十分重要的进步。例如，中国人完善了木版的彩印术；掌握了锌的冶炼术；学会了在华北沿海如何进一步逆风行船，从而使得航行变得更加安全。在使农业适合地方生态特点方面，技术改进连续不断。同样，工业也在适应地方生态环境。例如，在北方，为了创造棉纺所需的空气湿度，当地人民发明了在地窖中进行棉纺的技术。中国最先进的技术在全国范围稳步传播。例如，棉花取代了麻苎，成为   299

---

〔1〕译者注：当指猛火油柜。

主要的制衣纤维。北方旱地的井灌技术，虽然在元代已得到倡导，但其广泛运用，却是在元代以后。当然，也有一些中国人自己的新发明：通过帆动以借风力回转的风车[1]、李自成军队使用的防弹甲、豆饼及其他新肥料等等。在耶稣会士影响之下，王徵（1571—1644）设计出了许多改良工具，供其自有的农场使用，并且撰写了一本关于这些工具的著作。显然，"技术停滞"是对这一时期过于简单化的描述，令人产生误解。

在这一时期，也有生产组织方面的变化。大多数的组织变化，我们已经提到了。例如，钱庄、票号和从事跨地区贸易的商人的行会都在发展；原先存在于很大一部分农民中的类似奴仆制的租佃关系在衰落；地方市镇网络的密度在增强；等等。此外，还有一些其他的进展，诸如企图通过使用有组织的手段来扑灭害虫等。这些变化都对经济生产率做出了进一步的贡献。

中国也不缺乏企业家精神。下面这段史料，说的是陕西泾阳县的燃料价格是如何降低的：

> 崇祯二年，知县路振飞申文：窃照泾阳迤南有泾河一带，直通渭水。渭水商贾舳舻相望，而泾则任其安澜，弗载舟楫，是天地以自然之利予泾人而不知也。其可以运粮筏木姑勿论，即如石炭一节，泾邑人稠地狭，莫可礁薪，而止籍于任辇之些须供炊爨，往来之力甚艰。故每炭一石，贱不下四钱，贵则五七钱不止矣。民间有淫雨冰雪而不能举火者，非尽无米之苦也。本县有见于此，每至泾岸，则临流相度，问之舟子，舟子曰："泾河水急石多，深浅不一，商船不敢往来。"本县使吏同水夫沿河踏验，

---

〔1〕 译者注：据英文直译，似指立轴式风车。

虽甚浅处，水亦尺许，深者竟蒙冲巨舰一毛矣。职欣然谓是可舟也。然又恐偶尔难行，民间惜此小费，反阻后来兴利之端，乃先自为刀船，使水夫驾之临潼县地名交口，运炭一次，往来止三日，而炭已卸装，视任辇者，盘费省什之七。又令水夫马守仓等各渡余船并前船预支以工食，连运数次，在前每斗炭四分，今止二分五厘。至于雨雪载途，轮蹄阻碍，其为利益尤倍平日。[1]

因此，在传统中国后期，经济型企业是有活力的，肯定也有一种对价格进行比较的敏锐意识。这种意识能够明显地影响其使用的技术的种类，如下所示，燃料的价格改变了明代泉州制盐的方式：

盐有煎法，有晒法，宋、元以前，二法兼用，今则只用晒法。其煎法月以二信候潮卤。潮退，卤沁土中，遇烈日结生白花，聚之以实于卤丘，复取咸水淋之。卤丘者，穴土为窟，其下为溜池，有窍以相通，用芦管引之，水渍卤丘，循管注池中。投鸡子、桃仁，以浮为节，则卤可用，乃泻卤于灶旁之土斛，以管引注盘上煎之。盘编竹如盘状，用蛎灰涂焉。大盘日夜煎二百斤，小盘半之。其晒法亦聚卤地之尤咸者晒曝，令极干，实于漏丘，渗入溜池，复取池中水浇之。如是者再，则卤可用矣。晒卤之盘，石砌极坚密，为风约水，故广狭无过数尺。一夫之力，一日亦可得二百斤。宋时盐价，斤为钱十，贵倍之，今日价极高不过钱二文，以晒法无柴薪费故也。[2]

---

〔1〕顾炎武：《天下郡国利病书》（1639—1662），四库善本，卷26，页36a-37b。【译者补注：此据顾炎武：《天下郡国利病书》，"陕西备录上·崇祯二年·知县路振飞申文"条。】

〔2〕顾炎武（1639—1662），卷40，页66下-67上。【译者补注：此据顾炎武：《天下郡国利病书》，"福建备录·泉州卫屯田"条。】

所以，我们有理由假设：在许多或者说大多数技术选择的背后，存在着完全理性的短期考虑。如果情况确实如此，我们就要问：可用的资源、资本和劳动，会如何影响传统后期的中国企业家做出决定。

很明显，在传统后期的中国，许多资源的短缺问题日益严重了。在很多地方，缺少建造房屋、船舶和机械的木材。燃料短缺在沿海地区最为明显，这些地区过去依靠芦荡供给燃料，而这些芦荡在那时却正变成耕地。棉花亩产量比麻、苎高得多，其引进缓解了制衣纤维的短缺，尽管如此，这种短缺依然存在；而种棉的土地，也通常为种粮所需。北方的牧场被开垦为田，使得役畜不足；而这可能又导致了畜粪的匮乏。金属也很紧缺：虽然 18 世纪云南铜矿的开发对铜的短缺有所缓解，但是铁和银的供给仍然很紧张。比其他所有资源短缺更严重的是优质农田的不足：这一时期新开垦的农田，品质都大大下降了。导致这些短缺的主要原因，当然是在技术相对停滞状况下的人口还在持续增长。

这种资源匮乏的一个后果是：即使简单的木制机器，其造价也可能常常超出许多农民能力所能承担的范围。永平府（今河北省的一个地区）地方志中有一段文字，就暗示了这一点。这段文字记述了元代政府在 13 世纪后期所推行的一次农业技术改良：

【察其道之】地高水不能上者，命造水车；贫不能济者，官给其材木，俟秋成，验使水家，俾均输其直。[1]

自 17 世纪以来，中国人就已知晓西方的圆筒活塞水泵，却没有加以应用，尽管水泵对于依靠井灌的农耕地区具有潜在的价值。其原因

302

---

[1] 顾炎武(1639—1662)，卷3，页42b。【译者补注：此据顾炎武：《天下郡国利病书》，"北直隶备录中·永平府志"条。】

可能是金属价格高。1742 年编纂的《授时通考》提道：

> 所见高原之处，用井灌畦，或加辘轳，或藉桔槔，似为便矣。乃俛仰尽日，润不终亩。闻三晋最勤汲井灌田，旱熯之岁，八口之力，昼夜勤动，数亩而止。他方习惰，既见其难，不复问井灌之法。岁旱之苗，立视其槁，饥成已后，非殍则流；吁，可悯矣。今为此器，不施缧缶，非藉辘轳，无事桔槔，一人用之，可当数人。若以灌畦，约省夫力五分之四。[1]

不幸的是，这种水泵必须用铜制造，而在中国农民眼中，铜就是实实在在的钱。用铜来制造水泵，其成本可能太过高昂，使得投入大于回报，所以，铜的供给极度短缺。当然，商人资本可用于这方面的投资，而且商人有时确实也投资于农业生产设施。19 世纪早期，包头郊外建造的灌溉系统就是一个例子：这个设施的"水股"独立于土地之外，买卖的时候与土地是分开的。我们只能猜测：投资于水泵，其回报应该不如投资于其他项目。

某些知识未得到运用，阿基米德螺旋管（Archimedean screw），中文名为"龙尾车"，是又一个例子。这种汲水器具是耶稣会士带到中国的，而且《授时通考》已着重指出它比传统的龙骨车更为有效。这种器具的基本结构，是一个由隔板构成的螺旋形圆槽。这个圆槽在中轴和筒形外壳之间的空间螺旋上升。整个圆筒以大约 25 度角斜置，下端浸入水中。当转动龙尾车时，水进入底端，然后沿着圆槽上升，升至顶端后倾倒而出。中国人力图不用金属来制造龙尾车的隔板，并且在此方面表现出了很大的创造性。他们所用的一种方法，是用麻、苎纤 303

---

〔1〕鄂尔泰等编校：《授时通考》（1742），卷 38，页 17b—22b。【译者补注：此据鄂尔泰等编校、马宗申校注：《授时通考校注》卷 38《功作·泰西水法》引《玉衡车记》。】

维或别的纤细藤条，在垂直的支柱之间编织成筛状物，就如一面屏风，然后用树脂、虫蜡、桐油、生漆与石灰、瓷屑混合起来，涂到编织物上，使之能够防水。这种方法使人不禁联想到近代的塑胶技术。他们所用的另外一种方法，则是用桑树皮或木槿属植物的树皮，用树脂或虫蜡黏合在一起，造成一种添加层。这种方法所表现出来的想象力，可与近代碳氢化合物的使用相比。为什么人们几乎不使用这种水泵？这是一个谜。也许，动力的传动是一个问题。当这种水泵是用手来摇动时，其效率可能不会超过脚踏的龙骨车。使用足力需要木制齿轮，而比较简单的龙骨车则无需如此。实际应用的试验，可能会产生饶有趣味的证据，证明龙尾车和传统的龙骨车各自的比较优势何在。由于没有这样的证据，所以我们只能说：没有明确的迹象表明龙尾车的运用会大大提高中国的农业生产力。

一个有明显的改进余地的领域是陆地运输。一个佚名的西方旅行者，乔装成中国人，于1845年游历了中国东南的丝、茶产区。他看到如下景象：

中国中部的道路，比外国人所估计的要好。修筑这些道路，并不是为双轮马车的行驶，而只是供步行者、偶尔还有手推车和少数马匹的通行。如果考虑到这一点，我们可以说：总的来看，这些道路是非常之好。有些地方的道路，路宽15英尺，中央铺着石板，两边则完好地铺着卵石。几百英里之后，旅行者必定可以遇到良好的石板路，至少3英尺宽。由石板制成，其材质有砂岩、云母、板岩、花岗岩或石灰，依其附近的岩石的特点以及周边的采石供给情况而定。通过高达一两千英尺的山口时，可以看到人们小心翼翼并精准地将其路铺成阶梯状，6到8英尺宽，以便路人通过……每隔一英里可以看到一个休息棚，建在路边，棚内设有座位，疲劳的旅行者可以稍事休息，提提神，以准备继续远行。就目前所能确定的，上述这些道路、休息棚连同桥梁和运河，全部都是自愿和善举的产物……另外一项善举是，在人们出入频繁的道路沿线以及危险的桥梁设置的照明灯具。这些灯具以牡蛎壳的薄膜层制成，刚好嵌入木框内，然后，或者从灯柱上垂下，或者固定在某一石柱的凹处；它们发出的光当然暗淡，却可用于标明桥梁或道路的位置。[1]

那么，为什么车辆运输如此之不发达？一种可能的解释是：中国 304 缺少饲养牲畜所需的牧场和饲料，而人口又过多，所以人力通常是最便宜的运输形式。还有另一种值得考虑的可能性是：中国传统水运的效率很高，从而抑制了车辆运输的发展。

中国广阔的水运系统所提供的运输，远比陆路廉价。因此没有水路运输的地区，发展水平通常大大低于有水运的地区。这个差别非常之大，以至于我们能够将其视为中国前近代经济二元性的一个例证。关于18世纪湖南的一些材料，在这方面为我们提供了一个明显的例子。1709年，赵申乔注意到：

> 长沙府属之长沙、善化、湘阴三县，衡州府属之衡山县，岳州府属之巴陵、澧州二州县，常德府属之武陵、桃源二县，俱傍大江，或通江路，亦有买卖米谷所。[2]

---

〔1〕佚名（？Robert Fortune），*A Glance at the Interior of China, obtained during a journey through the silk and green tea districts*（Shanghai:1845），pp.27-29. 译者补注：核对原文，上述引文有部分省略，但不害文义，故据引文直译。

〔2〕重田德：《清初における湖南米市場の一考察》，《東洋文化研究所紀要》10（東京：1956），頁442。【赵申乔：《赵恭毅公自治官书类集》卷6《折奏湖南运米买卖人姓名数目稿》(【康熙】四十八年九月)。】

但是：

> 其永州府因滩高水急，并无客商贩卖，即有民间零星贸易，亦皆载至衡阳发卖。[1]

1752 年颁布的政府购买粮食的章程，对长沙府的报告如下：

> 府属长沙、善化、湘阴、湘潭、益阳、湘乡六县，俱系附近水次，应遵宪檄。在于城市镇集，并更口岸地方，采买运仓，毋许向民间购买。其攸县、浏阳、茶陵三州县，虽有水路可通，但或系山溪，或系险滩，难以运载，俱皆无市集可以采买。应于秋成时，向有谷多余之家，照依时价，令地方官发银，平买平卖，毋许抑勒派买，亦不得假手家丁胥吏，致兹侵尅。再，安化一县，僻处万山之中，不通舟楫，每年减粜仓谷，穷民将银贮库，秋成运谷交仓，领回原银，照数买补，亦属官民两便。应请仍循旧例办理，均无庸另议。外至醴陵一县，虽有渌口市滨临大河，但相距县城九十里，仅有溪河一道可通，而滩高水险，谷米甚难挽运。此外，别无产谷口岸，及临河地方。[2]

至少就有关商业化的程度而言，这种取决于是否有水运的经济二

---

〔1〕重田德（1956），页443。【赵申乔：《赵恭毅公自治官书类集》卷6《题报查看水路情形并回署日期疏》。译者补注：此条注释与上一条注释在原文中为同一个注，俱出自重田德（1956），但因为所据原始文献不同，故予以分别出注。】

〔2〕重田德（1956），页444。【《湖南省例成案·户律仓库》卷23 "各府厅州县买补仓谷及地方市镇水次章程情形（乾隆十八年）"。译者补注：此据吴达善纂修：《湖南省例·户律仓库》卷31《那移出纳》，"各府厅州县买补仓谷及地方市镇水次章程情形（乾隆十八年六月初七日）"，北京大学图书馆藏。】

元性，是很显而易见的。

　　既然二元性是上述事实的真实写照（很显然，二元性不能充分解释区域间各种各样的差异），相应的一些后果便会接踵而来。中国的陆地运输，即使像18世纪英国那样去改进，也不会使得运费降到低于水运的价格。亚当·斯密在撰写《国富论》之时就已明确承认："在欧洲的大部分地区……陆运的费用，更加提高了大多数制造品的真实价格和名义价格……在中国和印度斯坦，纵横交错的内河航运节约了更多的此类劳动……因而更加降低了大部分制造品的真实价格和名义价格。"[1]在中国，即使在20世纪前几十年中，铁路和轮船比起传统的木帆船，其运费可能只是略微减少一点而已。有时铁路和轮船仅仅在速度和可靠性方面取得一点优势。[2]因此，很难依靠改进传统的陆地运输技术，来使落后地区生产的货物在远离产地的地方，与有水运的先进地区生产的货物竞争。尽管我们可以想象会有一些关于陆运技术改进具有吸引力的特例，但从普遍的情况来说，寻求改进陆地运输的经济动机，因上述原因而减弱了。水运系统具有运费较为低廉、资本和顾客较为集中、其劳动力较为密集等特点。从某种程度上而言，正是这些特点，将企业家的兴趣从陆运地区吸引走了。

　　基于当时中国已有的技术知识，水运系统肯定也存在一些可以改进的空间。但是用简单的方法来取得巨大成就（像1825年美国在伊利运河所取得的成功那样），在中国却已不复可能。这些方法确实出现

---

　　〔1〕 Adams Smith, *An Inquiry into the Nature and Causes of the Wealth of Nations* (1776), Everyman edition (1910), Ⅱ, pp.175-176.【译者补注：我们没有找到这个版本，正文基本据英文直译。国内常用译本大致对应的段落作："欧洲大部分地方输送货物，多由陆运。先把原料由产地运往制造所，再由制造所运往市场，其间所消费的劳动既多，制造品的真实价格及名义价格，就因而增大。反之，在中国和印度斯坦，则因内地河港纵横，货物常由水运。所需运费，既较欧洲为少，其大部分制造品的真实价格与名义价格，就更加降低。"亚当·斯密：《国民财富的性质和原因的研究》上卷（北京：2011），郭大力、王亚南译，页202。】

　　〔2〕 小泉贞三：《中国民船の経営について》，《経済論叢》57（1943），页70-72。

过，但已用尽。中国的水运面临着某种技术中断，可能只有向蒸汽的世界迈进一大步，才是一个重大的进展。由于这个技术中断，新的经 306济剧变要通过降低运费而实现，极其困难。

还有另一个技术中断，即农业技术的中断。中国的亩产量已非常之高，接近于在没有先进的工业-科学投入（诸如良种、化肥、化学除虫剂、内燃机或电力机驱动的机械和水泵、水泥等等）的条件下所能达到的极限。不仅如此，中国也没有足够的农田，所以中国的整个农业劳动力的人均产量，也不能通过使用18世纪的英国技术或19世纪的美国技术而得到提高。18世纪英国技术在很大程度上依赖种植业和畜牧业之间的相互依存，而19世纪的美国技术则以粗放、低亩产和机械化耕作为特征。二者都以有充足的可耕地为前提。

传统的投入，包括兴修灌溉工程，施肥或是追加劳动，不论采取哪种形式，也已接近于其极限。一旦超过这个极限，其报酬就将急剧递减，甚至为负。报酬为负，并不只是一个理论上的想象，无数的事例已显现出了这种情况：新的灌溉工程严重地减少了现有水利系统的水供给。在某些事例中，过分开垦遭受周期性洪水侵袭，并有许多圩田的低洼地，使得现有水利系统受到破坏。通常的情况是：原则上虽然有可能提高亩产量，但是这种可能性却因资源短缺而成为泡影。山东与河北的旱地农作即是一例。20世纪30年代的调查暗示了：如果使用更多的畜粪，这些地方的农作是有利可图的，但是由于缺少牧场，饲养牲畜不多，所以畜粪不足。而牧场不足，则又反映了人口过多，从而必须将牧场开垦为农田。

我们并不容易提出充分的证据来证实以下情况：（1）传统后期农业技术的改进；（2）在以此种技术为基础的农业生产中，投资以及连续投入储备的增加；（3）在此种技术水平上可以获得的新资源（特别是土地）。在18世纪后期以前，上述三个方面就已达到了报酬急剧递减的转折点。由于中国农业的状况因时因地而呈现出多样性，因此，对总产出的测度，并不是衡量技术水平的可靠指标。明清中国的农业经济包含大相悬殊的两个部分：高产的水稻生产和低产的麦粟生产。后者的相对比重随着时间的推移而明显地上升。同样，当人口压力迫使中国人将越来越贫瘠的土地开垦为农田时，在水稻和麦粟的生产中，贫瘠土地的相对比重都增加了。这一点可能意义非同小可。20 世纪 20 年代的调查显示：北方的小麦亩产量，水浇地比无灌溉地高出三分之二。在此情况之下，平均亩产水平长期不变，有可能掩盖了以下事实：农民耕种良地、劣地，或二者的技能有显著提高。因此，如果我们将 1400 年和 1850 年的亩产量进行比较的话，我们并不需要再讨论其他可以比较的农业系统。就已使用的技术水平而言，作物、土壤肥力、降雨和气温方面的差异，会使中国与其他国家间的亩产量比较，更有可能令人误解。

　　注意了上述这些警告之后，我们可以考虑一些统计数字。珀金斯（Dwight H. Perkins）教授对 1368 年以来中国农业的计量研究提供的数据显示：粮食亩产量自 1368 年以后稳步上升，14 世纪末不足 140 斤，到 1600 年则为大约 224 斤。尔后下降，到 1770 年，仅略高于 200 斤。随后再度上升，到 19 世纪中期，略高于 240 斤，超过此前的最高水平。[1] 第一次上升，在很大程度上，应归之于从元朝时期的战争破坏结束后出现的农业恢复，尽管我们现在还无法确言恢复了多少。上述模式暗示，1600—1850 年之间，亩产量只有略微的上升，但是这个结论在很大程度上依赖于 1600 年的高亩产数字。假设（这种假设是可以说得过去的）1600 年实际耕种的土地数字多于珀金斯所提出的数字，那么上述 1600 年的亩产数字也会降低。明代后期因田地隐占严重而声

---

〔1〕 Perkins（1969），pp.16-17.【译者补注：1600年的数据当是伊懋可先生根据珀金斯先生的数据计算得出。】

名狼藉，而且以后田地数量的增加又快得令人怀疑。所以，珀金斯倾向于不用 1600 年的数字作为研究结论的根据，这是十分正确的。这里，我们只想说：如果我们接受上述数字的话，那么它们会支持我们的以下观点，即在传统中国时期的最后几个世纪中，农业生产力的成长比过去某些时期更为艰难。

其次，关于尚未实现近代化的中国农业的亩产量，我们能够得到的最早的可靠资料，是 20 世纪 20 年代的调查数字。这些数字都大大高于工业革命前夕大多数欧洲国家的粮食亩产量。此时中国的小麦亩产量，大约在每英亩 14 蒲式耳的范围。而 18 世纪末的法国，情况与中国不相上下，也是小农经营的农业小麦每英亩产量只有 9.5 蒲式耳上下，到 1850 年才上升到 13 蒲式耳左右[1]。而 20 世纪 20 年代中国的水稻每英亩产量是 46 蒲式耳以上。

再次，1956—1959 年之间，中国政府力图提高农业产量，但主要方法是采取措施改变传统农业的技术和组织，结果既没有提高亩产量，又没有提高农业劳动力的人均产量。[2]此后不久，他们转而采取一种增加工业-科学投入（特别是化肥）的政策，其原因可以说即在于此。

传统后期的中国观察者们所做的定性评估，进一步支持了农产量已接近于前近代的极限的看法。1740 年前后的某段时间，朱伦瀚写道："以有限有则之田土，供日增日广之民食，此所以不能更有多余。"[3]政府也将粮价的持续上涨（即使在丰年亦然）视为一个新的问题，公开地表现出对此的担忧。到 18 世纪 50 年代，人们已懂得这是

308

---

〔1〕 英国的小麦每英亩产量较高，尽管存在着显著的地区差别。18世纪后期的每英亩平均产量，已超过 20 蒲式耳，到 19 世纪的前 30 年上升到大约 30 蒲式耳。

〔2〕 P. Schran, *The Development of Chinese Agriculture 1950—1959*（Chicago:1969），第四章。

〔3〕 罗尔纲：《太平天国革命前的人口压迫问题》（1947年初刊，复收于包遵彭、吴相湘、李定一编纂：《中国近代史论丛》（台北：1958）第 2 辑第 2 册《社会经济》，页 51。【朱伦瀚：《截留漕粮以充积贮札子》，收于贺长龄、魏源等编：《清经世文编》卷 39《户政》14。】

由人口压力所致。正如朱云锦稍后一些时候所说的那样："田无遗利，而人益激繁，此粟米之所以昂，而百物为之增价也。"[1] 垦荒者只要为其开垦的生荒地纳税，便可以成为这块土地的合法主人。国家通过这种办法，鼓励人们开垦新的农田。中国西北和北方的土地已向来自中国内地的移民开放，尽管移民的数量不很大。国家也鼓励商人从国外进口稻米，对成绩突出者授予官位，以资表彰。玉米和番薯传入广东和福建后，各地官方也倡导种植这些新作物。

然而，悲观情绪弥漫着当时的中国社会。洪亮吉因其消极低沉的观点，而被称为"中国的马尔萨斯"。他相信人口增长超过生产增长，乃属必然之事；对人口增长的自然抑制，也不能阻止这种增长；政府采取的各种应急措施，也并不够，不能指望。与上述见解相左的唯一的重要的不同声音，似乎来自19世纪初的包世臣。他说："夫天下之 309 土，养天下之人，至给也。人多则生者愈众，庶为富基，岂反以致贫者哉。今天下旷土虽不甚多，而力作率不如法。"他认为未能提高产量是士人们的过失："士人日事，占哔声病，鄙弃农事，不加研究。"[2]

有一些对传统后期的中国农业做过贴近观察的西方农学家也指出，这一系统的运作已接近"前近代"手段所能达到的极限。在此方面，最有名的是 F. H. 金（F. H. King）的《四千年的农夫》（*Farmers of Forty Centuries*,1927 年出版）。卜凯（J. L. Buck）的经典之作《中国的土地利用》（*Land Utilization in China*,1937 年出版）对于中国的农村经济的看法，不像金氏那样毫无保留地热情洋溢，但他也把中国农村经济刻画为世界上"有成效的土地利用方式之一"。更重要的是，卜凯指

---

〔1〕 罗尔纲：《太平天国革命前的人口压迫问题》（1958），页44。【朱云锦：《豫乘识小录》卷上《户口说》。】

〔2〕 大谷敏夫：《包世臣の實學思想について》，《東洋史研究》28：2、3（1969），页49。【包世臣：《小倦游阁集》卷9《庚辰著二》。】

出：每个农业劳动者的人均产量，随着农场规模的增大而稳步上升。亩均劳力越少，农场规模就越大，而不论农场规模如何，亩产量都大体一致。这一情况暗示了：在"前近代"技术条件下，人口与农田之比早已超过了最佳比例。不仅如此，除去组织变革而外，卜凯也提出了一些不求助于近代技术而提高产量的建议，但是这些办法实践起来颇有困难。例如，中国农民通常把作物秸秆、枝叶和草作为燃料使用（而后再把草木灰用作肥料）。卜凯劝告他们应当直接用之饲养家畜，以获得粪肥。然而这个建议回避了这样的问题：如果农民这样做了，那么他们从何处得到廉价的替代燃料呢？

工业-科学革命当然未能在传统后期的中国发生。而只有在工业-科学革命的发达阶段创造出的那些投入才能拯救中国的农业，使之不至于对新方法、新投资、额外的投入和新的资源使用出现急剧的回报递减。上述假设，较之那种认为在旧的农业体系内尚有很大的发展潜力可挖掘的观点，似乎更加可信。如果我们接受这种看法，那么就必须解答以下问题：为什么人口会持续增长？为什么人口增长保持着这样的模式？自亚当·斯密以来，富有洞察力的经济学家都承认：是由人口膨胀造成的这种高水平的农作与运输技术和低水平的人均收入并存的局面，是 17、18 世纪中国的鲜明特征。

这种一般的人口模式是众所周知的。中国人口在 12 世纪达到一个 310 高峰，尔后下降，到 14 世纪后期才开始恢复，到 16 世纪后期又达到一个新的高峰。从那时开始中国人口又忽然剧减，至 1650 年前后方才停止。此后，又一直持续增加，直到"前近代"的终点——1850 年。这些变化的幅度，目前尚不够清楚，以至于有关分析颇成问题。我们不知道每一个人口峰值比前一峰值高出多少，也不知道在每一阶段的人口增长率达到多少，才可以算作"恢复"。对 12 世纪中期至 19 世纪中期的长期人口增长做一个谨慎的推测，结论是大约增加了 3 倍，即

1850 年的人口超过了 4 亿。

传统后期制约人口增长的主要因素看来是瘟疫。在 1586—1589 年间和 1639—1644 年间，中国遭遇了有文字可考以来历史上传播最广、致死人数最多的两次瘟疫，但是，这两次瘟疫的病理性质至今仍全然不得解。1588 年是首次瘟疫最严重的年份，在全国 13 个省份中有 92 个地方（即指府、州或县），人口大量死亡。第二次瘟疫的高潮在 1641 年，10 个省份中有 79 个地区受到瘟疫的摧残。在中国各人口稠密地区中，只有四川和广东两省幸免于瘟疫。而这两省的幸免，很可能是一种不真实的表面现象，不过是因为有关这些地区瘟疫流行的记载不多，所以我们无法得知真相而已。与此相对照，在 15 世纪瘟疫暴发最厉害的 1455 年，只有 9 个地方受到影响。16 世纪的瘟疫比 15 世纪严重，但在 1586 年以前，最厉害的瘟疫暴发在 1582 年。而在 1582 年，也只有 25 个地方遭到瘟疫肆虐。在上述两次大瘟疫时期，死亡率 311 非常之高。地方志经常说死者占人口十分之二、十分之三，甚至十分之四。在某些事例中，有记载说"死者过半""死者十之六至十之九"[1] 或"死者十之九"。T. H. 霍林斯沃斯（T. H. Hollingsworth）博士指出：在一个"前近代"社会中，人口死亡率通常接近 50‰，就有可能是这样的情况：瘟疫导致的死亡一定达到至少 10%，然后编年史的记录者才会注意到有什么异常出现。但是大多数地方志关于这两次大瘟疫的记载，都是说"大疫"而非"疫"。这些记载使用了诸如"死者无数""人死无算"之类用语，来强调死亡人数之众。如果在这两次瘟疫中，每次死亡率都是 20% 左右，那么在 1585—1645 年间，中国的人

---

〔1〕译者注：据英文直译。核之原文，未见此说法。只有"十死八九""死者十三四"等。

口可能下降了 35%—40%。[1]

这次暂时性的人口减少，至少在一个半世纪中，减缓了人口对于土地的压力。而在此时，耕地也在扩大。1850 年中国耕地数量，比 1600 年的耕地数量增加了一倍还多。因此，1850 年中国人均耕地数量，与 1580 年前后相差不大。如果我们把珀金斯对这两个时期中国耕地的估计数值范围的下限和对人口的估计数值范围的上限结合起来使用，那么 1850 年中国人均耕地数量，实际上比 1580 年前后的人均耕地数量还要稍微更大一些。[2]但是，中国耕地的平均质量肯定下降了，虽然下降了多少还难以估计。然而，泛泛而言，我们可以得出以下结论：上述统计数字尽管模糊，但也表明了清代的人口数字有大幅度增长，但同时在农业经济的技术方面却没有多少变化。如果说有技术进步的话，那也主要是在比较贫瘠的土地上或在气候较差的条件下进行的作物栽培技艺的改进。

1644 年之后的一个多世纪中，中国没有发生过大瘟疫。但是到 1756 年，长江下游的 32 个地方又受到瘟疫侵袭；1786 年，则有 41 个地方（大多在江苏、山东和河南）出现瘟疫。1817 年孟加拉国发生霍乱，尔后从海路传入中国，1820—1822 年霍乱首次在中国大规模暴发。在疫情最为严重的 1821 年，中国有 9 个省中的 80 多个地方，记录了霍乱的流行。福建、浙江、江苏、山东和河北的死亡率似乎相当高，肯定暂时地减轻了这些地方的人口压力。其他的证据暗示，这一时期，人口压力正在变得日益严峻。严重的瘟疫也再度出现，这种大 312 致的巧合也许值得我们加以注意。

---

[1] 井村哮全：《地方志に記載せられたる中国疫癘略考》，《中外医事新報》（1936，1937），共 8 个部分，特别是第三部分。【译者补注：即《中外医事新報》第 1234 号，中文节译本题为《地方志所载之中国疫疠略考》，张志斌译，见《中国古代疫病流行年表·附录》（福州：2007），页 244-250。】

[2] Perkins (1969), pp.216，240.

关于中国陷入了这种困境的最后一个证据（这个证据或多或少是负面的），是 1905—1940 年间东北的情况。1860 年以前，从法律上来说，那里不对汉人移民开放。但自 1860 年起，清廷向汉人开放东北，以求增加那里的人口，对抗沙俄并吞的露骨野心。尽管已经开放，但是只是到了 20 世纪早期铁路时代来临后，移民才迅猛地涌入该地区。20 世纪 20 年代后期，移入人口总数曾经短时间地上升到每年一百万以上。其结果是在 1905—1940 年间，东北的人口差不多增加了一倍。然而在 1919—1932 年间，耕地却增加了一倍多，1914—1940 年间的粮食作物总产量则增加了三倍半以上。大豆的产量从 1900 年的 60 万吨，上升至 1940 年的 440 万吨。[1]尽管此时出现的大型土地垦殖公司是新机构，但是上述农业的转变却几乎是全部依靠传统后期的技术来完成的。这一事实证明：如果不存在严重的资源匮乏，这些技术足以支持一场工业革命。20 世纪 30 年代，东北实现了工业化。这与中国其他地方形成了反差，颇为引人瞩目。

前面进行的讨论，尽管在某些方面尚没有最后结论，但是对中国技术停滞的问题，仍然给出了一个一般性的答案，即：由于许多环环相扣的原因，中国传统后期经济中的投入-产出关系几乎不可能通过内部力量发生改变。在技术和投资两方面，中国农业的亩产量差不多已经达到其在没有工业-科学投入的条件下可能达到的极限。因此，人口的增加，使得超出满足糊口之需的农业剩余产品的数量也随之持续减少。这个过程见示意图 4。除了满足糊口之需的那些产品以外，人均剩余产品的不断下降，当然也意味着对其他物品的有效需求也在不断

---

〔1〕 South Manchurian Railway, *Third Report on Progress in Manchuria 1907—1932*（Dairen:1932），pp.17,140；id.（同上），*Fifth Report on Progress in Manchuria, to 1936*（Dairen:1936）；A. Eckstein, "The Economic Heritage", in Eckstein, W.Galenson and T.C.Liu,eds., *Economic Trends in Communist China*（Edingburgh:1968），p.62.【译者补注：译者在国家图书馆、香港各主要大学图书馆均未找到这一版本，所据是芝加哥阿尔丁出版公司（Aldine Publishing Company）1968 年版，但页码一致。】

地下降。近代以前的水运，也同样已接近于其效率之巅，因此依靠削减运费来增加对于产品的需求，其可能性微乎其微。

正是上述技术的原因，在人口对土地的压力日益变得严峻的时期，食物价格的上涨，并不能引起粮食产量的增加，除非是通过移民和垦荒的手段。这类移民的规模颇令人瞩目，并且成为中国经济增长的主要方式。由此，中国经济只有量的增加而几乎没有质的改变。

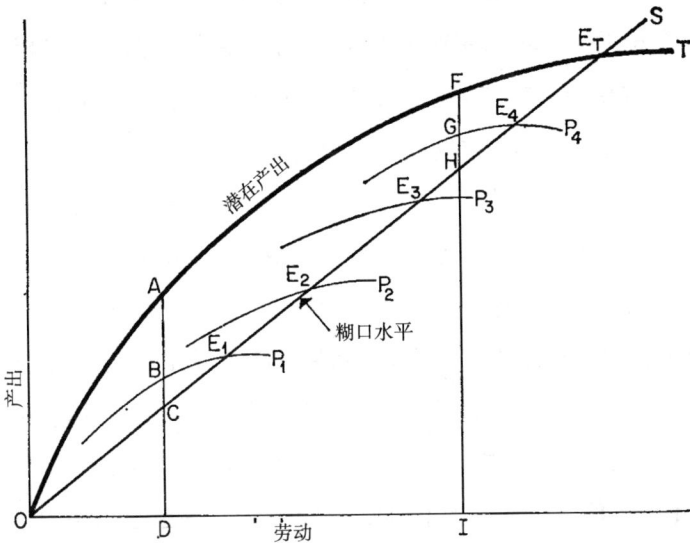

示意图 4　农业中的高水平平衡陷阱（受拉达·辛哈的启发）

这张图揭示了传统中国后期的农业生产技术的中断或准上限所带来的效应。OT 表示以最佳的前近代手段工作的某一劳动投入所带来的潜在产出。OS 表示某一给定的劳动力维持糊口所需要的产出在总产出中所占比例。假定土地供给不变，潜在剩余量（例如图中的 AC 和 FH）随着劳动力的增长开始是相对缩小，而后是绝对缩小。实际剩余（例如图中的 BC 和 GH）取决于"惯例"（practice），这里定义为投资和组织（特别是商业化和土地租佃）。P_1、P_2、P_3……表示在一个既定水平上，随着劳动投入的增长，不断下降的人均报酬与糊口线产生的交点 E_1、E_2、E_3……在 E_T 点，已有"惯例"中的进一步改进为零。高水平的前近代技术的顶峰产生了一个陷阱。而这个陷阱只能通过使用近代方法来突破。

如果要说传统后期中国经济的巨大规模对于技术进步有什么意义的话，那么这种意义可能是消极的。投入-产出关系方面的任何重大变化，都涉及数额巨大的原料和产品的绝对量。1741—1770年代初之间（即有效的机器纺纱开始出现的时期），英国的原棉消费量增加了两倍。如果中国也同样在三十年中，将原棉消费量增加两倍的话，那么这将超出18世纪时整个世界的棉花生产能力。1785—1833年之间，广东一省年均进口印度原棉的数量，就已六倍于第一架阿克莱水力纺纱机出现时英国的全国年均原棉使用量。再者，就出口的速度和相对于国内市场的规模而言，如果中国棉布出口的扩大与18世纪英国不相上下，那么将会大大超过当时整个世界的实际购买力。也许，中国的棉纺织业的规模更小一些、更集中一些的话，其结果可能会与英国的规模更加接近。但是，基于廉价的水运，中国各地的商业整合已达到很高水平，从而使得上述情况不大可能发生。但是，中国的运输系统是二元性的：除了水运系统外，还有落后的陆运系统。陆运系统的落后，使得有关地区相对地脱离了贸易的影响。在这些地区，上述情况可能会发生。一个市场的绝对规模并非没有重要意义：在市场中，如果要使一种已知的技术有利可图的话，通常都必须具备最小限度的产出规模。但是就为投资者和发明家创造机遇而言，更重要的是市场规模的长期相对变化。不仅如此，超出了生产技术所要求的最小限度的产出水平之后，一个经济体或经济部门的绝对规模越是庞大，要在结构上或规模上出现重大的相对变化也就越是困难。

　　作为一种社会现象，发明不可能仅仅与直接的经济原因有关。倒是创新和传播这些与发明相关的行动，与直接经济原因的关系更加密切。技术与科学，很早以来就有着强有力的相互联系；对机器的迫切的经济需求出现之前很久，人们就能够发明出机器，列奥纳多（Leonardo）著名的动力织机，就是一例。在这里，我们想要说的是：

314

传统后期的中国经济力量发展的方式，使得有利可图的发明变得越来越难。农业剩余产品递减，由此导致人均收入和人均需求下降；劳动力越来越便宜，而资源和资本越来越昂贵；耕作与运输技术已高度完善，难以再做简单的改进，出于上述原因，农民和商人的理性经营策略，都更趋于以下倾向：与其节约劳动力，不如去节约资源及固定资本。中国巨大的但几乎是静态的市场，没有创造出那种生产体系中的"瓶颈"，而正是这样的"瓶颈"，最有可能会激发人们的创造灵感。以水运为基础的中国商业具有多方面的功能；当暂时性的短缺出现时，它能很好地加以应付，比发明机器更迅速、更保险。我们或可将此情况称为一种"高水平平衡陷阱"（high-level equilibrium trap）。在中国的传统文明中，包含有一种对于经济理性的强烈意识，传统时期的中国人民也崇尚发明，乃至为古代发明家立庙建祠（尽管中国没有专利法也是事实），而且还具有显著的制造机械的天赋。在这种文明体系中，为什么会出现技术停滞？"高水平平衡陷阱"很可能是一个充分的解释。

315

* * * * *

关于这一点，我们在 20 世纪看到什么呢？

减轻并且打破中国的"高水平平衡陷阱"，是近代西方所做出的历史贡献。中国在 19 世纪中期向世界市场开放，在中西接触的主要地点（特别是上海）很快引起了商业和工业的迅速发展。使用和依靠外国机器完成工作，培养了中国人的近代技术技能，并且为中国的近代企业奠定了基础。代表这种趋向的一个例子，是上海的大隆机器厂。1902年，该厂由一个为外国工厂工作的中国买办之子创办，开始只是修理外国轮船，进而接受一家英国引擎工厂的合同，按照后者所提供的蓝图和指导，为之生产零件。到了 20 世纪 30 年代，大隆已逐渐发展到能够自行设计、自行生产可供出口的整套棉纺织设备了。[1]

中国人的创造性也再次出现于中国内部。最早的一个例子，是陈启元于 1870 年代在广东丝织业中所做的开拓性工作。陈氏曾到过法国统治下的越南，在那里看到了以蒸汽为动力的近代缫丝机。回国后，他即动手仿制缫丝机，但只能用人力驱动。后来他进而改以蒸汽动力，并且建立起一座雇有 600 多人的工厂。陈氏的工厂招致了其他丝织工人的反对，因为他们担心这会夺去他们的饭碗。这是中国历史上为数很少的几个卢德运动事例之一。由于当局的帮助，陈氏的身家性命得到了保全，但是他也深受此次经历震动，因而发明出一种较小的、适合那些只有很少资本的人采用的缫丝机。这种机器被广泛地仿制。[2]

在某些具有战略意义的方面，近代方法的引进，使得许多传统的因素有可能出现新的组合。这些组合有各种形式。航行于主要河流和沿海航线上的轮船，尽管夺走了传统的木船的一些生意，但也刺激了次要水道上木船运输的发展。拖船牵引着长长一列的传统木船或专门制造的驳船，也成了常见的景观。电报使得商业信息的收集，乃至商业机构都发生了革命性的变化。例如，一些城市中的传统型的银行，因而有可能形成网络。在福建，进口棉纱突破了原料的短缺，使得手工织布业活跃了起来。鲁道夫·霍梅尔（Rudolf Hommel）在其《手艺中国》（*China at Work*，1937 年出版[3]）一书中，注意到中国的铁匠，"所使用的原料，严重依赖于进口的钢铁"。国外的需求，使得某些农民产业（例如湖南和四川的桐油生产等）得以发展。日本的足踏轧花

〔1〕中国社会科学院上海经济研究所、上海社会科学院经济研究所合编：《大隆机器厂的发生发展与改造：从一个民族企业看中国机器制造工业》（上海：1958），第一章、第二章。

〔2〕施敏雄：《清代丝织工业的发展》（台北：1968），页 35-38，65。

〔3〕译者注：中译本题为《手艺中国：中国手工业调查图录》，戴吾三等译（北京：2012）。

316

机和飞梭，促进了传统棉纺织业产量的提高。诸如铁丝、煤油、肥皂之类的小而有用的商品也进入了农村。在一些地方（如嘉兴），内燃机驱动的水泵出现在农田之中。近代的公路和铁路则提高了附近地区的商业化水平。

一个传统与近代相结合的例子，是河北省高阳县的农村纺织业。[1]这个地区属于旱地农业区，大约有 400 个村子，有供机动车行驶的公路、电话和水道与天津港相通，并有铁路与北京和汉口相连。这些城市为高阳农村纺织业提供了信息、技术、新产品、信贷和市场。1909年以后，机纱的涌入，终结了本地纺纱业，并使得织布业发生转变。传统的织机被半自动的足踏织机取代了。这种足踏织机因有沉重的飞轮，故称"铁轮机"，是由一些到过日本的高阳人引进的，主要供应者是在天津的三家日本工厂。它的工作速度比传统织机快几倍，并且能够织出幅度更宽的布。由于购置和使用这种机器的开支不断上升，所以有必要实行一种粗略的贷款包买制。第一次世界大战期间，高阳的农村织布业出现了繁荣局面，战后一度萧条，但在萧条期间也有进一步的技术进步，特别是使用了滚轴轧光机和提花机。1926 年，他们发明出一种对人造纤维上浆的方法，使得人造纤维得以既能用作经线，也能用作纬线。这些进步又引发了新的繁荣，而这次繁荣是以纺织、上浆、提花和梳理提花版的工厂为特色。到了 1930 年，由于世界经济衰退和潍县织布业的竞争（潍县是另一个织布业中心，其运输费用比高阳县低），高阳的织布业急遽衰弱。

这个例子既体现了中国农民对技术的适应能力，也显现出国内市场一直存在着需求不足的问题。如果真有什么不太困难的方法可以提高农业产量（并且因此而提高国内需求）的话，中国农民对技术的适

---

〔1〕 吴知：《鄉村織布工業の一研究》，發智善次郎、岩田彌太郎、近藤清、信夫清三郎共譯，（東京：1942）。译者补注：中文原著见吴知：《乡村织布工业的一个研究》（上海：1936）。

应能力肯定会使他们发现这些方法（就像在纺织业中找到那些方法一样）。然而，详细探讨这些问题，已经超出了本书所讨论的范围。

第十八章　结论

　　技术是人与自然界相互作用关系的表现，是社会与环境相遇之点，二者在此相互塑造成型。人的工具、医药、武器是其观念的物质形式，具有生死攸关的效果。人用以进行生产、储存、组织以及破坏的方式，对其所付出的努力做出了不同的回报；同时它们在效率方面的不同，也解释了与之相联系的社会制度的许多差异。所以，在试图发现为什么中国历史已具有了其鲜明的形态时，似乎理应将技术经济学的转变模式作为我们考虑的中心。这样做，在一定程度上走了捷径，越过了历史学的常见子域——政治、战争、经济、制度以及思想——反而强调这些子域相互联系的方方面面。这样一种方法，方便实用，对于历史因果关系的本质，没有任何暗示。其长处是使某些问题能够找到相关的答案，如中华帝国的幅员辽阔及其延续、中国中世纪经济革命以及传统时代晚期中国未能创立原发性的工业机械革命等问题。倘不这样探讨，这些问题几乎都很棘手。如果说这一方法全属独创可能有点轻率，但据我所知，尚无人试图使用这一方法，系统地进行通贯的和长时段的研究。

　　从这个立场来观察，很多熟悉的过程，虽然看上去变化不显著，但实际上变化却很大。中世纪欧洲割据的政治封建制与宋代中国经过强化的中央集权二者之间差异，大体上可以解释为在生产的艺术和毁灭的艺术之间关系上的差异。中世纪中国经济的繁荣，特别是先进的冶金业，能够为其全体军士提供甲胄和最著名的武器；而在西方，因价格昂贵，这些仅是极少数人才可能拥有的奢侈品。18 世纪英国的市场与当时中国的市场相比很小，然而，不是英国市场的大小而是其增长速度迫使生产方式发生了改进。18 世纪中国高水平的农业和水运技术，加上资源已经几乎耗尽以及规模的巨大，使得剩余产品和人均需求不可能相对迅速地增长。与中国相比，近代早期的西欧有一种葛尔申克隆（Gerschenkron）教授所说的"后发优势"。1800 年，世界上任何城市中心区域的等级结构，都没有像中国较发达地区那样成熟。那么，将这种成熟等同于趋向近代化的运动，或许是个错误？可以做一个令人不安的假设，即：一个有效地相互连接，并在功能上相互区别的地方和区域市场网络的完善，分散并减弱了对新事物的刺激；在一个城市集中不均衡的体系中，新事物反而有可能破土而出。这一假设并非无稽之谈。宋代各大城市不成比例的发展，就像后来的伦敦和巴黎那样，很可能就会与经济上的质的进步更紧密地联系在一起。

本书提出的许多具体的论点也是新颖的，这些论点至少尚未见于以西方语言写作的著作。典型的例子是对均田制、纸币的起源、明末瘟疫的作用以及帝国晚期传统棉业的结构的分析。但是有两个与以往公认的观点区别很大的新论点格外重要。其一，从宋代到清初，佃仆以及类似佃仆的佃农的历史作用不可小觑，他们的消亡说明出现了一种全新的农村社会。其二，在公元 800—1300 年期间，技术创新与发明所带来的变化如此之大，其结果只有用"革命"来形容才合理。此后中国的经济增速放缓，这不仅是相对于正在加速发展的欧洲，而且与以前中国的表现相比亦如此。这些论点不可能马上被这一领域的每个学者都接受，可能将来有的论点还需要修正，这或许是在区域差别方面；但是这里提出了大量证据，显然，目前要找足反证还不容易。

从本书中我们能够学到什么呢？无论怎样谦虚，我认为有二，一 319是对研究中国史的学者而言，一是对研究欧洲史的学者而言。首先，对于中国史各个具体方面的研究已受到削弱，因为对于中国社会如何演进到现在这个样子，缺乏一个合适的总体认识；对这个总体认识进行部分的修正之后，这些具体研究中的发现，应该会获得最深远的意义。对历史广度的理解与对历史深度的理解同样非常关键，很多模式只有在与它们保持一定距离时才显现出来，可是很少有人懂得这一点。不论怎样不充分，本书是在开始提供这一角度的探讨。其次，对欧洲历史的长期运动的理解相对来说好得多，对于欧洲史而言，与中国的经验进行比较，可以为我们提供一个获得新见的来源，这个来源堪称无与伦比。这两种历史，对于比较研究来说都同样有启迪作用。有的情况开始十分相似而以后分道扬镳，也有的情况起先相距甚远而后趋于一致。通过这些探索，就能够最好地确定哪些因素至关重要，哪些因素微不足道。

最后，本书对我们了解当今的中国有直接的意义吗？

倘若读者对此有所期望，那么我想这种期望不能太大。无论如何，历史必须要给人的一个教训是：未来总是不同的。然而某些思想可能值得宣示。中国人的技术创造力具有很深厚的历史根基，并且主要是由于某些现实的考虑而暂时进入睡眠状态。一旦它慢慢苏醒过来，我们料想它将使我们震惊。但是中国的农业增长要加快，只能依靠使用巨大的和越来越多的工业投入，所以农业绝不可能成为主导。如果工业发展足够快，可以让农业以及整个经济突破旧有的高水平平衡陷阱，几乎可以肯定它需要进入远比迄今为止大得多的国际市场。如果决定这样做，它有能力有效地做到这一点，并将令人震惊。但是这样做，将会中断对信息与思想的控制。这一隐藏的矛盾是潜在的、致命的，还是仅仅是有些麻烦？或许这是关系这个国家长远未来的一个谜。

Felix qui potuit rerum cognoscere causas...[1]

---

〔1〕 译者注：本句为拉丁文，出自奥古斯都时代古罗马诗人维吉尔（Publius Vergilius Maro，70—21B.C.），大意是："能知诸事之原委者得其乐……"

译校参考文献

说　明

1. 本目录中的中文文献分为三类。古代文献指 1911 年以前刊布的文献（包括后来重印、影印、校注、辑录）；地方志文献较多，故单列一类，只著录时代、版本，不著录作者；近代文献则指 1911 年以后出版的文献。在本目录中均按作者姓名或其译音（少数情况如方志，按照文献名称）的汉语拼音字母顺序排列。
2. 外文文献分为西文文献和日文文献两类。西文文献按照作者姓氏的拉丁字母顺序排列；日文文献按作者姓氏的日文五十音图顺序排列。
3. 古代文献和地方志文献中，有些文献的版本出现频率较高，为节省篇幅，使用简称。以下为简称所对应文献及其版本信息：

丛书集成初编本：《丛书集成初编》，北京：中华书局，1985 年、1991 年。

丛书集成新编本：新文丰编辑部编著；《丛书集成新编》，台北：新文丰出版股份有限公司，1985 年。

四部丛刊本：张元济辑：《四部丛刊》，上海：上海书店，1989 年重印本。

四库存目本：四库全书存目丛书编纂委员会编：《四库全书存目丛书》，济南：齐鲁书社，1996—1997 年。

四库禁毁本：四库禁毁书丛刊编纂委员会编：《四库禁毁书丛刊》，北京：北京出版社，2000 年。

宋集珍本丛刊本：四川大学古籍所编：《宋集珍本丛刊》，北京：线装书局，2004 年。

宋元方志丛刊本：中华书局编辑部编：《宋元方志丛刊》，北京：中华书局，1990 年。

续修四库本：《续修四库全书》编纂委员会编：《续修四库全书》，上海：上海古籍出版社，

1995 年。

影印文渊阁四库本：永瑢、纪昀等编：《影印文渊阁四库全书》，台北：台湾商务印书馆股份有限
　　公司，1986 年。

原国立北平图书馆甲库善本丛书本：中国国家图书馆编：《原国立北平图书馆甲库善本丛书》，北
　　京：国家图书馆出版社，2013 年。

中国地方志丛书本：《中国地方志丛书》，台北：成文出版社（有限公司），1967—1989 年。

一、中文文献

（一）古代文献

白居易：《白居易集》，北京：中华书局，1979 年点校本。

班固：《汉书》，北京：中华书局，1962 年点校本。

包恢：《敝帚稿略》，影印文渊阁四库本。

包世臣：《小倦游阁集》，续修四库本。

毕沅：《续资治通鉴》，北京：中华书局，1957 年点校本。

蔡襄：《蔡忠惠公文集》，宋集珍本丛刊本。

曹勋：《松隐文集》，民国嘉业堂刊本。

陈傅良：《止斋文集》，四部丛刊本。

陈旉著、万国鼎校注：《陈旉农书校注》，北京：农业出版社，1965 年点校本。

陈弘谋辑：《五种遗规》，续修四库本。

陈梦雷编纂、蒋延锡校订：《古今图书集成·方舆汇编·职方典》，北京：中华书局，成都：巴蜀
　　书社，1985 年影印本。

陈起：《江湖小集》，影印文渊阁四库本。

陈仁锡：《皇明世法录》，四库禁毁本。

陈寿：《三国志》，北京：中华书局，1959 年点校本。

陈思：《两宋名贤小集》，影印文渊阁四库本。

陈造：《江湖长翁文集》，影印文渊阁四库本。

陈子龙等编：《明经世文编》，北京：中华书局，1962 年影印本。

程敏政编：《明文衡》，四部丛刊本。

褚华：《木棉谱》，续修四库本。

道潜：《参寥子诗集》，宋集珍本丛刊本。

董诰等编：《全唐文》，北京：中华书局，1983 年影印本。

董斯张：《吴兴艺文补》，续修四库本。

杜牧：《樊川文集》，上海：上海古籍出版社，1978 年点校本。

鄂尔泰著、马宗申校注：《授时通考校注》，北京：农业出版社，1991 年点校本。

鄂尔泰等编：《雍正朱批谕旨》，北京：北京图书馆出版社，2008 年影印本。

范成大：《范成大笔记六种》，北京：中华书局，2002 年点校本。

范濂：《云间据目抄》，收于《笔记小说大观》第 13 册，扬州：江苏广陵古籍刻印社，1983 年影印本。

范坰：《吴越备史》，四部丛刊本。

范晔：《后汉书》，北京：中华书局，1965 年点校本。

方大琮：《宋宝章阁直学士忠惠铁庵方公文集》，收于北京图书馆古籍出版编辑组编：《北京图书馆古籍珍本丛刊》第 89 册，北京：书目文献出版社，1998 年影印本。

方逢辰：《蛟峰集》，宋集珍本丛刊本。

方回：《古今考》，影印文渊阁四库本。

方回：《桐江续集》，影印文渊阁四库本。

方勺：《泊宅编》，北京：中华书局，1983 年点校本。

房玄龄等：《晋书》，北京：中华书局，1974 年点校本。

方以智辑：《通雅》，清康熙五年（1666）浮山此藏轩本。

方以智：《物理小识》，光绪十年（1884）宁静堂本。

冯应京：《皇明经世实用编》，四库存目本。

高斯得：《耻堂存稿》，丛书集成初编本。

顾炎武著、黄汝成集释：《日知录集释》，上海：上海古籍出版社，2006 年点校本。

顾炎武：《天下郡国利病书》，上海：上海古籍出版社，2012 年点校本。

谷应泰：《明史纪事本末》，北京：中华书局，1977 年点校本。

海瑞著、陈义钟编校：《海瑞集》，北京：中华书局，1962 年点校本。

韩愈著、马其昶校注、马茂元整理：《韩昌黎文集校注》，上海：上海古籍出版社，1986 年点校本。

贺长龄、魏源等编：《清经世编》，中华书局，1992 年影印本。

何良俊：《何翰林集》，原国立北平图书馆甲库善本丛书本。

何乔远：《镜山全集》，福州：福建人民出版社，2015 年点校本。

洪迈：《夷坚志》，北京：中华书局，1981 年点校本。

洪迈：《容斋随笔》，北京：中华书局，2005 年点校本。

洪适：《盘洲文集》，宋集珍本丛刊本。

洪遵：《泉志》，续修四库本。

胡宏：《五峰集》，影印文渊阁四库本。

胡宏：《五峰先生文集》，陆香圃三间草堂抄本，1644—1911 年。

胡祗遹：《紫山大全集》，影印文渊阁四库本。

胡祗遹：《紫山大全集》，瞿氏铁琴铜剑楼影印本。

黄省曾：《吴风录》，丛书集成初编本。

黄震：《黄氏日抄》，《黄震全集》，杭州：浙江大学出版社，2013 年点校本。

霍韬：《霍渭涯家训》，收于《涵芬楼秘笈》，上海：商务印书馆，1912—1949 年影印本。

江苏省博物馆编：《江苏省明清以来碑刻资料选集》，北京：三联书店，1959 年。

蒋伊：《蒋氏家训》，丛书集成初编本。

揭暄：《璇玑遗述》，续修四库本。

居简：《北磵文集》，中华再造善本影印宋崔尚书宅刻本，北京：北京图书馆出版社，2003 年。

亢思谦：《慎修堂集》，明万历刻本。

孔平仲：《孔氏谈苑》，丛书集成初编本。

李百药：《北齐书》，北京：中华书局，1983 年点校本。

李处权：《崧庵集》，影印文渊阁四库本。

李程儒辑：《江苏山阳收租全案》，收于中国社会科学院历史研究所清史研究室编：《清史资料》第
    二辑，北京：中华书局，1981 年。

李昉等编：《文苑英华》，北京：中华书局，1966 年影印本。

李觏：《李觏集》，北京：中华书局，1981 年点校本。

李焘：《续资治通鉴长编》，北京：中华书局，2004 年点校本。

* 李荃：《神机制敌太白阴经》，丛书集成初编本。

李心传：《建炎以来系年要录》，北京：中华书局，1988 年排印本。

李延寿：《北史》，北京：中华书局，1974 年点校本。

李攸：《宋朝事实》，丛书集成初编本。

李元弼：《作邑自箴》，续修四库本。

李肇：《唐国史补》，上海：上海古籍出版社，1979 年点校本。

李仲麟辑：《新增愿体广类集》，镇江：江苏大学出版社，2018 年影印本。

廖刚：《高峰文集》，影印文渊阁四库本。

令狐德棻：《周书》，北京：中华书局，1971 年点校本。

刘克庄著、辛更儒校注：《刘克庄集笺校》，北京：中华书局，2011 年点校本。

刘坤一：《刘坤一遗集》，北京：中华书局，1959 年点校本。

刘昫等：《旧唐书》，北京：中华书局，1975 年点校本。

刘恂：《岭表录异》，收于张智主编：《风土志丛刊》，扬州：广陵书社，2003 年影印本。

刘禹锡：《刘禹锡集》，北京：中华书局，1990 年点校本。

柳宗元：《柳宗元集》，北京：中华书局，1979 年点校本。

楼璹：《耕织图诗》，收于金程宇编：《和刻本中国古逸书丛刊》第 23 册，南京：凤凰出版社，
    2012 年。

陆游：《入蜀记》，丛书集成初编本。

陆贽：《陆贽集》，北京：中华书局，2006 年点校本。

吕颐浩：《吕颐浩集》，杭州：浙江古籍出版社，2012 年点校本。

吕祖谦：《吕东莱文集》，丛书集成初编本。

马端临：《文献通考》，北京：中华书局，2011 年点校本。

马可·波罗著，沙海昂注：《马可·波罗行纪》，冯承钧译，北京：中华书局，2004 年。

《明实录》，台北："中研院"史语所，1962 年。

牟允中补辑：《庸行编》，四库存目本。

欧阳修、宋祁：《新唐书》，北京：中华书局，1975 年点校本。

欧阳修：《欧阳修全集》，北京：中华书局，2001 年点校本。

彭龟年：《止堂集》，丛书集成初编本。

齐思和整理：《黄爵滋奏疏许乃济奏议合刊》，北京：中华书局，1959 年。

丘濬：《大学衍义补》，影印文渊阁四库本。

钱泳：《履园丛话》，北京：中华书局，1979 年点校本。

秦观撰、徐培均笺注：《淮海集笺注》，上海：上海古籍出版社，1994 年点校本。

清高宗敕撰：《清朝文献通考》，上海：商务印书馆，1936 年影印本。

清高宗敕撰：《续文献通考》，上海：商务印书馆，1936 年影印本。

《清实录》，北京：中华书局，1985—1986 年影印本。

屈成霖：《习是编》，收于林登昱主编：《稀见清代四部辑刊》第 3 辑《子部》第 53—54 册，北京：
学苑出版社，2016 年影印本。

屈大均：《广东新语》，北京：中华书局，1985 年点校本。

沈括著、胡道静校证：《梦溪笔谈校证》，上海：上海人民出版社，2011 年点校本。

申时行等编：《大明会典》，续修四库本。

沈思孝：《晋录》，丛书集成初编本。

舒化等纂：《明律集解附例》，光绪戊申（1908）重刊本。

舒岳祥：《阆风集》，影印文渊阁四库本。

司马光：《资治通鉴》，北京：中华书局，1956 年点校本。

司马迁：《史记》，北京：中华书局，2013 年点校本。

苏轼著、王文诰辑注：《苏轼诗集》，北京：中华书局，1982 年点校本。

苏洵著，曾枣庄、金成礼笺注：《嘉祐集笺注》，上海：上海古籍出版社，1993 年点校本。

孙之騄：《二申野录》，四库存目本。

太平惠民和剂局编：《太平惠民和剂局方》，北京：人民卫生出版社，1985 年点校本。

唐彪：《人生必读书》，清康熙（1662—1722）光裕堂刻本。

唐耕隅、陆宏基编：《敦煌社会经济文献真迹释录（二）》，北京：全国文献缩微复制中心，
1990 年。

陶澍：《陶文毅公全集》，《清代诗文集汇编》编纂委员会编：《清代诗文集汇编》，第 529 册，上海：
上海古籍出版社，2010 年影印本。

脱脱等：《宋史》，北京：中华书局，1977 年点校本。

脱脱等：《金史》，北京：中华书局，1975 年点校本。

汪道昆：《太函集》，续修四库本。

王溥：《唐会要》，上海：上海古籍出版社，2006 年点校本。

王溥：《五代会要》，上海：上海古籍出版社，1978 年点校本。

王好古：《汤液本草》，北京：中医古籍出版社，1996 年影印本。

王利器校注：《盐铁论校注》，北京：中华书局，1992 年点校本。

王思义编集：《三才图会》，上海：上海古籍出版社，1988 年影印本。

王钦若等：《册府元龟》，北京：中华书局，1960年影印本。

王钦若等：《宋本册府元龟》，北京：中华书局，1989年影印本。

王世懋：《二酉委谭摘录》，丛书集成新编本。

王世懋：《闽部疏》，丛书集成初编本。

王世贞：《弇州山人四部稿》，原国立北平图书馆甲库善本丛书本。

王守仁：《王阳明全集》，上海：上海古籍出版社，1992年点校本。

汪琬：《尧峰文钞》，四部丛刊本。

王先谦：《东华续录》，续修四库本。

王象之：《舆地纪胜》，北京：中华书局，1992年点校本。

王炎：《双溪类稿》，影印文渊阁四库本。

汪应辰：《文定集》，丛书集成初编本。

王应麟辑：《玉海》，扬州：广陵书社，2003年影印本。

王永兴：《隋唐五代经济史料汇编校注》第一编，北京：中华书局，1987年。

王恽著，杨亮、钟彦飞点校：《王恽全集汇校》，北京：中华书局，2013年点校本。

王祯：《王祯农书》，北京：农业出版社，1981年点校本。

卫泾：《后乐集》，影印文渊阁四库本。

魏收：《魏书》，北京：中华书局，1974年点校本。

魏源：《元史新编》，续修四库本。

魏徵等：《隋书》，北京：中华书局，1973年点校本。

吴达善：《湖南省例》，清刻本，北京大学图书馆藏。

吴泳：《鹤林集》，影印文渊阁四库本。

吴云：《得一录》，台北：华文书局，1969年影印本。

吴自牧：《梦粱录》，收于《东京梦华录》（外四种），上海：上海古典文学出版社，1956年点校本。

向达校注：《两种海道针经》，北京：中华书局，1961年点校本。

谢肇淛：《五杂组》，上海：上海书店，2001年点校本。

徐光启撰、石声汉校注：《农政全书校注》，上海：上海古籍出版社，1979年点校本。

许敬宗编：《文馆词林》，续修四库本。

徐松辑：《宋会要辑稿》，上海：上海古籍出版社，2014年点校本。

许仲元：《三异笔谈》，收于《笔记小说大观》第20册，扬州：江苏广陵古籍刻印社，1983年影印本。

薛居正等：《旧五代史》，北京：中华书局，2015年点校本。

严如煜：《三省边防备览》，续修四库本。

杨士瀛：《仁斋直指方论》，影印文渊阁四库本。

杨万里撰、辛更儒笺校：《杨万里集笺校》，北京：中华书局，2007年点校本。

杨亿：《武夷新集》，宋集珍本丛刊本。

叶梦得：《石林居士建康集》，宋集珍本丛刊本。

叶梦珠：《阅世编》，北京：中华书局，2007年点校本。

叶适：《叶适集》，北京：中华书局，1961 年点校本。

叶廷珪：《海录碎事》，北京：中华书局，2002 年点校本。

佚名：《大元海运记》，台北：广文书局，1972 年排印本。

佚名：《海道经》，借月山房汇钞本。

佚名：《研堂见闻杂记》，收于《台湾文献史料丛刊》第五辑第 98 册，台北：台湾大通书局，1987 年点校本。

佚名著、方龄贵校注：《通制条格校注》，北京：中华书局，2001 年点校本。

佚名：《元典章》，北京：中华书局，天津：天津古籍出版社，2011 年点校本。

佚名：《诸家算法及序记》，影印中国科学院自然科学史研究所图书馆抄本，收于郭书春主编：《中国科学技术典籍通汇·数学卷》第 1 分册，郑州：河南教育出版社，1993 年。

阴振猷辑：《庭训笔记》，收于林登昱主编：《稀见清代四部辑刊》第 1 辑第 52 册，台北：经学文化事业公司，2014 年影印本。

余阙：《青阳先生文集》，四部丛刊本。

袁采：《袁氏世范》，中华再造善本影印宋刻本，北京：北京图书馆出版社，2003 年。

袁桷著、杨亮校注：《袁桷集校注》，北京：中华书局，2012 年点校本。

袁说友：《东塘集》，宋集珍本丛刊本。

岳珂：《桯史》，北京：中华书局，1981 年点校本。

曾丰：《缘督集》，影印文渊阁四库本。

张枏、王忍之编：《辛亥革命前十年间时论选集》，北京：三联书店，1960 年。

张瀚：《松窗梦语》，北京：中华书局，1985 年点校本。

张籍撰，徐礼节、余恕诚校注：《张籍集系年校注》，北京：中华书局，2011 年点校本。

张九龄著、熊飞校注：《张九龄集校注》，北京：中华书局，2008 年点校本。

张楷：《律条疏议》，收于杨一凡主编：《中国律学文献》第 1 辑第 2 册，哈尔滨：黑龙江出版社，2004 年影印本。

张履祥辑补：《沈氏农书》，北京：中华书局，1956 年点校本。

章如愚：《群书考索》，北京：书目文献出版社，1992 年影印本。

长孙无忌等：《唐律疏议》，北京：中华书局，1983 年点校本。

张廷玉等：《明史》，北京：中华书局，1974 年点校本。

张英：《恒产琐言》，收于张潮、张渐辑，杨复吉、沈懋德续辑：《昭代丛书》（戊集续编），清道光十三年至二十九年（1833—1849）吴江沈氏世楷堂刻本。

张子和：《儒门事亲》，上海：上海卫生出版社，1958 年排印本。

张鹜：《朝野金载》，北京：中华书局，1979 年点校本。

赵申乔：《赵恭毅公自治官类书集》，续修四库本。

赵与襄：《辛巳泣蕲录》，续修四库本。

赵之恒、牛耕、巴图主编：《大清十朝圣训》，北京：北京燕山出版社，1998 年标点本。

真德秀：《西山先生真文忠公文集》，四部丛刊本。

郑玉：《师山先生文集》，明嘉靖刻本，国家图书馆藏。

* 中国社会科学院历史研究所、中国敦煌吐鲁番学会敦煌古文献编辑委员会、英国国家图书馆、伦敦大学亚非学院编：《英藏敦煌文献（汉文佛经以外部份）》第 6 卷，成都：四川人民出版社，1992 年。

周必大：《平园续稿》，清道光二十八年 (1848) 欧阳棨瀛塘别墅刊本。

周达观著、夏鼐校注：《真腊风土记校注》，中华书局，1981 年点校本。

周密：《草窗韵语》，中华再造善本影印宋刻本，北京：北京图书馆出版社，2003 年。

周去非著、杨武泉校注：《岭外代答校注》，北京：中华书局，1999 年点校本。

周之夔：《弃草集》，扬州：江苏广陵古籍刻印社，1997 年影印本。

朱国祯：《朱国祯诗文集》，杭州：浙江古籍出版社，2015 年点校本。

朱健：《古今治平略》，续修四库本。

祝穆：《方舆胜览》，北京：中华书局，2003 年点校本。

朱世杰著、李兆华校证：《四元玉鉴校证》，北京：科学出版社，2007 年点校本。

朱纨：《甓余杂集》，四库存目本。

朱熹：《朱子全书》，上海：上海古籍出版社，2010 年点校本。

朱彧：《萍洲可谈》，北京：中华书局，2007 年点校本。

朱云锦：《豫乘识小录》，收于沈云龙主编：《近代中国史料丛刊》第 37 辑，台北：文海出版社，1969 年。

朱震亨：《格致余论》，丛书集成初编本。

（二）地方志

崇祯《海澄县志》，明崇祯六年（1633）年刻本。

崇祯《松江府志》，收于《上海图书馆稀见方志丛刊》第 9-17 册，北京：国家图书馆出版社，2011 年影印本。

《淳熙新安志》，宋元方志丛刊本。

道光《龙岩州志》，中国地方志丛书本。

道光《苏州府志》，清道光四年（1824）刻本。

道光《元和唯亭志》，北京：方志出版社，2001 年标点本。

光绪《常昭合志稿》，《中国地方志集成·江苏府县志辑》第 22 册，南京：江苏古籍出版社，1991 年影印本。

光绪《重辑桑园围志》，清光绪十五年（1889）刻本。

光绪《吉安府志》，中国地方志丛书本。

洪武《苏州府志》，中国地方志丛书本。

嘉靖《河间府志》，收于《天一阁藏明代方志选刊》第 1 册，上海：上海古籍出版社，1981 年影印本。

嘉庆《上海县志》，《浙江图书馆藏稀见方志丛刊》第 4-8 册，北京：国家图书馆出版社，2011 年影印本。

嘉庆《松江府志》，中国地方志丛书本。

康熙《蓟州志》，清康熙四十三年（1704）刻本。

康熙《嘉定县志》，收于上海市地方志办公室，上海市嘉定区地方志办公室编：《上海府县旧志丛书·嘉定县卷》，上海：上海古籍出版社，2012 年标点本。

康熙《江南通志》，江南通志局，清康熙二十三年（1684）刻本。

康熙《宁化县志》，《中国地方志集成·善本方志辑》第二编第 21 册，上海：上海书店，2014 年影印本。

康熙《新城县志》，中国地方志丛书本。

民国《湖北通志》，台北：京华书局，1967 年影印本。

民国《开平县志》，中国地方志丛书本。

民国《吴县志》，苏州文新公司 1933 年铅印本。

乾隆《宝山县志》，清乾隆十一年（1746）刻本。

乾隆《金山县志》，中国地方志丛书本。

乾隆《泉州府志》，清光绪八年（1882）补刻本。

乾隆《上海县志》，《中国地方志集成·善本方志辑》第一编第 1 册，上海：上海书店，2014 年影印本。

乾隆《锡金识小录》，中国地方志丛书本。

乾隆《仙游县志》，中国地方志丛书本。

乾隆《吴郡甫里志》，《中国地方志集成·乡镇志专辑》第 6 册，南京：江苏古籍出版社，1992 年影印本。

乾隆《象山县志》，清乾隆二十三年（1758）刻本。

同治《湖州府志》，清同治十三年（1874）刻本。

同治《江山县志》，中国地方志丛书本。

同治《上海县志》，中国地方志丛书本。

同治《永新县志》，《中国地方志集成·江西府县志辑》第 71 册，上海：上海书店；1996 年影印本。

《万历癸丑漳州府志》，厦门：厦门大学出版社，2012 年影印本。

万历《嘉定县志》，四库存目本。

万历《绍兴府志》，原国立北平图书馆甲库善本丛书本。

万历《兖州府志》，济南：齐鲁书社，1985 年影印本。

《吴郡图经续记》，宋元方志丛刊本。

咸丰《顺德县志》，中国地方志丛书本。

雍正《泰顺县志》，清雍正七年（1729）刻本。

雍正《浙江通志》，清乾隆元年（1736）刻本。

《至正四明续志》，宋元方志丛刊本。

（三）近代文献

* 爱德华·吉本：《罗马帝国衰亡史》，黄宜思、黄雨石译，北京：商务印书馆，1997年。

本书选编组：《第二次国内革命战争时期土地革命文献选编（一九二七——九三七）》，北京：中共中央党校出版社，1987年。

窦季良：《同乡组织之研究》，重庆：正中书局，1943年。

傅衣凌：《明代江南市民经济试探》，上海：上海人民出版社，1957年。

* 傅衣凌：《明代江南市民经济试探》，北京：中华书局，2007年。

傅衣凌：《明清农村社会经济》，北京：生活·读书·新知三联书店，1961年。

* 傅衣凌：《明清社会经济变迁论》，北京：人民出版社，1989年。

傅衣凌：《明清时代商人及商业资本》，北京：人民出版社，1956年。

谷霁光：《府兵制度考释》，上海：上海人民出版社，1962年。

郭双林、肖梅花：《中华赌博史》，北京：中国社会科学出版社，1995年。

何炳棣：《中国会馆史论》，台北：学生书局，1966年。

贺昌群：《汉唐间封建土地所有制形式研究》，上海：上海人民出版社，1964年。

加藤繁：《中国经济史考证》第2卷，吴杰译，北京：商务印书馆，1963年。

金发根：《永嘉乱后北方的豪族》，台北：中国学术著作奖助委员会，1964年。

* 井村哮全：《地方志所载之中国疫疠略考》，张志斌节译，收于张志斌著：《中国古代疫病流行年表·附录》，福州：福建科学技术出版社，2007年。

* 居蜜：《十九、二十世纪中国地主制溯源》（英文稿），收于沈伯刚先生八秩荣庆论文集编辑委员会编：《沈伯刚先生八秩荣庆论文集》，台北：联经事业出版公司，1976年。

李剑农：《宋元明经济史稿》，北京：生活·读书·新知三联书店，1957年。

* 鲁道夫·霍梅尔：《手艺中国：中国手工业调查图录》，戴吾三等译，北京：北京理工大学出版社，2012年。

罗尔纲：《太平天国革命前的人口压迫问题》，载包遵彭等编：《中国近代史论丛》第2辑第2册，台北：正中书局，1958年。

*M. 罗斯托夫采夫著：《罗马帝国社会经济史》，马雍、厉以宁译，北京：商务印书馆，2009年。

* 马若孟：《中国农民经济：河北和山东农民的发展，1890—1949》，史建云译，南京：江苏人民出版社，1999年。

* 彭信威：《中国货币史》，上海：上海人民出版社，1965年第2版。

桑原隲藏：《蒲寿庚考》，陈裕菁译，上海：中华书局，1929年。

* 桑原隲藏：《唐宋贸易港研究》，杨炼译，上海：商务印书馆，1935年。

上海社会科学院历史研究室编：《鸦片战争末期英军在长江下游的侵略罪行》，上海：上海人民出版社，1958年。

* 施坚雅主编：《中华帝国晚期的城市》，叶光庭等译，北京：中华书局，2000年。

施敏雄：《清代丝织工业的发展》，台北：中国学术著作奖助委员会，1968年。

* 斯波义信：《宋代商业史研究》，庄景辉译，新北：稻禾出版社，1997年。

唐长孺：《均田制度的产生及其破坏》，"历史研究"编辑部编：《中国历代土地制度问题讨论集》，北京：生活·读书·新知三联书店，1957年。

* 吴知：《乡村织布工业的一个研究》，上海：商务印书馆，1936年。

* 西嶋定生：《中国经济史研究》，冯佐哲、邱茂、黎潮合译，北京：农业出版社，1984年。

* 席龙飞：《中国造船史》，武汉：湖北教育出版社，2000年。

* 亚当·斯密：《国民财富的性质和原因的研究》上卷，郭大力、王亚南译，北京：商务印书馆，2011年。

杨端六：《清代货币金融史稿》，北京：生活·读书·新知三联书店，1962年。

伊懋可：《个人的运气：为什么前近代中国可能没有发展概率思想》，收于刘纯、王扬宗编：《中国科学与科学革命：李约瑟难题及其相关问题研究论著选》，沈阳：辽宁教育出版社，2002年。

伊懋可：《大象的退却：一部中国环境史》，梅雪芹、毛利霞、王玉山译，南京：江苏人民出版社，2014年。

* 郁贤皓：《唐刺史考全编》，合肥：安徽大学出版社，2000年。

中共中央党校党史教研室选编：《中共党史参考资料》第3册《第二次国内革命战争时期》，北京：人民出版社，1979年。

中国社会科学院上海经济研究所、上海社会科学院经济研究所合编：《大隆机器厂的发生发展与改造：从一个民族企业看中国机器制造工业》，上海：上海人民出版社，1958年。

二、外文文献

（一）西文文献

A Glance at the Interior of China, obtained during a journey through the silk and green tea districts, Shanghae（上海）: Mission Press , 1847.

Balazs, Étienne（白乐日）, "*Études sur la société et l'économie de la Chine médiévale. I. Le traité économique du 'Souei-Chou'*", *T'oung Pao*, Second Series, Vol. 42, Livr. 3/4 (1953).

Balazs, Étienne（白乐日）, *Chinese Civilization and Bureaucracy*, New Haven: Yale University Press, 1964.

Balsdon, John Percy Vyvian Dacre, *Rome: the Story of an Empire*, London: McGraw-Hill, 1970.

Ban, Gu（班　固）et al, *Food and Money in Ancient China:The Earliest Economic History of China to A.D.25,Han Shu 24 with Related Han Shu 91and Shih-Chih 129*,translated and annotated by Lee, Swann Nancy（孙念礼）, New Jersey: Princeton University Press, 1950.

Buck, John Lossing, *Land utilization in China, a study of 16,786 farms in 168 localities, and 38,256 farm families in twenty-two provinces in China, 1929—1933,* Chicago: University of Chicago Press, 1937.

Carlo, Cipolia M., *The Economic Decline of Empires,* London: Routledge Press, 1970.

Carter, Thomas Francis, Goodrich, L. Carrington, *The Invention of Printing in China and Its Spread Westward*, New York: Ronald Press, 1955.

*Eckstein, Alexander, "The Economic Heritage", in Alexander Eckstein, Walter Galenson and Liu Ta-Chung, *Economic Trends in Communist China*, Chicago: Aldine Publishing Company, 1968.

Elvin, Mark（伊懋可）, "Market Towns and Waterways: The County of Shanghai from 1480 to 1910", in George William Skinner, *The City in Late Imperial China*, California: Stanford University Press, 1977.

Elvin, Mark（伊懋可）, *Another History: Essays on China from a European Perspective,* NSW: Wild Peony Press, 1996.

Elvin, Mark（伊懋可）, "Early Communist Land Reform and the Kianghsi Rural Economy", *Modern Asian Studies,*Vol.4, No.2, 1970.

Esper, Thomas, "The Replacement of the Longbow by Firearms in the English Army", *Technology and Culture*, Vol. 6, No. 3, 1965.

Halde, Jean-Baptiste Du, *The general history of China: containing a geographical, historical, chronological, political and physical description of the empire of China, Chinese-Tartary, Corea, and Thibet. Including an exact and particular account of their customs, manners, ceremonies, religion, arts and sciences,* London : John Watts, 1741.

Hartwell, Robert（郝若贝）, "A Revolution in the Chinese Iron and Coal Industries during the Northern Sung, 960—1126 AD", *Journal of Asian Studies*, Vol. 21, No. 2, 1962.

Hartwell, Robert（郝若贝）, "Markets, Technology, and the Structure of Enterprise in the Development of the Eleventh-Century Chinese Iron and Steel Industry", *The Journal of Economic History*, Vol. 26, No. 1, 1966.

Hartwell, Robert（郝若贝）, "A Cycle of Economic Change in Imperial China: Coal and Iron in North-east China, 750—1350", *Journal of the Economic and Social History of the Orient,* Vol. 10, No. 1, 1967.

Hoshi Ayao（星斌夫）, *The Ming Tribute Grain System*, translated by Elivn, Mark, Ann Arbor : Center for Chinese Studies, University of Michigan , 1969.

Hsiao, Tso-liang（萧作梁）, *The land Revolution in China,1930—1934*: A Study of Documents, Seattle and London: University of Washington Press, 1969.

*Jacobs, Jane, *The Economy of Cities*, New York:Random House, 1969.

Jones, A. H. M, "Slavery in the Ancient World", in M. I. Finley, *Slavery in Classical Antiquity: views and controversies,* Cambridge: W. Heffer Press, 1960.

Jones, A. H. M, *The Later Roman Empire, 284—602: A Social Economic and Administrative Survey,* Oxford: Basil Blackwel, 1964.

Latimore, Owen, *Inner Asian Frontiers of China,* New York：American Geographical Society, 1940.

Loehr, Max（罗樾）, "Some Fundamental Issues in the History of Chinese Paintings", *Journal of Asian Studies*, Vol. 23, No.2, 1964.

Myers, Ramon H.（马若孟）, *The Chinese Peasant Economy:Agricultural Development in Hopei and Shantung,1890—1949*, Massachusetts: Harvard University Press, 1970.

Needham, Joseph（李约瑟）with collaboration of Wang Ling(王玲), *Science and Civilisation in China,*

Vol.4:*Phyiscs and physical technology, Part □:Mechanical Engineering,*Cambridge: Cambridge University Press, 1965.

Nurkse, Ragnar, *Problems of Capital Formation in Underdeveloped Countries*, Oxford: Basil. Blackwell, 1953.

Oman, Charles, *A History of the Art of War in the Middle Ages*, London: Methuen CO LTD,1978, copyright: second edition, 1924.

Orstrogorsky, Georges, *History of the Byzantine State*, translated by Hussey, Joan, New Brunswick: Rutgers University Press, 1957.

Perkins, Dwight Heald, *Agricultural Development in China, 1368—1968*, Chicago: Aidine Publishing Company, 1969.

Rostovtzeff, Michael Ivanovitch, revised by Fraser, P. M. *The Social and Economic History of the Roman Empire,* Oxford: Clarendon Press,Second Eition, 1957.

Schafer, Edward Hetzel（薛爱华）, *The Empire of Min,* Rutland: Charles E. Tufte Company, 1954.

Schran, Peter, *The Development of Chinese Agriculture 1950—1959*, Chicago: Illinois University Press, 1969.

Shiba, Yoshinobu（斯波义信）, *Commerce and Society in Sung China,* translated by Elvin, Mark, Ann Arbor : University of Michigan, 1970.

Smith, Thomas C. *The Agrarian Origins of Modern Japan*, Stanford:Stanford University Press, 1959.

Sprenkel, Otto Berkelbachvan der, "Population Statistics of Ming China" , *Bulletin of the School of Oriental and African Studies*, University of London, Vol.15, No. 2, 1953.

Taylor, Romeyn, "Yuan Origins of the Wei-so System" , in Hucker, O. Charles（贺凯）, *Chinese Government in Ming Times*, New York: Columbia University Press, 1969.

Twitchett, D. C.（杜希德）, *Financial Administration under the T'ang Dynasty*, Cambridge: University Press, 1963.

Twitchett, D. C.（杜希德）, "Merchant, Trade and Government in Late T'ang", *Asia Major*, Vol.14, No.1, 1968.

Twitchett, D. C.（杜希德）, "The T'ang Market System" *Asia Major,* Vol.12, No. 2, 1966.

Walker, Richard Louis, *The Multi-State System of Ancient China*, Hamden, Connecticut: Shoe String Press, 1953.

Wan Kuo-ting（万国鼎）, "The System of Equal Land Allotments in Medieval Times" in E. T. Zen Sun and J. De Francis, ed., *Chinese Social History:Translations of Selected Studies*, Washington: American Council of Learned Societies, 1956.

Wilbur, Clarence Martin（韦慕庭）, *Slavery in China during the Former Han Dynasty, 206 B.C.—A.D. 25*, Chicago: Field Museum of Natural History, 1943.

（二）日文文献

青山定雄:《隋唐宋三代に於ける戶數の地域的考察》,《歷史学研究》, 1936 年，第 6 卷第 4 号。

青山定雄：《唐宋時代の交通と地誌地圖の研究》，東京：吉川弘文館，1963 年。

安部健夫：《元時代の包銀制の考究》，《東方學報》，1954 年，第 24 号。

石田幹之助：《パリ開雕乾隆年間準·回兩部平定得勝圖に就いて》，《東洋學報》，1919 年，第 9 卷第 3 号。

石田義光：《唐·五代の雕印》，《集刊東洋學》，1963 年，第 10 号。

石原道博：《倭寇》，東京：吉川弘文館，1964 年。

今堀誠二：《清代の抗租について》，《史學雜誌》，1967 年，第 76 編第 9 号。

今堀誠二：《中国封建社会の機構：帰綏（呼和浩特）における社会集団の実態調査》，東京：汲古書院，2002 年影印本。

井村哮全：《地方志に記載せられたる中国疫癘略考》，《中外医事新報》，1936—1937 年，第 1232-1239 号。

宇都宮清吉：《漢代社會経濟史研究》，東京：弘文堂書房，1955 年。

大谷敏夫：《包世臣の實學思想について》，《東洋史研究》，1969 年，第 28 卷 2、3 号。

岡西為人：《中国本草の伝統と金元の本草》，載藪内清編：《宋元時代の科學技術史》，京都：京都大学人文科学研究所，1967 年。

奥村正二：《火繩銃から黒船まで：江戸時代技術史》，東京：岩波書店，1970 年。

越智重明：《魏晋南朝の政治と社会》，東京：吉川弘文館，1963 年。

片山誠二郎：《明代海上密貿易と沿海地方鄉紳層：朱紈の海禁政策強行とその挫折の過程通をしての一考察》，《歷史學研究》，1953 年，第 164 号。

加藤繁：《中國經濟史考證》下卷，東京：東洋文庫，1954 年。

兼子秀利：《北魏前期の政治》，《東洋史研究》，1960 年，第 19 卷第 1 号。

草野靖：《宋代の戶口統計上に所謂客戶について》，《史淵》，1959 年，第 79 号。

草野靖：《宋代の主戶·客戶·佃戶（上）》，《東洋學報》，1963 年，第 46 卷第 1 号。

草野靖：《宋代の主戶·客戶·佃戶（下）》，《東洋學報》，1964 年，第 46 卷第 2 号。

吳知著：《鄉村織布工業の一研究》，發智善次郎、岩田彌太郎、近藤清、信夫清三郎共译，東京：岩波書店，1942 年。

小泉貞三：《中国民船の經營に就いて》，《經濟論叢》，1943 年，第 57 卷第 3 号。

小山正明：《明末清初の大土地所有（一）：とくに江南デルタ地帯を中心にして》，《史學雜誌》，1957 年，第 66 編第 12 号。

小山正明：《明末清初の大土地所有（二）：特に江南デルタ地帯を中心として》，《史學雜誌》，1958 年，第 67 編第 1 号。

佐伯富：《清代鹽政の研究》，京都：東洋史研究會，1956 年。

坂出祥伸：《沈括の自然觀について》，《東方學》，1970 年，第 39 輯。

坂出祥伸：《方以智の思想：質測と通幾をめぐって》，收于藪内清等編：《明清時代の科學技術史》，京都：京都大学人文科学研究所，1970 年。

佐久間重男：《明代における商税と財政との関係（一）》，《史學雜誌》，1956 年，第 65 編第 1 号。

佐久間重男：《明朝の海禁政策》，《東方學》，1953 年，第 6 輯。

佐藤武敏：《中國古代工業史の研究》，東京：吉川弘文館，1962 年。

重田德：《清初における湖南米市場の一考察》，《東洋文化研究所紀要》，1956 年，第 10 号。

斯波義信：《宋代商業史研究》，東京：風間書房，1968 年。

清水泰次：《明代土地制度史研究》，東京：大安株式会社，1968 年。

杉村勇造：《乾隆皇帝》，東京：二玄社，1961 年。

鈴木中正：《清朝中期史研究》，東京：燎原書房，1952 年。

周藤吉之：《中國土地制度史研究》，東京：東京大學出版會，1954 年。

周藤吉之：《宋代經濟史研究》，東京：東京大學出版會，1962 年。

谷川道雄：《北朝末期の郷兵について》，《東洋史研究》，1962 年，第 20 卷第 4 号。

谷川道雄：《均田制の理念と大土地所有》，《東洋史研究》，1967 年，第 25 卷第 4 号。

丹喬二：《宋初の荘園について：成都府・後蜀国節度使田欽全の所領を中心として》，《史潮》
　　1964 年，第 87 号。

丹喬二：《戸に関する一考察：主戸客戸制研究の前提》，《東洋史研究》，1968 年，第 27 卷第 1 号。

寺田隆信：《雍正帝の賤民開放令について》，《東洋史研究》，1959 年，第 18 卷第 3 号。

寺田隆信：《蘇・松地方に於ける都市の棉業商人について》，《史林》，1958 年，第 41 卷第 6 号。

中原晃雄：《清代における漕糧の商品化について：漕運研究の一齣》，《史学研究》，1958 年，第
　　70 号。

中原晃雄：《清代漕船による商品流通について》，《史学研究》，1959 年，第 72 号。

仁井田陞：《中國法制史研究：奴隷農奴法・家族村落法》，東京：東京大学出版会，1962 年。

仁井田陞：《清代湖南のギルドマーチャント：洪江の十館首の場合》，《東洋史研究》，1962 年，
　　第 21 卷第 3 号。

西嶋定生：《中国初期棉業市場の考察》，《東洋學報》，1947 年，第 31 卷第 2 号。

西嶋定生：《明代に於ける木棉の普及について（上）》，《史學雜誌》，1948 年，第 57 編第 4 号。

西嶋定生：《中国経済史研究》，東京：東京大学出版会，1966 年。

萩原淳平：《土木之變前後：經濟問題を中心として見た明蒙交渉》，《東洋史研究》，1951 年，第
　　11 卷第 3 号。

波多野善大：《中國近代工業史の研究》，京都：東洋史研究會，1961 年。

濱口重国：《唐王朝の賤人制度》，京都：東洋史研究會，1966 年。

日比野丈夫：《唐宋時代に於ける福建の開發》，《東洋史研究》，1939 年，第 4 卷第 3 号。

平岡武夫：《放従良：白居易の奴婢解放》，《東方學報》，1967 年，第 38 号。

藤井宏：《新安商人の研究（一——四）》，《東洋學報》，1953—1954 年，第 36 卷 1-4 号。

藤井宏：《漢代塩鉄専売の実態（一）：史記平準書の記載をめぐる諸問題》，《史學雜誌》，1970 年，
　　第 79 卷第 2 号。

藤井宏：《漢代塩鉄専売の実態（二）：史記平準書の記載をめぐる諸問題》，《史學雜誌》，1970 年，
　　第 79 卷第 3 号。

星斌夫：《明代漕運の研究》，東京：日本學術振興會，1963 年。

星斌夫：《明清時代交通史の研究》，東京：山川出版社，1971 年。

細野浩二：《明末清初江南における地主奴僕關係：家訓にみられるその新展開をめぐって》，《東洋學報》，1967 年，第 50 巻第 3 号。

堀敏一：《均田制の成立（上）》，《東洋史研究》，1965 年，第 24 巻第 1 号。

堀敏一：《均田制の成立（下）》，《東洋史研究》，1965 年，第 24 巻第 2 号。

宮崎市定：《五代宋初の通貨問題》，京都：星野書店，1943 年。

宮崎市定：《宋代における石炭と鐵》，《東方學》，1957 年，第 13 輯。

宮崎市定：《アジア史研究》第 1 巻，京都：東洋史研究会，1957 年。

* 宮崎市定：《宮崎市定全集》9《五代宋初》，東京：岩波書店，1992 年。

宮下三郎：《宋元の医療》，收于藪内清編：《宋元時代の科學技術史》，京都：京都大学人文科学研究所，1967 年。

藪内清：《宋元時代の数學》，收于藪内清編：《宋元時代の科學技術史》，京都：京都大学人文科学研究所，1967 年。

山口廸子：《清代の漕運と船商》，《東洋史研究》，1958 年，第 17 巻第 2 号。

横山英：《清代における踹布業の經營型態（上）》，《東洋史研究》，1960 年，第 19 巻第 3 号。

横山英：《清代における踹布業の經營型態（下）》，《東洋史研究》，1961 年，第 19 巻第 4 号。

横山英：《清代の都市絹織物業の生産形態（下）》，《史學研究》，1968 年，第 105 号。

吉田光邦：《宋代の鐵について》，《東洋史研究》，1966 年，第 24 巻第 4 号。

吉田光邦：《宋代の軍事技術》，收于藪内清編：《宋元時代の科學技術史》，京都：京都大学人文科学研究所，1967 年。

渡辺紘良：《宋代福建・浙東社会小論：自耕農をめぐる諸問題》，《史潮》，1966 年，第 97 号。

张天虹整理

译后记

经历了三十多年的曲折过程，本书的中译本终于完成了，现在我们可以将这部在国际中国经济史研究中享有盛名的著作，呈现给中文世界的读者了。

1978 年，我国的改革开放刚开始之时，我考入厦门大学历史系攻读研究生。在以前的三十年中，由于我国奉行闭关自守的政策，中国史学界也自我放逐于国际学界之外。到了"文革"十年中，这种自我封闭更是登峰造极，所有西方出版的史学著作都被贴上"资本主义反动学术"的标签而被严禁，就连苏联出版的马克思主义史学著作也成为"修正主义学术"而难逃被禁的命运。1978 年我来到厦大时，图书馆里开放给学生的国外经济类学术著作，除了马克思的《资本论》等少数几部马克思主义经济学经典著作的中译本外，基本上看不到其他的。1979 年，吴承明先生到厦大开会，我有幸拜识了这位经济史学泰斗。他虽然很忙，还是抽出了时间，和我单独谈了话。我向他请教应当读些什么书。他说：做经济史，一定要读经济学，不仅要读马克思的经济学，而且要读西方现代经济学；不仅要熟读中国经济史史料，而且也要读西方学者写的经济史著作。我请他推荐几本可以精读的国外著作，他思考了一下，建议经济学著作可读读萨缪尔森的《经济学》（当时已有中译本，尽管是"内部发行"，但是在厦大图书馆可以找到）作为入门，而经济史著作，则可以读读珀金斯（Dwight Perkins）的《中国农业的发展，1368—1968》（*Agricultural Development in China, 1368—1968*）和本书。不过他又告诉我，后两书都只有英文原版，估计在厦大找不到，因为据他所知，珀金斯的书中国社科院经济所图书馆可能有一本，但不对外开放；而伊懋可的书则只是在北京图书馆（今国家图书馆）外文部有一册。尔后我找到了萨缪尔森的书认真学习，此书成为我第一部系统学习的现代经济学著作。至于另外两本书，则只好"望洋兴叹"了。1980 年，美国学者易社强（John Israel）教授为了进行西南联大校史研究，到昆明搜集研究资料，并访问一些劫后余生的联大师生，先父李埏先生是其中之一。他们相谈甚欢，先父在谈话中提到了这两本书。易教授很热心，说珀金斯教授是他的朋友，他回到美国后会告诉珀教授，请他寄一本《中国农业的发展，1368—1968》给先父。易教授言而有信，回到美国后果然对珀先生说了。于是珀教授立即寄了一本书给先父，先父阅后即转赐与我，该书成为我读到的第一部海外学者的中国经济史著作。伊懋可的书则无从寻觅。到了 1980 年夏，我和师兄杨际平去北京为做学位论文收集资料。一直到此时，才有机会到北图位于北海的外文部看到此书。由于书不能外借，我于是每天一早到那里，将此书借出，在阅览室阅读，直到图书馆关门。当时图书馆没有复印、摄影等服务，我只好一边阅读，一边匆匆进行翻译，把译文作为笔记保留下来。我在北图阅览室里"泡"了好些个整天，把此书的第三编（晚期帝国阶段，即明清两朝）草草译出。至于第一编（早期帝国阶段，即秦汉及随后的魏晋南北朝）和第二编（中期帝国阶段，即隋唐宋元），则因为时间有限，只能将书中主要内容做一个提纲式的提要。

此后十年，我因忙于工作和生计，奔波于国内外，没有精力继续进行本书的第一、二编的翻译工作。1989年，我应法国国家社会科学高等研究院之邀去该院讲学一个月。在此期间，通过邮件与伊懋可先生联系上了，从此也开始了多年的友谊。他告诉我日本著名翻译家小西高弘先生曾将该书的第一、二编译为日文出版，后因精力不济未能完成第三编的翻译。我得知后大喜，请他将日译本寄给我，等我回国后不久，就收到了他寄来的日译本。因为本书中的中国古代人名、地名、书名、机构名、官职名及其他各种专门术语，作者都用韦氏拼音拼写，又没有附上一个译名对照表，因此要将这些还原为中文是一件非常困难的工作。同样地，书中有众多从中国古籍中引用的文字，作者都将其译为英文而未附有中文原文，这些引文的出处则用韦氏拼音拼写书名，而且其中有许多是从日本学者的著作中转引的，虽然他已一一注明引自何处，但这些日文文献中的大多数，在当时中国的图书馆中没有订阅。因此之故，要把书中的引文一一复原，难度也非常之大。如今有了日译本，这些问题中的许多得以解决（日译本中的中国古籍引文大都是原文）。因此这个日译本对于此书翻译帮助甚大。不过遗憾的是，小西先生的日译本未包括本书第三编，因此上面说到的问题只是得到部分解决。而且，尽管日译本中的中文古文引文是原文，我们还是需要对照中文原书一一进行核对，而许多中文古文文献并非一般图书馆所有。这一来，又大大增加了工作难度。

　　到了本世纪初，本书的翻译又再提上日程，主要原因是我在加州理工学院教书时，认识了在那里任教的王湘云博士。湘云博士是一位出色的中国史学者，毕业于哈佛，是著名清史专家孔飞力先生的高足。我和她谈了此书的翻译问题，承她不弃，同意将此书的第一、二编译为中文，并很快完成了。读过本书英文版的人都知道，本书不很容易读，一个原因是作者出身于英国学术世家，其书文笔体现了传统英国学者的文风，典雅而含蓄，词汇丰富，有许多不很常见的字，而且一个句子往往有几行之长。对于我们这些习惯于阅读简短明快的美式学术英语的中国学者来说，要很好地翻译这种文字很不容易。湘云博士做了很大努力，译文质量很好，但是她也说明：因为她一向专治清史（特别是清代蒙、藏、满民族史），对于以前的历史不很熟，同时加州理工学院图书馆所藏中国古籍有限，许多引文无法核查，因此也有一些问题还留待解决。因为我自己也抽不出时间来核查原文，因此又搁置下来了。后来经台湾"中研院"的邱仲麟先生介绍，明清史学者陈怡行博士欣然承担并完成了全书引文核查的繁重任务。还有少数引文无法查到，我只好求助于伊先生。但是他在进行了多年中国社会经济史研究并名满天下之后，已转向了中国生态环境史研究。多年前写作本书的参考资料，有许多他已封存多时，还有一些是在英国和日本图书馆中查到的，现在他在澳大利亚任教，远离英国和日本，而澳大利亚各大学中国古籍藏书有限，难以一一找出。而且，他作为澳大利亚国立大学太平洋研究院院长，行政事务繁多，其中国环境史研究又正进行得如火如荼，实在也抽不出时间做此事。此外，由于此书出版已久，原出版社处理此书版权的人员更换多次，因此江苏人民出版社有意出版此书的中译本，与原出版社商谈版权转让，也一直未有结果。因此，翻译出版之事又再停了下来。直到 2015 年初，我当年的学生、首都师范大学张天虹教授慨然允诺承担全部译稿的核校工作，此事方才有进展。天虹专治中古中国社会经济史，因此有他加盟，本书的中译者可以说是专家汇集了。伊先生为中译本写了序，也由天虹译为中文。同时，浙江大学出版社启真馆叶敏博士几经周折，终于拿到了版权。至此，这场历时三十五年、经四位历史学者通力合作进行的翻译工作，终于有了结果。此书英文版出版于 1973 年，到中文版刊出已是快半个世纪过去了。这个漫长而曲折的过程，也可以成为国际中国史研究历史上的一段佳话了。

当年此书英文版刊出后，立即在西方学界引起巨大反响。伊先生对以往西方和日本学界关于中国社会经济史研究成果进行了全面而深入的检讨，从中总结出了"中世纪经济革命"论、"晚期帝国时期高水平平衡陷阱"论等著名理论。这些理论都成为西方中国史研究的理论基石。其中的"高水平平衡陷阱"论，更被称为"伊懋可定律"。到了20世纪末，随着中国的崛起，西方学界对中国历史的看法也发生了巨大变化，但是上述理论依然处于主流地位，并且已经深入人心，成为一般人对中国历史的共识性看法。有意思的是，在20世纪80年代以前，虽然中国史学界与国际史学界隔绝，但是在对中国社会经济史的这些重要看法上却颇为一致。这些看法通过教科书广为传播，以致到了今天一般人民依然还用这些观点看待中国历史。因此，对这些理论进行深入了解非常必要，而本书正是这些理论的集大成者。由此而言，阅读本书是非常必要的。当然，在20世纪的最后一二十年中，西方学界对中国历史（特别是社会经济史）的看法也出现了诸多新见，特别是以加州学派为代表的一代学人，更对以往流行的主流看法提出了猛烈的批判。我本人是加州学派成员，我对中国社会经济史的许多看法也与伊先生相悖，认为如同以往许多著名学者一样，他的上述理论乃是从西方中心论的立场来看中国，因此难以符合中国历史的真实。但是正如牛顿的名言"我之所以看得更远，是因为我站在了巨人的肩上"所言，每一代学者之所以能够提出新见，乃是因为前一代学者为他们提供了坚实的基础；况且每一种新见也都有不足之处，有时甚至会发生错误。因此我们在提出或者接受一种新见时，都应当认真了解这种新见赖以提出的基础，检讨它所欲质疑和批判的旧说，看看这种质疑和批判是否有道理。由此而言，接受加州学派看法的学者，更应当仔细阅读本书。

我与伊先生相识多年，认为他不仅是当今西方中国史研究方面最优秀的学者之一，而且也是一位以追求学问真谛为毕生使命的真正学者。2003 年我在哈佛任教时，把本书当作中国史课程的必读书之一，要学生细读。在课堂上，我鼓励学生就本书的观点提出自己的看法。这些本科生不愧为哈佛学生，"初生牛犊不怕虎"，提出了许多质疑和批评，其中有些相当尖锐。我把这些意见发给伊先生，他回信说：看到这些年轻学子能够认真读他三十年前出版的书并提出许多意见，他感到非常高兴。他虽然不一定赞同这些意见，但是认为很有意义，希望同学们把这本书当作一块磨石，在上面磨利自己的爪子，以便日后能够提出更好的见解。这种真正的大家风度，令我对他更增加了敬佩。今天中译本刊出之后，读者如果能够认真阅读，提出自己的看法，我相信伊先生将会感到非常欣慰。毕竟，正如本书的副标题"基于社会和经济的阐释"所示，本书主旨是对近代以前中国历史变化的情况进行解释。作为中国人，当然对有关自己祖国历史的各种解释最为关心，因此也会有最大的读者群。一个学者的著作倘若只有几个同行关注，那么其著作对社会的意义不能说是很大。如果有众多的读者，而且其中一些人能够提出不同的意见，对于作者来说，那将是莫大之喜。如果更有一些人能够通过阅读该著作，提出自己的新见并就此进行深入的论证，那么学界对中国历史的解释也就向前进了一步。伊先生（以及一切像他那样的以学问为生命的真正学者）毕生努力，就是为了对中国历史的演变情况寻求最好的解释，如果集众人之力达到了这一目标（尽管以后必定还有更好的解释出来），那么还有什么比这更欣慰、更幸福的事呢？

　　在此，谨向为本书的翻译和出版付出了巨大努力的王湘云、张天虹、陈怡行和叶敏诸位朋友表示诚挚的谢意。天虹在查核引文和出处时，也得到许多学者的大力支持。他们是邓亦兵（北京社会科学院）、邱澎生（上海交通大学）、刁莉（武汉大学）、齐畅（东北师范大学）、杨建庭（山西大学）、周琳（四川大学）、游自勇与王毓蔺（首都师范大学历史学院）、江杭生与孙淑霞（首都师范大学图书馆）、西村阳子（东洋大学）；还有一些在海内外学习的同学也为此付出了精力，他们是陈博翼、林生海、赵橙、刘晓月、黄图川、常金鹏。在此，我们也对这些学者和同学深表谢忱。

最后，为本书中译本的成功推出表示热烈的祝贺。

李伯重

2016 年 5 月于昆明

《社会经济史译丛》书目